はじめて学ぶ人のための刑法

加藤正明 著

ぎょうせい

はしがき

「はじめて学ぶ人のための刑法」というタイトルを見て本書を手にとるのは、大学でこれから刑法を学問として学ぼうとする人だろう。あるいは、教養として刑法学のおおまかな内容くらいは知っておきたいと思っている人かもしれない。

本書は、著者が神奈川大学法学部で担当している専攻科目の予習用教材を書籍化したものであり、したがって、いちおう学術書にあたるけれども、平均的な大学生が飽きずに読み進められるように、分野横断的な読み物としての性格をもたせている。「なので」を文頭におく綴り方を多用しているのも、評論文をまともに読んだ経験がないまま大学に入学する者が少なくない点を考慮して、とっつきにくさを少しでも和らげようとの企図からである。

さて、私見によれば、刑法学は初級・中級・上級の三段階に分けられる。初級は、刑法の条文からスタートして、基本用語をおさえながらオーソドックスな理論体系をなぞる段階、中級は、犯罪のとらえ方一つで理論体系が全然違ったものになることを理解し、理論体系の相違を個別の要件の解釈論へと落とし込む段階、上級は、理論体系そのものを再構築する段階である。法学部で教えなければならないのは中級レベルまでだろう。

ところが、これまで刑法学を教えてきた経験上、授業時間中に初級から中級までを一度に講義しても大学生にはついてこれない。それは法学教育一般にいえることではないだろうか。この点、大学生がありがたがる「わかりやすい授業」は、講義内容を初級レベルに落としたものであることが多い。そのアプローチは間違っている、とまではいわないけれども、問題の根本的な解決になってはいないと思う。

そこで、本書では刑法学の初級と、初級から中級への橋渡しにあたる内容を扱うことにした。それらは「授業で教わること」というよりは、「授業前に知っておくべきこと」である。この程度の予備知識があれば、中級レベルの大学講義にもついていけるだろう。

本書では、各講につき、本文を可能なかぎり一五〇〇〇字以内に収め、さらに、本文の要点を整理した「ＭＥＭＯ」を適宜挿入している。なお、出典の記載がないのは、そもそも本書が学説・判例の整理を本格的に扱うものではないことにくわえて、文献と照らし合わせながら本書を読むことを想定していないからでもある。その代わりに、基本的な判例・裁判例については、必要に応じて事実関係を詳しく述べることにした。

最後に。本書の刊行は、筆者のゼミＯＢ（第三期生）である大村洸貴氏が株式会社ぎょうせいに勤務していることを幸いに、同氏を介して筆者が企画を持ち込むことにより実現した。公私ともに多忙の中、大村氏には企画採択まで同社出版事業部に取り次いでいただいた。編集では安倍雄一氏にお世話になった。ほか同社関係者にも記してお礼を申し上げたい。

二〇二四年一月

加藤　正明

目次

第1編　刑事法入門

第1講　どんなときに犯罪は成立するのか

第2講　犯罪にはどういうものがあるのか①

第3講　犯罪にはどういうものがあるのか②

第14講　未遂犯、複数の犯罪が成立するときの取扱い

第１編

刑事法入門

第1講　どんなときに犯罪は成立するのか

刑法と刑法学

刑法とは、犯罪と刑罰に関する法である。法律には、「刑法」という名称の法律（**刑法典**）を筆頭に、「○○した者は、××に処する」と定めるものがある。××には、何年の拘禁刑だとか、何円の罰金だとか。条文によっては「死刑に処する」と書かれているものもある。おおまかにいえば、拘禁刑というのは刑務所に入ることだし、罰金というのはお金をとられることだし、死刑というのは、もちろん、命をとられることだ。このように、それ自体としてとても重大な不利益を国家が科するのが刑罰であり、犯罪とは、そのような重大な不利益が科されるような行為である。

法の世界は、基本的には、「権利」と「義務」という言葉を使って組み立てられる。コンビニエンスストアでお菓子を手にとって、レジで代金を払って店を出る。私たちが日常生活上あたり前のようにおこなっていることでも、そこには「債権と債務」という権利義務関係が発生する。すなわち、「契約」という法律行為が成立して、売ったほうには買ったほうから代金を支払ってもらう債権が発生する。逆からみれば、買ったほうには、売ったほうに対して代金を支払わなければならない債務が発生する。

刑法は、国家が個人に対して刑罰を科すことができる権利、すなわち、**国家刑罰権**がどんなときに発生するのかを定めたものである。例えば、刑法一九九条には、「人を殺した者は、死刑又は無期若しくは五年以上の拘禁刑に処する。」と定められている。例えば、ＡがＢを包丁で刺したところ、Ｂが失血死した。これだけの事実関係だったら、Ｂが死亡したことをもって、Ａに対する国家刑罰権が発生する。

もちろん、だからといってＡをいきなり刑務所に入れることはできないし、ましてや「お前は死刑だ」と射殺したりするなどというのはもってのほかである。必ず、刑事裁判という手続をとって、確かに国家刑罰権が発生しているということ、何年刑務所に入れるのか、あるいは死刑にすべきなのかといったことを裁判所に判断してもらう。この手続を経なければ、国家は個人に刑罰を科すことができない。

では、法律で処罰されることをした者に国家刑罰権は必ず発生するのかというと、そうではない。さっきの例でＡがＢを包丁で刺したところ、Ｂが失血死したけれども、もとはといえば、ＢがナイフをＡを手にＡを襲ってきたので、Ａはこれに包丁で対抗してＢを刺したのだとしたらどうだろうか。刑法三六条一項をみてほしい。「急迫不正の侵害に対して、自己又は他人の権利を防衛するため、やむを得ずにした行為は、罰しない。」と書いてある。Ａの行為には正当防衛が成立するので、国家刑罰権は発生しない。

そこで、どういう場合に犯罪が成立して国家刑罰権が発生するのか、どういう場合に犯罪が成立しないのかを整理する必要がある。犯罪が成立するかどうかの判断方法を確立しておけば、内容的に変わらないのに、あの事件では犯罪が成立して、この事件では犯罪が成立しない、というような矛盾は避けられる。また、「なぜ犯罪が成立するのか」、あるいは「なぜ犯罪が成立しないのか」を筋道立って説明することもできる。これらは**刑法学**の任務に属する。

刑罰法規の簡素さ

刑罰は、個人の自由や財産、あるいは生命を奪うものだから、国家が問題の行為を処罰できるのは、そのような行為を処罰するということをあらかじめ法律のかたちで定めておいた場合に限られる。これを**罪刑法定主義**という。罪刑法定主義は刑法の大原則の一つである。

どうして法律という形式でなければならないのか。その問いには、「法律を作るのは誰か」を考えることで答えられる。法律は国会議員によって作られる。憲法四三条一項には、国会議員は「全国民を代表する選挙された議員」だと規定されている。法律は、国民がその代表を通じて自分たちで作ったルールなのであって、法律によるのだったら刑罰を科されてもかまわないけれども、それ以外のルールで処罰されるわけにはいかない。

そうだとして、問題は、処罰される行為をどのように法律に定めるかだ。人を包丁で刺して死なせる行為を処罰すべきだというのは間違いない。では、刑法に「人を包丁で刺して死なせた者は、死刑又は無期若しくは五年以上の拘禁刑に処する。」と書かれてあったらどうだろうか。これだと、人に毒を飲ませて死なせたという場合には国家刑罰権は発生しない。それどころか、凶器が「包丁」ではなく日本刀だったという場合も、この条文にはあてはまらない。

包丁を使った者を処罰すべきだとしたら、毒を使った者、日本刀を使った者も同じく処罰すべきだということで、「人に毒を飲ませて死なせた者は、死刑又は無期若しくは五年以上の拘禁刑に処する。」、「人を刀剣で刺して死なせた者は、死刑又は無期若しくは五年以上の拘禁刑に処する。」といったように条文を作っていったらどうなるだろうか。

悪い人は脱法行為といって、法の抜け穴を探して処罰を免れようとするから、いたちごっこが続き、刑法の条文は際限なく増えていくことになるだろう。処罰される行為があまりにも漠然《ばくぜん》としか書いていなくて、いかようにも処罰範囲を広げることができるのはもちろん許されないけれども、他方で、処罰される行為をあまり特定しすぎるのもよくないのだ。

刑法の条文をみると、何が処罰される行為なのかはできるかぎり簡素に定められていることがわかる。刑法一九九条は「人を殺した者は」と、実にあっさりと書いている。この条文だけで、人を刺殺した者、毒殺した者、溺死させた者、等々の、実社会で起こる様々な殺人事件に刑法は対応しているのである。

構成要件とは

このように、処罰の対象となる行為を「殺人」とか「窃盗」などというように、抽象的な概念であらわしたものを、刑法学では**構成要件**とよんでいる。この言葉は、「刑法一九九条は殺人構成要件を定めた条文である」とか、ＡがＢを包丁で刺したところ、Bが失血死したとして、Aの行為は「殺人構成要件に該当する」というように使う。

さて、刑法の条文にはそのように簡素にしか書かれていないのだとすると、具体的にどういう行為が構成要件に該当するのかは、構成要件の**解釈**による。解釈という作業によって、処罰すべき場合には問題の行為が構成要件に該当し、処罰すべきでない場合には構成要件に該当しないように組み立てていくわけである。そこで刑法学の出番である。

例えば、殺人構成要件に該当するのは、通例、私たちが素朴に「人殺し」と表現することができるような行為だけれども、そのような素朴な感覚だけでは答えが出せない場合もある。例えば、多くの人が湖畔でキャンプを楽しんでいる最中、一人の子どもが溺れている。ところが、近くにいた大人は、助けようと思えば助けられたのに、誰もそうしなかった。なかには、「死んでしまえばいい」とさえ思っている者もいた。

このとき、その子どもを「見殺し」にした人たちは、刑法一九九条にいう「人を殺した」のだろうか。ここでは結論だけを述べるが、殺人構成要件に該当するのは、その子どもを助けなければならない特別の義務を負った者に限られる。その子の親とかがそれにあたる。でも、刑法一九九条にはそんなことは一言も書いていないから、これは解釈によって導き出される。

法益保護主義

法律を解釈するときの基本中の基本がある。それは、「どうして」あるいは「何のために」このような制度が設けられたのか、すなわち、制度趣旨に立ち返って考えてみるということだ。刑法一九九条は殺人を犯した者を処罰する規定だが、では、どうして人を殺したら刑務所に入れられたり、場合によっては命をとられたりするのだろうか。何のためにそのようなルールが作られたのだろうか。

刑法学で一般的にいわれているのは、「刑法は法益を保護するために存在する」ということである。法によって保護される財や利益を**法益**という。財という言葉はあまり聞いたことがないかもしれないが、これは経済学の基本用語で、人はいろいろな欲求をもっているけれども、任意の欲求につき、それを満たすために必要なもの。それが**財**である。

例えば、人は生きたいと思うけれども、そのためには生命という財がなくてはならない。そこで、生命という財を法益として保護するために、「人を殺した者は、死刑又は無期若しくは五年以上の拘禁刑に処する。」というルールを刑法は設けた。そうすることで、生命という法益が侵害されないようにしたのだ、と。このように理解する。

なので、構成要件は、「法益が侵害されたり、危険にさらされたりするという結果を**惹起《じゃっき》する**こと」という意義に表現される。難しい言葉を使っているけれども、要するに、悪い結果を引き起こすことだ。どこが「悪い」のか。私たちが生きていく上で重要な財や利益が失われると、当然、私たちは迷惑する。だから、法益侵害またはその危険を引き起こした者を処罰する、というわけだ。

法益が侵害されなくても、その危険があるというだけで処罰の対象となっていることがある。例えば、人が住んでいる家に放火をするのは、現住建造物放火といって、刑法一〇八条をみると、「死刑又は無期若しくは五年以上の拘禁刑に処する」と書いてある。人の家に放火して家が燃えただけなのに、どうして殺人と同程度の処罰になるのかというと、これは、大火事になって多くの人が焼け死んだり、けがをしたり、あるいは財産を焼失したりするかもしれないから、それでこんなにも重く処罰するのだと説明される。

刑法における因果問題

さて、構成要件が「法益が侵害されたり、危険にさらされたりするという結果を惹起すること」をあらわしているのだとすれば、行為者が「何をしたのか」は結果とのあいだの**因果関係**を中心にとらえられることになる。刑法学では、「人を殺した」は、人の死の結果を惹起したこと、したがって、行為と死の結果とのあいだに因果関係が認められることだと解釈される。だから、因果関係という言葉が構成要件を解釈するにあたって鍵になるのだ。

例えば、AがBを殴ってBに大けがをさせたところ、Bは病院で治療を受けて一命をとりとめたけれども、入院先の病院がCに放火されて、かわいそうに、Bは焼死してしまったとする。人を殴ってけがをさせるのは傷害罪で処罰されるところ（刑法二〇四条。「人の身体を傷害した者は、十五年以下の拘禁刑又は五十万円以下の罰金に処する。」）、傷害によって被害者が死亡すれば、さらに重く処罰される。それが傷害致死罪で、刑法二〇五条には、「身体を傷害し、よって人を死亡させた者は、三年以上の有期拘禁刑に処する。」と書いてある。三年以上何年以下かというと、刑法一二条一項には、「有期拘禁刑は、一月以上二十年以下とする」と定められているので、傷害致死罪は三年以上二〇年以下の拘禁刑になる。では、Ａは傷害致死罪で重く処罰されるのだろうか。

ここでも結論だけを述べれば、Ａは傷害罪にとどまる。問題になるのは、ＡがＢの身体を傷害したことと死の結果との因果関係だ。たしかに、ＡがＢを殴ってＢの身体を傷害しなければ、Ｂは病院に入院することはなかったし、病院に入院することはなかったのなら、病院火災に巻き込まれることはなかった。だから、Ｂの死の結果とのあいだの因果関係はあるかのようにみえる。けれども、この場合には、「法的にみて因果関係はない」とされるのである。

つまり、事実の問題としては因果関係は認められるけれども、それにもかかわらず、刑法の問題としては、因果関係を認めるべきでないという場合がある。刑法学に限らず、一般に法律学を学ぶときに多くの人を戸惑わせるのが、このように、日常生活上用いられる言葉を法の世界に持ち込むと、「解釈」という作業のなかで意味内容が変わることだ。逆に、このことに慣れてしまえば、法律学の勉強はそれほど難しくはないといっていいのかもしれない。

未遂犯　法益が侵害された、または危険にさらされたという結果が、そもそも発生していないとか、発生してはいるけれども行為と結果とのあいだの因果関係が認められないといった場合、行為者は処罰されないのかというと、そうとはかぎらない。

まず、**未遂犯**が処罰されることがある。未遂犯とは、犯罪の実行に着手してこれを遂げなかった場合をいう。刑法四三条には、「犯罪の実行に着手してこれを遂げなかった者は、その刑を減軽することができる。」、隣の四四条には、「未遂を罰する場合は、各本条で定める。」と書いてある。つまり、特定の犯罪の「実行に着手してこれを遂げなかった者」も、「未遂を罰する」と定めた場合に限って処罰されるが、ただし、裁判所は刑を軽くすることができる。

AがBを殺そうと包丁でBを刺したけれども、Bは死ななかったという場合、Aは殺人罪の「実行に着手してこれを遂げなかった者」にあたるところ、刑法二〇三条には「第百九十九条……の罪の未遂は罰する」と定められている。よって、殺人罪は成立しなくてもAは処罰される。

刑の法律上の減軽については、刑法六八条に定められている。例えば、有期拘禁刑の場合は、「その長期及び短期の二分の一を減ずる」（刑法六八条三号）。これを適用すれば、五年以上二〇年以下は、二年六月以上一〇年以下に引き下げられる。

どの時点で「犯罪の実行に着手」したことになるのかは、これまた未遂構成要件の解釈にゆだねられる。例をあげれば、刑法二三五条の窃盗罪（「他人の財物を窃取《せっしゅ》した者は、窃盗の罪とし、十年以下の拘禁刑又は五十万円以下の罰金に処する。」）には、刑法二四三条で「第二百三十五条……の罪の未遂は、罰する」とされているので、窃盗に失敗しても処罰される。判例によれば、他人の家に空き巣に入った場合、家に入った段階ではまだ窃盗の実行には着手していないけれども、金目の物があると思った所、例えば金庫やタンスに足を向けた段階で、実行の着手にあたるとされる。

共犯

未遂犯のほか、共犯もまた、そのままでは処罰の対象ではなかったところ、刑法がそれも処罰することにしたものだとされる。共犯とは、複数人で犯罪をする場合のことをいう。刑法には三つの場合の取扱いが定められている。

第一は、**教唆犯**である。教唆とは、他人の心理に働きかけて犯罪を実行させることをいう。CがAに依頼してBを殺害してもらった場合、Bを殺したのはAであって、Cではないけれども、刑法六一条には「人を教唆して犯罪を実行させた者には、正犯の刑を科する。」と書いてあるので、Cには殺人教唆罪として「正犯の刑」、したがって、殺人罪の刑である「死刑又は無期若しくは五年以上の拘禁刑」が科される。

第二は、**幇《ほう》助犯**である。幇助とは、他人が犯罪を実現するのを容易にすることをいう。AがBを殺害するというので、Cは「これを使ったらどうだ」と、包丁を提供し、Aはその包丁を使ってBを刺殺したとする。この場合、さっきと同様、Bを殺したのはAであって、Cではないけれども、刑法六二条一項には「正犯を幇助した者は、従犯とする。」と書いてあるので、殺人幇助罪が成立し、殺人罪の従犯として処罰される。従犯については、刑法六三条に「従犯の刑は、正犯の刑を減軽する。」と書いてあるので、殺人罪の刑に法律上の減軽（刑法六八条）をほどこしたものが科される。

第三は、**共同正犯**である。共同正犯とは、二人以上で共同して犯罪を実行することをいう。ＡとＣはＢの殺害を計画し、二人でＢを銃撃した。Ｃの弾は外れたけれども、Ａの弾は命中して、Ｂは死亡したとする。Ａに刑法一九九条の殺人罪が成立するのは問題ないが、Ｃの弾は外れているので、Ｃ単独では、刑法二〇三条の殺人未遂罪が成立するにとどまるところ、刑法六〇条は「二人以上共同して犯罪を実行した者は、すべて正犯とする。」と書いてあるので、Ｃにも殺人罪が成立する。

共同正犯のなかには、自らは実行をしないで、犯罪の実行を他人にやらせたという場合がある。ＡとＣがＢの殺害を計画し、Ｂの銃撃はＡが担当することになった。Ａの弾は命中して、Ｂは死亡したとする。このとき、Ｃは殺害計画に積極的に関わっただけで、殺人の実行はしていないけれども、判例によれば、こういう場合にも刑法六〇条が適用されて、Ｃにも殺人罪が成立する。このような場合を**共謀共同正犯**という。

故意

以上は、「何をしたら処罰されるのか」の話だったけれども、問題の行為が構成要件に該当するというだけでは、犯罪が成立するのに十分でない。

刑法三八条一項には、「罪を犯す意思がない行為は、罰しない。ただし、法律に特別の規定がある場合は、この限りでない。」と書いてある。この、「罪を犯す意思」を**故意**という。故意が認められるためには、少なくとも、構成要件該当事実の認識、つまり、自分が何をしているのかを認識していることが必要である。

刑法三八条一項但書にいう、故意がなくても処罰される場合とは、故意はないけれども過失がある場合のことで、これを処罰するときは「法律に特別の規定」がなければならない。ここから、「故意がない行為は原則として処罰されない」という原則と、「故意どころか過失さえない行為は、およそ処罰されない」という原則が導かれる。

「故意」という言葉もまた、刑法の世界で用いられるのと日常生活上用いられるのとでは意味合いが異なる。「故意に」というと、日常生活では、「わざと」と言い換えられるところ、「わざと」は「心の中で意図していた」というように受け止められる。

ところが、刑法の世界では、意図していなくても、あるいは、確実にそうなるだろうとは思っていなくても、故意が認められる場合がある。そのような場合を**未必《みひつ》の故意**という。例えば、ＡとＢが階段の上で言い争いをしているうちに、ＡがカッとなってＢを突き飛ばしたら、Ｂは階段を転げ落ち、頭を打って死んでしまったとする。「殺してやる」と思って突き飛ばしていたら、もちろん殺意、すなわち、殺人の故意は認められる。確実に死ぬだろうと思っていた場合も同様である。

そのような場合だけでなく、落ちたら死ぬかもと思いながら、「それでもかまわない」とか、「どうでもいい」と思っていたという場合にも、殺意は認められる。新聞等の事件報道では、未必の故意とはそのような場合だとされているけれども、これは刑法学上の一学説であって、未必の故意のとらえ方については諸説がある。

やってはいけないことをやった人に対して「あなたわざとやったでしょ」と言うとき、「わざと」は、「やってはいけないとわかりながら」という意味を含んでいる。自分がやろうとしている行為についてそれを「やってはいけない」と思うことを、**違法性の意識**という。

法律に「やってはいけない」と書かれていることを知らない人は、自分がやろうとしている行為を「やってはいけない」と思っていないことがある。この点、刑法三八条三項本文には、「法律を知らなかったとしても、そのことによって、罪を犯す意思がなかったとすることはできない。」と書いてある。これは、「法の不知は害しない」といって、法律を知らない人が不当に有利に扱われるのを阻止するためのものである。

この条文とも関連して、故意と違法性の意識の関係をどう理解するか。すなわち、故意には「やってはいけないとわかりながら」という意味が含まれているのかどうか。刑法学では、故意の概念をそのようにとらえる説と、そのようにはとらえない説とに分かれる。

過失

話は変わって、**過失**とは不注意のことである。刑法二〇九条には「過失により人を死亡させた者は、五十万円以下の罰金に処する。」と書いてあるが、故意によって人を死亡させた場合である殺人罪に比べて軽い処罰にとどまる。自動車の運転を誤って事故を起こした場合には、「自動車の運転により人を死傷させる行為等の処罰に関する法律」という法律で、過失によって人を死亡させたり、身体を傷害したりした場合を処罰している。この法律の第五条には、「自動車の運転上必要な注意を怠り、よって人を死傷させた者は、七年以下の拘禁刑又は百万円以下の罰金に処する。」と書いてある。

過失犯が問題になるのは、その多くが、事故を予防すべく法令で定められた事前規制を守らなかったところ事故が起こったという場合である。例えば、道路交通法四二条一号には、「左右の見とおしがきかない交差点に入ろうとし、又は交差点内で左右の見とおしのきかない部分を通行しようとするとき」は自動車は徐行しなければならないと定められている。左右の見とおしのきかない交差点に、速度を落とさないで入ったところ、横から車が突っ込んできて事故が起こったというような場合が、過失犯として処罰される。

違法性が阻却されるとき

問題の行為が構成要件に該当し、故意または過失が認められても、犯罪の成立が阻却されることがある。「阻却される」という言葉は、刑法学でよく用いられる言葉で、何かが「例外的に否定される」という意味だ。

そもそも犯罪というのは「やってはいけない」から処罰されるところ、問題の行為が、場合によっては「やってよかった」ということもある。

例えば、人の身体を物理的に拘束して移動の自由を奪うことを逮捕というが、刑法二二〇条には「不法に人を逮捕し、又は監禁した者は、三月以上七年以下の拘禁刑に処する。」と書いてあるから、逮捕は刑法二二〇条だけを読むと、やってはいけない。

ところが、刑事訴訟法一九九条一項には、警察官は「被疑者が罪を犯したことを疑うに足りる相当な理由があるときは、裁判官のあらかじめ発する逮捕状により、これを逮捕することができる」と定められている。この条文を根拠にして、警察官は犯人を捕まえて手錠をかける。刑事訴訟法では「逮捕することができる」、つまり、「やっていい」とされているのだ。

刑法三五条には「法令又は正当な業務による行為は、罰しない。」と書いてあるところ、刑法学では、これを次のように組み立てる。警察官が犯人と疑われている人を捕まえて手錠をかける行為は、逮捕構成要件に該当するけれども、この行為は刑法三五条の「法令による行為」にあたり、違法性が阻却される。ゆえに、逮捕罪は成立しない、と。

つまり、問題の行為が構成要件に該当するかどうかを検討し、該当したとしても、法秩序全体に照らして、問題の行為がやってよかったと評価される場合には、問題の行為の違法性が阻却されるので、犯罪は成立しない。この順序をぜひとも頭に入れておいてほしい。それが成立すると違法性が阻却されるという場合を、刑法学では**違法性阻却事由**とよんでいる。

正当防衛

冒頭で述べた**正当防衛**も違法性阻却事由である。ちなみに、正当防衛においては、不正の侵害をしてきた者を返り討ちにすることがある程度許容される。刑法三六条一項には「やむを得ずにした」と書いてあり、これを文字どおりに受け止めれば、逃げることでも侵害を避けられるのだったら、逃げるほうを選ばなければならないことになるけれども、もとはといえば、侵害をしてきている相手方が悪い。だから、必要最小限の手段で対抗するかぎり、逃げなくていい。また、こちらが避けようとした害を多少上回る害をこうむらせることになってもかまわない。と、このように解釈される。

もっとも、いくら返り討ちにしてもいいとはいえ、許容限度をこえた場合には正当防衛は成立せず、したがって、犯罪が成立する。これを**過剰防衛**という。ただし、刑法三六条二項には、「防衛の程度を超えた行為は、情状により、その刑を減軽し、又は免除することができる。」と書いてある。

有責性とその阻却

問題の行為が処罰の対象となっていて（構成要件該当性）、法秩序全体に照らしてみても、やってはいけない（違法性）として、それだけで行為者に刑罰を科すことは許されない。なぜなら、刑罰とはそれを科される人に不利益、しかも重大な不利益がおよぶからだ。

法を学ぶときに絶対におさえておいてほしいことがある。それは、「誰かを不利益に扱うときには、『そうされてもやむをえない』といえる事情がその人の側になければならない」という法の大原則だ。刑罰を科されるのは不利益の最たるものだから、この大原則を無視して刑罰を科すような国家は、不法な国家といわなければならない。

なので、構成要件該当性と違法性に、さらに有責性が犯罪の成立要件に付け加わる。**有責性**とは、刑罰を科されてもやむをえないといえる事情が行為者の側にあることをいう。**責任**ともよばれる。

責任という言葉は多義的である。「刑事責任に問われる」というときは、罪責に問われるという意味だ。

また、アカウンタビリティ（acountability）は「説明責任」と訳されるが、これは決定権のある人が自分の下そうとする、または下した決定が合理的であること、ないし少なくとも不合理でないことを説明するよう求められることをいう。説明できなければ、決定による失敗はその人のせいにされる。

レスポンシビリティ（responsibility）という言葉もある。これは、ある人が立場上、誰かから、あるいは社会全体から一定の行動をとるのを期待されていて、その期待に応えなければならないということであり、「社会的責任」とも訳される。

有責性と近い意味で用いられる場合の「責任」は、伝統的理論では、自分のまいた種を自分で刈りとること、自分のやったことを自らのものとして引き受けるという意味で用いられる。

さて、有責性（責任）を積極的に基礎づけるのは、故意または過失である。故意犯の場合には故意が、過失犯の場合には過失が認められれば、特段の事情がないかぎり有責性は認められる。特段の事情、すなわち、それが成立すると有責性が否定されるという場合が**責任阻却事由**だ。

責任能力制度　有責性が否定されたり、減殺されたりする場合の一つが、責任能力制度である。刑法三九条には、一項に「心神喪失者の行為は、罰しない。」、二項に「心神耗弱《こうじゃく》者の行為は、その刑を減軽する。」と書いてある。

責任能力制度とは、精神の障害により、心の中でやっていいこととやってはいけないことの線引きをする能力、または、その線引きに従って自分の行動をコントロールする能力が完全に失われていた場合に、犯罪の成立を阻却し（**責任無能力**）、失われてはいなかったものの著しく減退していたという場合に、犯罪の成立は否定しないけれども刑を減軽する（**限定責任能力**）制度である。

例えば、統合失調症は精神の障害にあたる。統合失調症とは、何らかの原因によって知覚や思考の作用に異常をきたして、幻聴や妄想に悩まされたり、考えがまとまらなくなったりする精神病で、統計的には、一〇〇人に一人が発症するといわれている。統合失調症の症状の中に被害関係妄想というのがあるが、統合失調症の患者がある人に命を狙われているという妄想に悩まされ続けたあげく、とうとうその人を殺害したとする。そういった事件で責任能力が問題になる。

もっとも、「被告人が犯行の当時、統合失調症を患っていた」というだけでは十分でなく、当該犯行におよぶのに際して、心の中でやっていいこととやってはいけないことの線引きをする能力や、その線引きに従って自分の行動をコントロールする能力が統合失調症によってどの程度影響を受けていたかを、裁判所は専門家による精神鑑定を参考にしながら事実認定する。その上で、それらの能力が完全に失われていたら刑法三九条一項を、著しく減退していたら刑法三九条二項を適用する。

まとめ

以上をまとめると、①問題の行為が構成要件に該当し、かつ、②故意（または、過失犯の場合には過失）が認められるときに、ほかに特段の事情がなければ犯罪は成立する。すなわち、③問題の行為が処罰の対象になっている以上は、特段の事情のないかぎり、その行為は違法であると評価される。また、④故意または過失が認められる以上は、特段の事情のないかぎり、有責、すなわち、「刑罰を科されてもやむをえない」といえる事情が行為者の側にあると評価される。③における「特段の事情」が違法性阻却事由、④における「特段の事情」が責任阻却事由だ。「犯罪とは構成要件に該当し、違法かつ有責な行為である」というのは、このことをあらわしたものである。

MEMO 1　犯罪論体系

1．**構成要件**　処罰の対象となる行為を抽象的な概念にあらわしたもの

（オーソドックスな刑法理論によれば）

実行行為　と　**構成要件的結果**　のあいだに

刑法上の因果関係が認められるかどうか

AがBの首を絞める　→　→　Bが死亡

∵**法益保護主義**　刑法は**法益**（＝法によって保護される財・利益）を保護するために存在する

＊構成要件の修正形式

1）**未遂犯**　犯罪の実行に着手してこれを遂げなかった場合

2）**共犯**　複数人で犯罪をする場合

教唆犯　他人の心理に働きかけて犯罪を実行させること

幇助犯　他人が犯罪を実現するのを容易にすること

共同正犯　二人以上で共同して犯罪を実行すること

2．**違法性**　問題の行為が全体的法秩序に反すること

→構成要件該当性が認められれば、**違法性阻却事由**に該当しないかぎり、当該行為は違法と評価される

例）正当防衛　刑 36

3．**有責性**　行為者の側に、刑罰を科されてもやむをえないといえる事情が存すること

→故意・過失が認められれば、**責任阻却事由**に該当しないかぎり、当該行為は有責と評価される

例）責任能力制度　刑 39

第2講　犯罪にはどういうものがあるのか①

人身犯罪

「犯罪にはどういうものがあるのか」と聞かれて、殺人を思い浮かべる人は多いだろう。刑事もののテレビドラマでは、計画殺人から、はずみで不運にも死なせてしまったものまで、頻繁に人が殺されている。もちろん、殺人事件なんて、身の回りで起こることはまずない。

さて、**人身犯罪**とは、人の生命または身体に対してなされる犯罪である。殺人罪のほか、暴行罪、傷害罪といった犯罪がこれにあたるが、それらだけでなく、逮捕・監禁罪、略取・誘拐罪（拐取罪）、人身売買罪も人身犯罪にあたる。不同意性交罪や不同意わいせつ罪も人身犯罪にあたるが、これらの性犯罪は独立に取り上げられるのが一般的だ。

子どもが山でカブトムシを捕まえた。カブトムシの胴体をつまんで、虫かごに入れて家に持ち帰り、飼育ケースに移して飼うことにした。ところが、ケースからカブトムシを取り出していじっているうちに、足がもげた。やがて世話をするのが面倒になって餌をやらなくなったら、その後しばらくして、カブトムシは死んだ。話が変わって、昨日は、台所にいたゴキブリをお父さんが殺虫剤で殺した。

これらの行為はもちろん何の罪にも問われない。けれども、カブトムシやゴキブリを人間に置き換えたら、それらは間違いなくきわめて重大な犯罪だ。人類の歴史では、人間を虫けらのように扱うことがくり返されてきた。例えば、ヨーロッパ人はアフリカ大陸で奴隷狩りをして、おびただしい数のアフリカ人をアメリカ大陸に輸送し、鞭をふるって無理やり働かせ、奴隷小屋から逃亡しないように監視した。第二次世界大戦下のドイツは、おびただしい数のユダヤ人をガス室で殺害した。わが国の歴史も、規模はともかく、その種の蛮行と無縁だったわけではない。

人の生命・身体は、あらゆる暴力的強制から自由でなければならない。生命を奪われることからも、傷害を負わされることからも、殴られたり蹴られたりすることからも、直接的・身体的な強制を受けることからも、捕らえられて、どこかに閉じ込められることからも、強制的に移住させられることからも。これらの自由は、公権力に対する関係では**人身の自由**として憲法により保障される。

人の生命・身体に対する罪(1)

殺人罪は、人の死の結果を故意により惹起する犯罪である。ここでいう「人」とは、生物学的意味でのヒトではない。刑法は、ヒトを胎児と人に区別し、前者については堕胎罪（刑法二一二条以下）で保護する。したがって、ヒトのうち胎児にあたらないものが「人」である。傷害罪や暴行罪にいう「人」も同じである。

刑法一九九条は「人を殺した者は」と定めているだけで、人の死の結果を惹起する手段についてはとくに何も述べていない。よって、人の死の結果とのあいだに刑法上の因果関係が認められる、あらゆる行為が殺人罪になりうる。

刑法二〇二条は、死にたいとか、死んでもかまわないと言っている人を殺したり（**同意殺人**）、他人を自殺するよう教唆したり、他人の自殺を手助けしたりすること（**自殺関与**）も処罰する。ただし、刑は通常殺人罪よりも軽い。

同意殺人罪と自殺関与罪に共通するのは、相手方が死にたいとか、死んでもかまわないと思っていること、すなわち、**生命放棄意思**があることだ。したがって、生命放棄意思のない人を殺せば通常殺人罪、生命放棄意思のある人の死に関われば、自殺関与罪か同意殺人罪が成立する。

傷害罪は人の傷害の結果を惹起する犯罪で、こちらも、刑法二〇四条は傷害結果を惹起する手段についてとくに限定していない。傷害からさらに重い結果である死の結果が発生した場合が**傷害致死罪**で、刑法二〇五条によって重く処罰される。

「暴行を加えた者が人を傷害するに至らなかったとき」（刑法二〇八条）が、**暴行罪**である。暴行をくわえた者が人を傷害するに至らなかったときを傷害罪ではなく、それよりも軽い処罰にとどめるのだから、「暴行を加えた者が人を傷害するに至ったとき」は傷害罪で重く処罰される。

ある犯罪からさらに重い結果（加重結果）が発生したときに刑が加重される場合を、**結果的加重犯**という。傷害致死罪は傷害罪との関係で結果的加重犯、傷害罪は暴行罪との関係で結果的加重犯にあたる。

結果的加重犯は、加重結果とのあいだに故意がなくても成立する。人を殴ってけがをさせたら、けがをするとは思わなかったとしても、傷害罪が成立する。死に至ったならば傷害致死罪だ。このように、人を殴ったり蹴ったりするのは、思いもよらないところで刑務所行きになるリスクがあるので、絶対にやめておいたほうがいい。

暴行罪のほかに、人が死んだり負傷したりしなくても処罰される場合が、**単純遺棄罪**および**保護責任者遺棄等罪**（刑法二一七条、二一八条）だ。これらは、子ども、お年寄り、病人といった、自分で自分の生命・身体の安全を守れない人（要扶助者）を保護されない状態におくことにより、要扶助者を生命・身体の危険にさらす犯罪である。例えば、老人を山に捨てる「姥《うば》捨て」は**遺棄**にあたる。

要扶助者を保護する責任のある者（保護責任者）による遺棄は、保護責任があるのに要扶助者を保護しない**不保護**とともに、単純遺棄罪より重く処罰される（刑法二一八条）。なお、遺棄等によって要扶助者が死傷した場合の結果的加重犯の規定もある（同法二一九条）。

自由に対する罪(1)

人の身体を物理的に拘束したり、任意の場所から移動できなくしたりするのが、刑法二二〇条の**逮捕・監禁罪**である。逮捕・監禁によって被害者が死傷した場合は重く処罰される（刑法二二一条）。

人をそれまでの生活環境から離脱させて、自己または第三者の実力的支配下におく行為を処罰するのが、**拐取罪**だ。**略取**は、暴行または脅迫を用いて離脱させた場合、**誘拐**は、欺罔または甘言を用いた場合である。二つをまとめて「拐取」という。**人身売買罪**は、すでに実力的支配下におかれている人について、対価を支払って自己または第三者の支配下に移したり（**人身買受け**）、対価を受け取って相手方または第三者の支配下に移したり（**人身売渡し**）することを処罰する。

刑法は、拐取される者（被拐取者）の年齢が一八歳未満か（未成年者）否かで異なる取扱いをしている。未成年者の場合は、刑法二二四条の**未成年者拐取罪**によって処罰されるだけでなく、営利、わいせつ、結婚または生命もしくは身体に対する加害目的の場合に、刑法二二五条によって重く処罰される（**営利等目的拐取罪**）。刑法二二五条は「人を略取し、又は誘拐した者は」と定めており、人には成年者も含まれるので、成年者を拐取する行為は営利等の目的がある場合にのみ処罰される。人身売買罪も同様である。

身の代金をせしめる目的で人を拐取する場合をとくに重く処罰するのが、刑法二二五条の二の**身の代金目的拐取罪**だ。身の代金目的の場合には被拐取者の生命・身体の安全が二の次になるどころか、逃走の際に足手まといになったり、顔を見られたりして生かしておけなくなることさえある。そこで、刑法は厳しい態度でこれに臨むことにしたのだ。

性犯罪

セクシャリティ（sexuality）という言葉がある。「性のあり方に関わること」を意味する言葉だ。どのような性別の人を好きになるのか（性的指向）、自分の性をどのように認識しているのか（性自認）といったことがセクシャリティにあたる。

セクシャリティの多様性を承認することが、現在では世界的な潮流になっている。いまやＬＧＢＴ（レズビアン・ゲイ・バイセクシャル・トランスジェンダー）とよばれる人たちを始めとする性的少数者（セクシャルマイノリティ）への差別のない社会を目指して、わが国でも積極的な取組みがなされようとしている。では、どうしてセクシャリティの多様性が承認されるべきなのだろうか。

セクシャリティの多様性を認めようとしない社会は、暗黙のうちに、男性を「支配する性」、女性を「支配される性」として枠づけし、その意味で男性に「男らしくあること」、女性に「女らしくあること」を強いる傾向にある。

つまり、支配する／支配されるという社会構造が男女の生物学的な性別（**セックス**）に重ね合わされて、男性による支配があたかも自然の成り行きであるかのように語られる。このように、社会的・文化的につくられたものとしての側面からとらえられた男女の性別を、**ジェンダー**という。

ジェンダーの問題としてみたときに、「男は外で働き、女は家庭を守るべきだ」という**固定的性別役割分担意識**の何が問題なのかがわかる。そのように役割を分担すること自体がダメなわけではないけれど、どうしてそうしなければならないのかと問われても、「昔からそうだから」とか、「男と女はそういうものだから」としか答えられない。そんなものによって、多様であっていいはずの男女間の役割分担が固定されて、窮屈な生き方を強いられる人がいることが問題なのだ。

さて、性的な関係を無理やり結ばせることによって一方が他方の身体を暴力的に支配するという点で、性犯罪はまぎれもなく人身犯罪にあたる。そこにジェンダーの問題が重なるところに、現代の性犯罪の特徴がある。もちろん、男性が加害者である場合が圧倒的に多いとはいえ、女性も性暴力の加害者になりうる。

不同意わいせつの罪

刑法一七六条の**不同意わいせつ罪**は、身体的内密領域を同意なく侵す行為で、かつ、相手方に性的羞恥心を感じさせる一般的可能性のあるものを処罰する。**身体的内密領域**とは、要するに、好きな人とのあいだでしか触りも触らせもしなければ、見ることも見せることもしない部分だ。

刑法一七七条の**不同意性交等罪**は、身体的内密領域を侵す行為のうち、陰茎を膣、肛門または口腔に挿入する行為（膣性交・口腔性交・肛門性交）、および、膣または肛門に身体の一部（ただし、陰茎を除く）や物を挿入する行為であってわいせつなものが、同意なくなされた場合を重く処罰する。

これらの犯罪は、被害者が一六歳未満である場合には、被害者が同意していても処罰される。旧規定（強制わいせつ罪・強制性交等罪）はわいせつ行為等への同意が有効とされる年齢を一三歳としていたが、令和五（二〇二三）年の改正により引き上げられた。ただし、被害者が一三歳以上一六歳未満の場合は、行為者が被害者よりも五つ以上年上でなければ、次の、被害者が一六歳以上である場合と同様に扱われる。

被害者が一六歳以上である場合は、「同意しない意思を形成し、表明し若しくは全うすることが困難な状態にさせ又はその状態にあることに乗じて」わいせつな行為等をすることが処罰対象となる。「**イエス・ミーンズ・イエス**」（Yes means Yes）とは、相手方がわいせつな行為等に「同意する意思」を表明していなければ、その行為は性暴力にあたるとする原則だが、令和五年改正ではこの原則の採用は見送られた。

どういう場合に不同意わいせつ等の行為が処罰されるのかは、刑法一七六条一項に例示列挙されている。例えば、親族間、教師と生徒、上司と部下、先輩と後輩のように上下関係があるために「同意しない意思」を表明し、または全うすることが困難な状態にあったという場合は、八号（「経済的又は社会的関係上の地位に基づく影響力によって受ける不利益を憂慮させること又はそれを憂慮していること」）の事由に該当しうる。

これらにくわえて、刑法一七九条は、「一八歳未満の者に対し、その者を現に監護する者であることによる影響力があることに乗じて」わいせつな行為・性交等をした場合を、それぞれ不同意わいせつ罪・不同意性交等罪と同等の刑に処する（**監護者わいせつ・監護者性交等罪**）。現に監護する者の典型例は実親や養親である。この規定に実務上の意味があるのは被害者が一六歳以上の場合で、この場合は、たとえ相手方がイエスと言っていてもアウトになる。

以上の罪を犯し、またはその未遂によって人が死傷した場合は重く処罰される（**不同意わいせつ等致死傷罪**。刑法一八一条）。

性的グルーミング行為の処罰　令和五年の改正により、子どもに対する性的グルーミングを処罰すべく、**面会要求等罪**が新設された（刑法一八二条）。**性的グルーミング**とは、被害者に親切めかして近づき、偽りの信頼関係を築くと、それを背景に性的な要求を被害者に受け入れさせることをいう。「グルーミング」（grooming）は、もともと、動物が毛づくろいすることをあらわす。

顔見知りであれ、ＳＮＳ上の付き合いであれ、わいせつの目的で、例えば、お金をあげることを約束したりして、一六歳未満の者に面会するよう要求する行為を処罰し、実際に面会した場合には刑を加重する。また、オンライングルーミングの一つ、すなわち、一六歳未満の者に対し、性交をはじめとする、一般的に性的羞恥心を強く感じさせうる姿態をさせて、その画像または動画を送信するよう要求する行為も処罰される。なお、被害者が一三歳以上一六歳未満の場合はさっき述べたのと同様に扱われる。

自由に対する罪⑵

虫けらのように生命や身体をないがしろにされる人が不幸であるのは当然だけれども、では、生命や身体をないがしろにさえされなければ、私たちは少なくとも不幸ではないのだろうか。そうだという人はいないだろう。

幸福とは何かは永遠の問いだが、何が欠如すれば幸福でないのかについては、ある程度答えが出せる。人生はいろいろで、人によっていろいろな生き方があってかまわないけれど、どんな生き方を選んでも絶対に欠かせないもの。自由、財産、名誉等がこれにあたる。

その時々において何をしたいかを決めるのを邪魔されないこと、すなわち、**意思決定の自由**は、私たちが幸福に生きるために欠かせないものの一つである。

法学では、「意志」ではなく「意思」と表記する。誘惑に負けて、最初に心に決めたことを貫徹できないことは「意志が弱い」と表現される。自分は何者なのかについてその内容をあたえる（＝自己を規定する）のは意志だ、という考え方がヨーロッパには昔からあって、それによれば、意志が弱い人は「確固とした自己をもってない人」を意味する。法学にいう意思はそのようなニュアンスを必ずしも含まない。

意思決定の自由が保護法益であることに争いがないのは、刑法二二三条の**強要罪**だ。これは、人に義務のないことをおこなわせ、または権利の行使を妨害する行為を処罰するものだが、非義務の強制・権利行使の妨害のための手段が、相手方の「生命、身体、自由、名誉若しくは財産に対し害を加える旨を告知して脅迫し、又は暴行」をくわえること（一項）、および、相手方の「親族の生命、身体、自由、名誉又は財産に対し害を加える旨を告知して脅迫」すること（二項）に限定される。

脅迫とは、人を恐れさせるに足りる加害の告知をいう。刑法二二二条の**脅迫罪**は、相手方または相手方の親族の生命、身体、自由、名誉または財産に対する加害の告知自体を処罰する。

業務妨害罪　刑法二三三条、二三四条の**業務妨害罪**は、他人の**社会的活動の自由**を侵害する犯罪である。妨害の手段は、**虚偽の風説の流布**、**偽計**、**威力**の三種類だ。例えば、ピザ屋に架空発注の電話をするのは偽計業務妨害にあたる。威力業務妨害の例は、大勢で店に押しかけたり、座り込みをしたりする行為で、もちろん暴行・脅迫をくわえることも威力にあたる。つまり、業務の妨害手段としての威力は、暴行・脅迫よりも広くとらえられる。

この点で問題になるのが、公務員の仕事を邪魔した場合である。というのも、公務の妨害には、**公務執行妨害罪**（刑法九五条）が用意されているからだ。公務執行妨害罪は、職務を執行中の公務員に対して暴行または脅迫をくわえた場合に成立する。ということは、公務を妨害する手段が暴行・脅迫にあたらなければ、公務執行妨害罪は成立しない。公務執行妨害罪は国家の作用である公務を保護するために設けられた犯罪で、要するに、公務員の仕事を邪魔したら、国や地方公共団体が迷惑するので、処罰される。

他方、邪魔される公務員は人なのだから、公務には、人が公務員という社会的地位にもとづいておこなっている社会的活動という側面もある。だったら、公務員個人に対しては業務妨害罪が成立するのではないか。これについては諸説がある。

住居等侵入罪　憲法三五条一項は、**住居の不可侵**を基本的人権として保障している。憲法三五条は、適正な刑事手続を保障することによって人身の自由を保障すべく、官憲が令状なしに住居に立ち入ることを禁止するところ、その基礎に横たわっているのは、「各人の住居は各人の城である」という格言があるように、何人も、私的生活領域である住居を侵されない権利を有するということである。その意味での住居の不可侵は、公権力に対する関係だけでなく、私人と私人のあいだでも保障される。

　刑法一二〇条は、住居、邸宅、建造物または艦船に正当な理由なく侵入すること（**住居等侵入罪**）、および、それらの場所から退去するよう要求されたにもかかわらず退去しないこと（**不退去罪**）を処罰する。**住居**とは、人が日常生活に使用している建物、**邸宅**とは、住居にあたらない居住用の建物、**建造物**は住居にも邸宅にもあたらない建物をいう。邸宅、建造物、艦船は「人の看守する」ものでなければならない。

名誉毀損罪　刑法二三〇条の**名誉毀損罪**は、「公然と事実を摘示し、人の名誉を毀損」した者を処罰する。**名誉毀損**とは、人の社会的評価を低下させることである。国語辞典で「名誉」を引くと、世間から高く評価されることという意味だとされるが、高い評価を受けていなくても、低く評価されていない人の評価をおとしめることも名誉毀損にあたる。なお、事実の摘示をともなわない場合は**侮辱罪**で処罰される（刑法二三一条）。名誉毀損罪、侮辱罪とも、告訴がなければ起訴されない（同法二三二条一項）。

名誉毀損罪にはプライバシー保護の側面がある。他人との良好な社会的関係を築くにあたっては、自分が他人からどう見られるのかを気にしないわけにはいかない。初対面なのに自分のことをあけすけに語りすぎると、かえって友だちができにくい。「私生活をみだりに公開されない権利」を**プライバシーの権利**というが、個人の私的な事柄（個人情報）のうち、とりわけ取扱いに配慮を要するものについては、たとえみんなが知っていることであっても、それを公然とあげつらう行為に名誉毀損罪が成立しうる。

例えば、前科は誰にも知られたくないことだし、被差別部落の出身だとか、在日朝鮮人・韓国人であるとか、世間体のよくない職業に就いているといったことは、たしかに、それらによって差別してはならないのは当然だけど、でもだからといって、公然と指摘してかまわないことにはならない。それらについては、たとえみんなが知っていても、誰も知らないもののように扱われる。

名誉毀損罪は、存命中の人に対しては、「その事実の有無にかかわらず」、したがって、本当のことを記事にする等しても成立する（刑法二三〇条一項）。なので、虚偽の事実にもとづく社会的評価（虚名）も、存命中であれば、刑法上保護される。

ただし、刑法二三〇条の二第一項は、名誉毀損行為が「公共の利害に関する事実に係り、かつ、その目的が専ら公益を図ることにあったと認める場合には、事実の真否を判断し、真実であることの証明があったときは、これを罰しない」と定める。これを**真実性の証明**の制度という。

❖ストーキング、ファミリー・バイオレンス

ストーキング　人身犯罪、とくに殺人罪は、起こってしまってからではとりかえしがつかないので、「事件を未然に防ぐ」ということが強く望まれる。もっとも、積年の恨みからとうとうＡがＢを刺し殺したとして、これを未然に防ごうにも、「Ｂを恨みに思っている」というだけでは、Ａの負担の下で予防的措置を講じるわけにいかない。けれども、加害者と被害者の関係によっては、それが可能な場合がある。

ストーキングとは、恋愛感情その他の好意の感情、または、それが満たされなかったことによる怨恨《えんこん》の感情をいだいた相手方に、つきまとい等の行為をおこなうことをいう。

平成一一（一九九九）年に埼玉県で起きた「桶川ストーカー殺人事件」は、当時女子大生であった被害者Ｂが、元交際相手Ａらから執拗、かつ、度を越した嫌がらせを受け続けたあげく、Ａらの殺害依頼を受けた男によって桶川駅前で刺殺されたというものである。

Ａは、Ｂから別れ話を切り出されるたびに、「貢いだ金を返せ」、「家族をめちゃくちゃにしてやる」などと脅迫していたが、交際を拒絶する旨を告げられると、Ａの兄ほか三人でＢ宅を訪問し、Ｂの母親に、Ａが会社から五〇〇万円を横領し、その金でＢに貢いだとして（これは作り話だった）、「誠意を示せ」などと詰め寄った。この行為は恐喝未遂にあたる。ところが、Ｂの家族は翌日、警察署に被害を申告したけれども、受理してもらえなかった。

その後、事件の約三か月前に、AらはBの通っていた大学の正門付近、同大学の最寄り駅、B宅付近の看板にBの顔写真等入りの二〇〇〇枚もの中傷ビラを撒き、その翌週、さらにその翌月にも同種の行為をおこなった。これらは明らかに名誉毀損にあたるが、警察署は一度目の名誉毀損の時点では告訴を受理せず、二度目の名誉毀損でやっと告訴を受理したものの、三度目の名誉毀損がおこなわれても捜査しなかったどころか、告訴を取り下げさせようとまでした。

これほどにまで警察署が捜査に消極的だったのは、AがBの元交際相手だったためである。当時は、民事不介入といって、私人間のトラブルに警察が介入するのは慎重でなければならないと考えられていた。

わが国で「ストーカー」という言葉が定着したのは一九九〇年代で、当時はストーキングの危険性についてまだそれほど深刻には受け止められていなかった。ストーカーは、いきなり重大な人身犯罪行為に出るのではなく、それ自体としてはさほど危険のない行為をくり返しているうちにエスカレートする傾向にある。

ストーカー規制法

桶川ストーカー殺人事件をきっかけに平成一二（二〇〇〇）年に制定された「ストーカー行為等の規制等に関する法律」（**ストーカー規制法**）には、規制対象となる**つきまとい等**が定められている（ストーカー規制法二条一項）。また、令和三（二〇二一）年の改正により、GPS機器等をひそかに取り付けるなど等して、相手方の承諾なしにその位置情報を取得する行為（**位置情報無承諾取得等**。同条三項）も規制対象となった。
例えば、被害者の自宅や勤務先周辺をうろついたり、被害者の行動を監視したり、外出したら後をつけたりする行為は、それ自体としては、私立探偵が素行調査をするのと変わらない。GPS機能のついたキッズ携帯を子どもに持たせて、位置情報を取得することは、むしろ子どもの安全確保に役立つ。問題は、それらがストーキングとしておこなわれることにある。

すなわち、それらの行為を「特定の者に対する恋愛感情その他の好意の感情又はそれが満たされなかったことに対する怨恨の感情を充足する目的」で、かつ、反復しておこなうことが、**ストーカー行為**とされる（ストーカー規制法二条四項）。ストーカー行為は一年以下の拘禁刑又は一〇〇万円以下の罰金に処せられる（同法一八条）。

さらに、ストーカー規制法三条は、つきまとい等または位置情報無承諾取得等により、相手方に、身体の安全、住居等の平穏もしくは名誉が害され、または行動の自由が著しく害される不安をおぼえさせることを禁止する。こちらは反復しておこなわれる必要はない。ただし、この行為は禁止の対象であっても、処罰の対象ではない。

つきまとい等や位置情報無承諾取得等をされて不安をおぼえたら、最寄りの警察署に相談する。これがまずやるべきことだ。ストーカー規制法三条違反行為が反復しておこなわれるおそれがあると認められるとき、警察では、被害者の申出があれば、今後は当該行為をしないように行為者に**警告**することができる（ストーカー規制法四条一項）。なぜなら、当該行為はストーカー規制法三条により禁止されているからだ。

また、都道府県公安委員会が**禁止命令等**を発することも可能だ。ストーカー規制法五条一項によれば、都道府県公安委員会は行為者に対して、「更に反復して当該行為をしてはならないこと。」（一号）だけでなく、「更に反復して当該行為が行われることを防止するために必要な事項」（二号）も命ずることができる。禁止命令等に違反した者は、ストーカー行為はしていないという場合でも処罰される（ストーカー規制法二〇条。六月以下の拘禁刑または五〇万円以下の罰金）。

ファミリー・バイオレンス

伝統的な意味における**家族**は、男性と女性が結婚して夫婦になって一緒に住み、共同生活を営むことを核として形成される。夫婦のあいだに子が生まれると、夫婦のうち男性は父、女性は母になる。子が男性の場合は息子、女性の場合は娘である。これを親子関係という。複数の子が生まれた場合、子同士のあいだに年上の男性を兄、女性を姉、年下の男性を弟、女性を妹とする兄弟姉妹関係ができる。

家族は、従来、血縁関係のある者や、血縁関係にはないけれども婚姻、養子縁組等の法制度によって家族になる者によって構成されるものだと考えられてきた。それらの関係にはないけれども、それらと似た関係は「擬似家族」とよばれる。

他方、住居と生計を共にする者が集まったもの、または、独立して一人で生計を営む単身者を**世帯**という。世帯の構成員である世帯員は、**世帯主**と、その他の世帯員に分かれる。固定的性別役割分担意識が支配的な社会では、世帯主は夫であることが多い。父親が引退して、息子が世帯主になることもあるが、息子は大人になるとやがて独立して別の世帯の世帯主となることで、娘はいつかは「お嫁に行く」、すなわち、別の世帯の世帯員と結婚することで、それまで属していた世帯から離脱するのが「自然」だとされてきた。

　擬似家族を含む、広い意味での家族は、住居という不可侵の私的領域内で共同生活を営む。住居によって人々は分節化（＝一つのまとまりとして区切ること）され、役所等の行政機関は、基本的には、世帯主とのやりとりによって行政をおこなう。

　お父さんが威張っていて、家族間で気に入らないことがあると「誰のおかげで生活できると思っているんだ」と怒鳴りつけ、お母さんはお父さんの言いなりになっている。別の家庭では、妻が夫に対して「お前は外で稼いでくる以外に存在価値はない」と暴言を吐き続け、夫は家では妻の顔色をうかがいながら生活している。「誰かが誰かを支配する」というゆがんだ家族関係の場合、支配される側の家族成員にとっての住居は「各人の城」どころか、牢獄でしかない。

　とくに、支配される側の家族成員が社会的に孤立していて、困ったときに頼れる人がいない場合、彼・彼女は「家庭の暴君」（domestic tyrant）による支配を自ら受け入れるようになる。それは人間なら誰にでも起こりうることであって、「なぜ抵抗しないんだ」とか、「嫌なら逃げればいいのに」と言ってしまう人は、無神経であるばかりか、おのれの無知をさらしてもいる。

　家族間でなされる、性犯罪を含む人身犯罪のことを**ファミリー・バイオレンス**というが、ファミリー・バイオレンスは、支配関係へとゆがめられた家族関係を背景におこなわれ、かつ、それがくり返されることによって支配が強化されていく。なお、ファミリー・バイオレンスにおける加害者は**バタラー**(batterer)とよばれる。

ＤＶ防止法　ファミリー・バイオレンスのうち、夫婦等のパートナー間でなされるものを**ドメスティック・バイオレンス（ＤＶ）**という。ＤＶに関しては、平成一三（二〇〇一）年に「配偶者からの暴力の防止及び被害者の保護等に関する法律」（**ＤＶ防止法**）が制定された。

ＤＶによくあるのは、次のパターンだ。①被害者に対する不満が爆発して手を上げる（爆発期）。②落ち着くと、「もう二度としない」と涙ながらに謝罪し、被害者もこれを許して、しばらくの間、バタラーは被害者に過剰なまでに優しくなる（ハネムーン期）。ところが、③やがてバタラーは被害者への不満を募らせていく（蓄積期）。このサイクルがくり返されるのだ。

ストーキングと似て、ＤＶは、言葉の暴力であるモラルハラスメントから始まって、やがて暴行、脅迫、監禁、不同意性交（夫婦間レイプ）といった人身犯罪へと発展する。それらの犯罪がくり返されるうちに、重度の傷害、まかり間違えば、死の結果が発生するに至るのだ。被害者が反撃に出てバタラーを殺害してしまう場合もある。

そこで、ＤＶ防止法一〇条には、配偶者からの身体に対する暴力または生命等に対する脅迫を受けた被害者が、今後配偶者から受ける暴力により生命または身体に重大な危害を受けるおそれが大きいとき、被害者からの申立てにより、裁判所が配偶者に対して**保護命令**を発すると定められている。それは以下の内容である。

配偶者と被害者が生活の本拠を共にしていなければ、裁判所は配偶者に対し、被害者の住居その他の場所において被害者の身辺につきまとい、または被害者の住居、勤務先その他その通常所在する場所の付近をはいかいしてはならないことを命じる（DV防止法一〇条一項一号。**接近禁止命令**）。接近禁止期間は六か月である。生活の本拠を共にしている場合は、二か月間、住居から退去、および、当該住居付近のはいかいをしてはならないことを命じる（同二号。**退去命令**）。また、裁判所は、被害者の申立てにより、接近禁止期間中の**被害者への電話等禁止命令**も発する（同条二項）。

例えば、一緒に家を出たわが子を配偶者が連れ戻そうとしているようだとか、実家に押しかけて著しく粗野または乱暴な言動をおこなって迷惑をかけているといった場合、いくら被害者への接近禁止命令が出ていても、被害者のほうから、話をつけるために自ら出向いて配偶者に面会せざるをえなくなる。そこで、裁判所は、被害者の未成年の**子への接近禁止命令**（DV防止法一〇条三項）、**親族等への接近禁止命令**（同条四項）も発する。

これらの保護命令に違反した場合には、一年以下の拘禁刑または一〇〇万円以下の罰金に処せられる（DV防止法二九条）。

MEMO 2　ストーカー規制法と DV 防止法の比較

1．ストーカー規制法

規制対象行為： 好意の感情等を満たす目的での 1）つきまとい等 2）位置情報無承諾取得等	によって	身体の安全、住居等の平穏もしくは名誉が害され、または行動の自由が著しく害される**不安を相手方がおぼえること**

- つきまとい、待ち伏せ、住居等の付近における見張り・うろつき、住居等への押しかけなど
- 相手方の承諾を得ないで、GPS 機器等により位置情報を取得など

規制対象行為を**反復しておこなうこと**を処罰
：**ストーカー行為**の処罰

規制対象行為が**反復しておこなわれていなくても**

- **警察署長等**による**警告**
- **都道府県公安委員会**による**禁止命令等**
- 禁止命令等違反の処罰

2．DV 防止法

配偶者から身体に対する**暴力または生命等に対する脅迫**を被害者が受けること	によって	**生命または身体に重大な危害を受けるおそれ**が大きいこと

それ自体が犯罪になりうる

裁判所による**保護命令**

児童虐待防止法　ファミリー・バイオレンスへの対応として、ＤＶ防止法とほぼ同時期の、平成一二（二〇〇〇）年に制定されたのが、「児童虐待の防止等に関する法律」（**児童虐待防止法**）だ。それらと平成一七（二〇〇五）年制定の「高齢者虐待の防止、高齢者の養護者に対する支援等に関する法律」（**高齢者虐待防止法**）を合わせて、**虐待防止三法**という。

　児童虐待防止法二条は、親権者、未成年後見人その他の者で、児童（一八歳未満の者）を現に監護する者を「保護者」とした上で、保護者が児童に対して次の行為をおこなうことを児童虐待と定義する。①児童の身体に外傷が生じ、または生じるおそれのある暴行をくわえること（**身体的虐待**）、②児童にわいせつな行為をすること、または児童をしてわいせつな行為をさせること（**性的虐待**）、③保護者としての監護を著しく怠ること（ネグレクト）、④児童に著しいトラウマをあたえる言動をすること（**精神的虐待**）がそれである。

　平成一六（二〇〇四）年の法改正によって、同法二条の定義規定に、保護者以外の同居人による①、②または④の行為を保護者が放置することもネグレクトにあたること、児童が同居する家庭における配偶者に対する暴力（生命身体に危害をおよぼすものだけでなく、それに準ずる、配偶者の心身に有害な影響を及ぼす言動も含まれる点で、ＤＶ防止法よりも広い）も精神的虐待にあたることが追加された。

　児童虐待防止法には「何人も、児童に対し、虐待をしてはならない。」という規定はあるものの（児童虐待防止法三条）、児童虐待罪のような処罰規定は置かれていない。もちろん、①には暴行ないし傷害罪が、②には監護者わいせつ罪または同性交罪が、③には保護責任者遺棄罪が成立する。④も、例えば、生命、身体、自由、名誉または財産に対する加害の告知であれば、脅迫罪が成立する。

児童虐待防止法は、児童虐待をおこなう保護者を処罰するためというよりかは、被虐待児の迅速な保護を目的とする法律である。そこで、同法五条には、学校の教職員、児童福祉施設の職員、医師等の、虐待を発見しやすい立場にある者が児童虐待の早期発見に努めるようにとの努力義務等が定められている。

児童虐待防止法は、「児童虐待を受けたと思われる児童を発見した者」がすみやかに児童相談所等に通告しなければならないことを定める（児童虐待防止法六条一項）。例えば、隣の家で児童虐待がおこなわれているのではないかという疑いをもった人にも通告義務がある。

児童相談所　児童福祉に関する専門的な見地から、児童に関する家庭その他からの相談（児童家庭相談）に応じ、個々の児童や家庭に最も効果的な援助をおこなうとともに、児童の権利を擁護することを目的として設置される行政機関が、児童相談所（児相）だ。児相は、都道府県、政令指定都市、政令で児童相談所設置市に指定された市や特別区に設置される。

児相が児童虐待に関係する通告を受けたとき、児童相談所長は、当該児童との面会その他の当該児童の安全の確認をおこなうための措置を講じるとともに、必要に応じて、児童の**一時保護**等の措置をとらなければならない（児童虐待防止法八条二項）。

そこで、都道府県知事は、児童虐待がおこなわれているおそれがあるときは、保護者に対し、当該児童を同伴して出頭するよう求め（**出頭要求**）、児相職員等に必要な調査または質問をさせることができる。さらに、都道府県知事には、児相職員等をして立入調査等をさせる、**立入調査権**が授けられている。これにもとづき、児相職員等は児童の住所または居所に立ち入り、必要な調査または質問する。児相職員の立入調査に応じない場合は五〇万円以下の罰金に処せられる（児童虐待防止法九条二項）。

保護者がこれらに応じない場合で、児童虐待がおこなわれている疑いがあるときは、都道府県知事は、裁判官があらかじめ発する許可状により、児相職員等に、**臨検**させ、または当該児童を**捜索**させることができる（児童虐待防止法九条の三）。

近年、深刻な児童虐待に対して児童相談所の対応が遅れがちであることが問題視されるようになった。他方、これまで児相は、児童虐待相談を含む、あらゆる児童家庭相談に対応してきたところ、育児不安をかかえた母親等による身近な子育て相談の件数も増えており、児相の事務負担が重くなってもいた。

そこで、平成二八（二〇一六）年に児童福祉法が改正されて、児童家庭相談に応じることを市町村の事務として明記し、児相は市町村の後方支援にあたることになった。これは、児相の事務負担を軽減し、専門知識・技術を必要とする事例への対応にもっと力を発揮できるようにすることだけでなく、虐待の未然防止・早期発見を中心とする積極的な取組みが市町村レベルでおこなわれることを企図するものでもある。

第3講　犯罪にはどういうものがあるのか②

交通犯罪

交通犯罪とは、道路交通に関する犯罪をいう。自動車は、軽自動車でも一トン前後の重さの金属の塊が時速五〇キロ、高速道路だったら一〇〇キロ以上もの高速度で走るものだから、当然、まともに接触すればただではすまない。

わが国では、昭和三五（一九六〇）年くらいから乗用車が普及し始め、昭和三九（一九六四）年の東京オリンピックを一つの節目に、戦後の復興から高度経済成長期へと移行してから、**モータリゼーション**（車社会化）が急速に進んだ。それは交通事故との戦いの歴史でもあった。

昭和四五（一九七〇）年の交通事故による死者数は一万六〇〇〇人を超え、これが日清戦争の戦死者数に迫るものであったことから、その危機的状況は「交通戦争」とよばれた。

そこで、歩道や信号機等の交通安全施設の整備充実、効果的な交通規制の推進、車両の安全性の向上、交通指導取締りの強化、等々の交通安全対策が進められた。その結果、いったんは、交通事故が減少していった。

ところが、昭和五〇年代半ばを境に交通事故は再び増加し、平成に入って、交通事故死者数はまたも一万人を超えた。平成四（一九九二）年には一万一四五二人に達し、その状況は「第二次交通戦争」とよばれるようになった。

その後、交通事故件数は引き続き平成一六（二〇〇四）年までは増加しているものの、死者数は一貫して減少傾向にある。令和元年中の交通事故による死者数は三二一五人である。これは、エアーバッグやＡＢＳ（アンチロック・ブレーキ・システム）といった自動車安全技術が向上したため、および、六歳未満の幼児にチャイルドシート、後部座席の乗員にもシートベルトを着用させることを運転者に義務づける等の安全対策が功を奏したためと考えられる。

交通安全対策が十分でなかった頃はともかく、少なくとも現在は、道路交通法に定められている交通ルールを守りさえすれば、通例、事故は起こらない。とはいえ、先に述べたとおり、自動車の走行はそれ自体が危険だ。なので、事故発生のリスクをゼロにするには、車そのものをなくすしかない。けれども、そんなことは不可能なので、「交通ルールを守って自動車を運転しても、事故が起こらないともかぎらない」というリスクには目をつぶる。これを**許された危険**という。

交通犯罪には、道路交通法に違反する行為を処罰するものがある。例えば、スピード違反は道路交通法二二条（最高速度）違反であるところ、道路交通法には罰則規定がある。道路交通法一一八条一号によれば、道路交通法二二条に違反したら、六月以下の拘禁刑または一〇万円以下の罰金に処せられる。事故が起こらなくても、スピード違反はそれ自体が犯罪なのだ。

ただし、道路交通法に違反しただけで罰金がとられることは滅多にない。「え、そうなの。この前、ネズミ捕りに引っかかって、罰金とられたけれど」という人がいるかもしれないが、それは罰金ではない。

ネズミ捕り（定置式速度取締り）に引っかかった者は、道路交通法違反の現行犯人にあたるので、逮捕・起訴されることも可能性としてはありうるところ、問題の行為が反則行為にあたる場合、反則金を期日内に納付すれば送検されないから、起訴されないし、起訴されなければ、罰金をとられることもない。これが**交通反則通告制度**である。罰金は刑罰であるのに対して、反則金は刑罰ではないので、反則金を徴収するのに刑事裁判は必要ないというのだ。

人の生命・身体に対する罪(2)

交通事故は、たいていの場合、自動車の運転者が道路交通法その他の交通安全ルールに違反したところ、事故が起こったというものである。つまり、許された危険を踏みこえて、許されない危険を作り出し、その危険が死傷結果へと実現したということだ。ただし、運転者は事故を起こしたくないと思っているので、死傷結果そのものについては故意がない。

刑法二一一条前段に**業務上過失致死傷罪**という犯罪がある。これは、業務上必要な注意を怠って人を死傷させた場合に単純過失致死傷罪（刑法二〇九条、二一〇条）よりも重く処罰するものである。交通ルールに違反して事故を起こした運転者は、かつては業務上過失致死傷罪で処罰されていた。現在は、「自動車の運転により人を死傷させる行為等の処罰に関する法律」（自動車運転死傷行為処罰法）五条で処罰される（**過失運転致死傷罪**）。刑は業務上過失致死傷罪よりも重い。

ところで、業務上過失致死傷罪の時代から問題になっていたのが、例えば、酒を飲んで、酒気帯びどころか酩酊《めいてい》した状態で自動車を運転したり、レーサー気取りで時速二〇〇キロメートルを超える速度で高速道路をかっとばしたりする行為だった。これらによって事故を起こしても業務上過失致死罪にしか問えないのはおかしいのではないか、と。

そこで、それらの行為を重く処罰するべく、平成一三（二〇〇一）年に設けられたのが、**危険運転致死傷罪**だ。現行法では、自動車運転死傷行為処罰法二条に規定が置かれている。本罪は、一定の危険な態様での運転行為を故意におこなう場合を暴行に準じて扱う。したがって、暴行罪と傷害・傷害致死罪の関係と同様に、死傷結果について故意がなくても、傷害・傷害致死罪に近い刑に処せられる。

財産犯　他人の財産を侵害する犯罪を**財産犯**という。財産犯には、「他人の財物を窃取した」（刑法二三五条）、「人を欺いて財物を交付させた」（同法二四六条一項）、「他人の物を損壊し」た（同法二六一条）というように、物のかたちで存在する財産を対象とする**財物罪**と、「財産上不法の利益を得、又は他人にこれを得させた」（同法二三六条二項、二四六条二項等）、したがって、利益のかたちで存在する財産を対象とする**利益罪**がある。個別の財産が奪われたり、横領されたり、壊されたりしているので、これらは**個別財産に対する罪**に分類される。

財物罪は、領得罪と毀棄・隠匿罪とに分かれる。**領得**とは、さしあたり、「他人の財物を自分のものにすること」だという程度の理解でかまわない。毀棄・隠匿罪とは、他人の物を壊したり、隠したりする犯罪である。例えば、刑法二六一条の**器物損壊罪**は他人の物を損壊する行為を処罰する。窃盗罪に比べて器物損壊罪は軽い処罰にとどまる。

盗まれた花瓶は後で取り戻すことも不可能ではないけれども、粉々に壊された花瓶はもう元には戻らない。その意味では、器物損壊のほうが重い結果が生じている。それなのに、窃盗のほうが重く処罰されるのはどうしてだろうか。

憲法二九条一項には「財産権は、これを侵してはならない。」と書いてある。この規定は、個人の財産権を保障するだけでなく、**私有財産制度**を保障する規定だとされる。私有財産制度の下では、人々は財やサービスを交換するための場所である**市場**に参加し、市場によってそれらの**価格**が決まる。財やサービスの価格は○○円、××円と貨幣換算される。

AがBのカバンを盗んだとする。カバンが一万円の価格だとして、Aはタダでカバンを手に入れているが、そんなことが横行したら、店でカバンを買う人はいなくなる。だから、窃盗を犯した者は器物損壊を犯した者よりも重く処罰されるのだ。

以上の、個別財産に対する罪に対して、他人に「財産上の損害を加えたとき」を処罰する背任罪（刑法二四七条）は、被害者の経済状態を悪化させること、わかりやすくいえば、被害者を貧しくしたことを処罰する場合で、こちらは**全体財産に対する罪**に分類される。

窃盗罪

刑法二三五条の窃盗罪は、他人の財物を当該他人の意思によらないで自己または他人に移転する犯罪である。盗取罪は窃盗罪と強盗罪に分かれるところ、**窃盗罪**は、財物を対象とする場合に限定される。したがって、財産上の利益を対象とする窃盗である**利益窃盗**は不可罰である。利益窃盗の例は詐欺罪のところで述べる。

刑法二四二条には、「自己の財物であっても、他人が占有（中略）するものであるときは、この章の罪については、他人の財物とみなす」と定められている。例えば、AがBにパソコンを貸していたとする。AがパソコンをBに無断で引き揚げた場合、Aにとってパソコンは自分の物であるけれども、刑法二四二条によって「他人の財物」とみなされる。なので、Aの行為には窃盗罪が成立する。

話は変わって、窃盗罪が成立するのは、物の支配が被害者から行為者または第三者に移った時点であるが、例えば、自転車をちょっとだけ使わせてもらおうと無断で持ち出したけれども、すぐに元の場所に戻したとする。このように、一時使用の目的で財物をそのあいだ自己または第三者の支配下におくことを**使用窃盗**という。問題の行為は違法であるといえば違法であるけれども、この程度の行為を処罰する必要はない。

また、例えば、AがBの花瓶を壊してやろうと、これをBの家から持ち出したとする。花瓶を壊せば刑法二六一条の器物損壊罪が成立するけれども、その場で壊さないかぎり窃盗罪も成立するというのは変である。

このように、「後で返すつもりだった」とか「持ち出した後で破壊するつもりだった」という場合には、**不法領得の意思**が欠けるとして、窃盗罪の成立を否定する余地がある。すなわち、窃盗罪が成立するには、窃盗の故意だけでなく、①権利者を排除する意思、および、②他人の物を自己の所有物として、その経済的用法に従って利用し、またはこれを処分したりする意思がなければならない。

ところで、親族間で財産犯罪がなされた場合の特別扱いを**親族特例**（**親族相盗例**）とよぶ。例えば、お父さんが息子の貯金箱から小銭を取り出してたばこを買ったとする。息子のお金を勝手に持ち出したのだから、お父さんの行為には窃盗罪が成立する。けれども、刑法二四四条一項には、配偶者、直系血族または同居の親族との間で窃盗罪を犯した場合は、その刑を免除すると規定されている。お父さんは直系血族にあたるので、刑が免除されることになる。

強盗の罪

強盗罪は、他人の財物または財産上の利益を、暴行・脅迫によって彼の意思を抑えつけて、自己または第三者に移転する犯罪である。財物を対象とするもの（刑法二三六条一項）を強盗強取罪、財産上の利益を対象とするものを強盗利得罪（同条二項）という。強盗罪の場合、暴行または脅迫によって、相手方が抵抗不可能な状態に陥っているため、行為者に「金を出せ」と言われて相手方が自ら行為者にお金を手渡したとしても、それは、もはや相手方の意思にもとづく移転とはいえない。

したがって、強盗罪における暴行・脅迫は相手方の反抗を抑圧する程度のものでなければならない。相手方を畏怖・困惑させる程度の暴行・脅迫をくわえたにとどまる場合、それを手段として他人の物・利益を自己または第三者に移転させるのは、刑法二四九条の**恐喝罪**である。

強盗罪が成立するためには、相手方に暴行または脅迫をくわえたことと、他人の物・利益が自己または第三者に移転したこととが「手段と目的」の関係になければならない。したがって、暴行・脅迫によって相手方が抵抗できなくなった後に、財物を奪ったり、財産上の利益を得たりしようと思ったという場合、そうするための手段として新たに暴行・脅迫をくわえる必要がある。単に、相手方が抵抗不可能な状態にあるのを利用して物を奪ったというだけでは、強盗罪は成立しない。

窃盗の後で暴行または脅迫をおこなっても強盗罪は成立しないけれど、**事後強盗罪**が成立する場合がある。刑法二三八条には、窃盗が財物を取り返されることを防ぐため（財物確保目的）、逮捕を免れるため（逮捕免脱目的）、または罪跡を隠滅するため（罪跡隠滅目的）、暴行または脅迫をしたというときに、これを強盗と同じに扱うと規定されている。

刑法二四〇条は強盗が人を死傷させたときに重く処罰する規定である。強盗が故意に人を殺害した場合は**強盗殺人**、故意に負傷させた場合は**強盗傷人**、故意なく死傷させた場合は**強盗致死傷**とよばれる。この規定は、強盗の犯人が人を死なせたり、負傷させたりすることが比較的多いことから、人の生命・身体をとくに手厚く保護するために設けられたとされる。

詐欺罪

詐欺罪は、他人の財物または財産上の利益を、欺罔《ぎもう》によって、彼の意思にもとづいて自己または第三者に移転する罪である。**欺罔**とは人を欺くこと、だますことだ。だまされた者（被欺罔者）は、自らお金を渡しているけれども、ほんとうのことを知っていたらお金を渡さなかっただろうから、被欺罔者がお金を渡したのは、欠陥のある、すなわち、**瑕疵《かし》ある意思**にもとづく。民法九六条一項が「詐欺又は強迫による意思表示は、取り消すことができる。」と定めているのはそのためである。

詐欺罪が成立するためには、被欺罔者が財物を行為者または第三者に交付したり、財産上の利益を処分したりする必要がある。例えば、洋服屋で「この服を試着したい」と言って服を手にとって、隙をみて持ち逃げしたという場合、店員をだますことで服を奪うことに成功してはいるけれども、店員は油断をしただけで、**交付行為**はしていないから、これは窃盗にあたる。

財産上の利益の場合、被欺罔者による**処分行為**によって行為者または第三者にそれが移転したのでなければ、利益窃盗にあたる。例えば、宿泊客にまぎれこんで、客でもないのに温泉に入るのは、「温泉に入る」という便益を不法に得ているけれども、旅館の人をだまして入場許可を得たのでなければ、それは利益窃盗だから処罰されない。ただし、建造物侵入罪（刑法一三〇条前段）は成立するので、やってはいけない。

詐欺罪が成立するためには、欺罔と他人の財物または財産上の利益が移転したこととのあいだに「手段と目的」の関係がなければならない。そのためには、欺罔された相手方が錯誤に陥ること、錯誤にもとづき財産を処分することを必要とする。**錯誤**とは勘違い、すなわち、主観的な認識内容と客観的に存在する、または実現した事実とのあいだに不一致があることをいう。

被欺罔者における錯誤は、単に「欺罔行為がなければ相手方は錯誤に陥らなかっただろうし、錯誤に陥らなかったら、財産を処分していなかっただろう」というだけでは十分でなく、その錯誤が詐欺構成要件からみて重要なものでなければならない。

すなわち、財物を交付し、または財産上の利益を移転することによって実質的な損失をこうむる（にもかかわらず、欺罔によってそのことについて錯誤に陥っていたため、交付または利益移転をした）場合に詐欺罪の成立は限られる。これを**財産的損害**の要件という。

特殊詐欺

詐欺罪に関して、全国で被害が相次いでいるのが特殊詐欺である。**特殊詐欺**とは、被害者に電話をかけるなどして対面することなく信頼させ、指定した預貯金口座に振り込ませる等の方法で財産をだまし取る手口の詐欺をいう。

特殊詐欺では、かたっぱしから電話をかけたり、ダイレクトメールを大量発送したりして、高齢者を中心に、多数の人々に接触する。ほとんどの人には詐欺だと勘づかれて未遂に終わるけれども、だまされる人がたまにいる。そういう人に当たるまで、とにかく電話をかけ続けるのだ。だまされた人のリストも作られて、何度も特殊詐欺の被害にあう人もいる。

特殊詐欺は組織的におこなわれる。すなわち、電話をかける「かけ子」、被害者から現金を受け取りに行く者が必要な場合には、それをする「受け子」、指定した口座に現金を振り込ませる場合は、口座から現金を引き出す「出し子」というように、特殊詐欺グループ間で役割分担がある。

特殊詐欺の摘発には「**だまされたふり作戦**」がとられることがある。これは、詐欺に気づいて警察に通報してきた人（協力者）に、だまされたふりをして電話でのやりとりを続けてもらうという捜査手法である。犯人が使用している携帯電話番号や預金口座番号等を聞き出すことができれば、それらを使用停止にする。また、受け子が協力者宅を訪れたところを、詐欺未遂罪で現行犯逮捕することもある。

ただ、受け子や出し子を逮捕しても、詐欺グループの中核メンバーの逮捕にこぎつける可能性はそれほど高くない。というのも、受け子等は、ＳＮＳ上の「高額バイト」の誘い文句につられて詐欺グループ側と連絡をとり、現金の受け取りや引き出しについて指示されたとおりのことをするだけだからだ。受け子等は指示されたこと以外は何も知らされていない。受け子や出し子がいなければ特殊詐欺は成り立たないけれども、中核メンバーにとって彼・彼女らはトカゲの尻尾なのだ。

横領および背任の罪

横領罪は、他人の物が自己の支配下にあることを悪用して、これをほしいままにする犯罪である。横領罪は、他人から預かる等によって自己の支配に移された物をほしいままにする場合と、例えば落とし物のように、他人の支配を離れた物をそうする場合とに分かれる。前者にあたるのは、**単純横領罪**（刑法二五二条）と**業務上横領罪**（同法二五三条）で、後者にあたるのは、**占有離脱物横領罪**（同法二五四条）だ。

新聞やテレビでたまに出てくるのが、会社の経理担当が会社のお金を横領して捕まったというニュースである。経理とは、会社のお金を管理する仕事だから、経理担当による横領には業務上横領罪が成立する。

背任罪は、他人の事務を処理する者がその任務に違背することにより本人に財産的損害をこうむらせる行為を処罰する。例えば、会社の経営者は自分の財産ではなく、会社の財産でビジネスをしている。会社の経営者がメチャクチャな経営をして会社の財産に穴をあけたという場合がこれにあたる。刑法二四七条に背任罪の規定があるが、会社の経営者の場合は会社法九六〇条の**特別背任罪**で、通常の背任罪よりも重く処罰される。

業務上横領罪や背任罪は、人々から信用される職業や地位に就いている人によっておこなわれる。「犯罪」と聞くと、私たちが真っ先に連想するのは人殺しや泥棒だが、それらはいわゆる「社会の底辺にいる人」によって犯されるものだと考えられがちである。実際、教育程度が低かったり、生活が不安定だったりする人のほうが罪を犯しやすいので、そのイメージはあながち間違ってはいない。ところが、業務上横領罪や背任罪はそれとは真逆の人によって犯される。

そのため、横領罪や背任罪は、ホワイトカラー犯罪（white collar crime）とよばれることがある。**ホワイトカラー犯罪**とは、社会的地位が比較的高い人がその職務遂行の過程でする犯罪をいう。「カラー」は色ではなく襟《えり》のことで、アメリカでは、かつては、工場や建設現場で作業する労働者が青い作業着を着用するのに対し、事務系の職種の労働者が白いワイシャツを着用することが多かった。そこで、前者はブルーカラー、後者はホワイトカラーとよばれる。

横領罪、背任罪のほかにホワイトカラー犯罪とされるものとしては、賄賂罪がある。**賄賂罪**とは、公務員の職務に関して利益のやりとりをする犯罪だ。公務員が賄賂を受け取る（**収受**）、贈賄側と賄賂の約束をする、または、賄賂の要求をすることを**収賄**、公務員に賄賂を渡す（**供与**）、公務員と賄賂の約束をする、または、賄賂の申込みをすることを**贈賄**という。

わが国における賄賂罪処罰の特徴は、公務員が適正な職務と利益を引き換えにしても賄賂罪が成立するということだ（刑法一九七条、一九七条の二を参照）。公務員が不正な職務を利益と引き換えにした場合は、刑法一九七条の三第一項、第二項の**加重収賄罪**によって重く処罰される。

文書の存在意義　高校生や大学生が「仕事」と聞いて「文書」を連想することはあまりないかもしれない。不思議なことに、わが国では、高卒よりも大卒のほうが給料が高いことの理由がよくわかっていない人が少なくないような気がする。

大学で勉強をした人にそなわっているものと期待されるのは、専門知識だけではない。何学部であろうと、大学に行くことで身につく、というか身についていなければならないコアスキルの一つが、文書作成能力だ。企業でも役所でも、文書を作成することができる人材を求めていて、だから高卒よりも高い給料を払う。

どうして文書がそんなに重要なのかは、人類の歴史を考えてみれば簡単にわかる。言葉によるコミュニケーションは犬や猫にでもできる。人間だけが言葉を話せるというのは間違いで、動物が話している言葉を人間が理解できないだけだ。けれども、動物と違って、人類は言葉を文字にあらわすことをおぼえた。そうすることで、自分が見たこと、聞いたこと、思ったことを、対面によるコミュニケーションなしに他人に伝えることが可能になった。

文書によって文字情報化された知識（ナレッジ）が集積されていくと、知識同士を組み合わせることで新しい知識が生み出されるようになる。これが科学の起源だ。科学が人類を飛躍的に発展させたことに異をとなえる人はいないだろう。

これを企業や役所に推し及ぼしてみれば、それらの組織がどうしてナレッジワーカーを求めるのかもわかるだろう。文書は、人と人が会ったり電話で話したりして連絡することにかかるコストを削減するだけでなく、組織全体で新しいアイデアを生み出して、ビジネスを発展させていくのに不可欠のコミュニケーションツールでもあるのだ。

だから、大事なやりとりを文書に残さない、せっかく残した文書をいい加減に扱うどころか、後で都合が悪くなると改竄《ざん》までするということがいかに愚かしいか。それがわからない組織は、どうしようもない組織だといってかまわない。

文書偽造の罪

さて、刑法は他人の名前で勝手に作成したり、他人が作成した文書を勝手に書き換えたり、虚偽の内容の文書を作成する行為を処罰している。**偽造**とは、権限なく他人名義の文書を作成すること、**変造**とは、他人が作成した文書に権限なく変更をくわえること、**虚偽作成**とは、内容が虚偽の文書を作成することをいう。

文書偽造の罪は、偽造等される文書が公文書か、私文書かで取扱いが異なる。**公文書**とは、公務所または公務員の名前で作成される文書で、**私文書**とは公務員でない者（私人）の名前で作成される文書だ。

公文書に関しては、公文書一般の偽造・変造を処罰するだけでなく（刑法一五五条。**公文書偽造・変造罪**）、公務員が内容虚偽の文書を作成すること一般をも処罰する（一五六条。**虚偽公文書作成罪**）のに対して、私文書に関しては、偽造・変造が処罰されるのは権利、義務または事実証明に関するものに限られるし（一五九条。**私文書偽造・変造罪**）、虚偽作成が処罰されるのは、医師が虚偽の診断書等だけ（一六〇条。**虚偽診断書等作成罪**）である。

したがって、私人が自分の名前で内容虚偽の文書を作成しても処罰されないが、他方で、他人の名前で勝手に作成した場合には、たとえほんとうのことがそこに書いてあっても処罰される。

これを私文書における**形式主義**という。

公共危険罪　放火は、たとえ大火事にならなくても厳重に処罰される。例えば、ゴミ捨て場に放火する行為は、刑法一一〇条の**現住建造物等以外放火罪**で処罰される。刑は一年以上一〇年以下の拘禁刑である。人家に放火した場合に至っては、死刑または無期もしくは五年以上の拘禁刑で、これは殺人罪の刑と同じだ（刑法一〇八条。**現住建造物等放火罪**）。そんなにも重く処罰されるのは、そこから大火事になって、不特定または多数の人が焼け死んだり、負傷したり、財産を焼失したりする危険があるからだ。このように、実害が発生しなくとも、不特定または多数の個人に重大な被害が生じたかもしれないということを理由に処罰される犯罪を**公共危険犯**という。

現住建造物等以外放火罪は、火をつけた物が焼損しただけでなく、大火事になる危険が発生したことが裁判所で認定されなければ有罪にならないのに対して、現住建造物等放火罪は、住居等が焼損したことが認定されるだけで有罪になる。

この点、判例によれば、火が媒介物を離れて、独立して燃焼を継続する状態に達した段階で焼損が認められる。例えば、新聞紙をまるめたものに点火した段階ではまだ焼損に至っていないので、現住建造物等放火未遂罪（刑法一一二条）が成立するにとどまるが、そこから家の壁に燃え移って、新聞紙がなくても燃えるようになれば、たとえボヤですんでも、現住建造物等放火罪が成立する。

ほかにも公共危険犯として意外なほど重く処罰されるのは、電車の線路に置き石をする行為だ。刑法一二五条一項によれば、電車の「往来の危険を生じさせた者」は、二年以上の有期拘禁刑に処せられる（**往来危険罪**）。往来危険とは、電車を脱線させたり、転覆させたり、衝突させたりする危険である。

鉄道会社では事故が起こらないように、少しでも異常がみられた場合には緊急停止する等の措置がとられるけれども、だからといって往来危険の発生が否定されることはない。あと、往来危険を発生させて電車の運行に乱れを生じさせれば、往来危険罪とは別に、威力業務妨害罪（刑法二三四条）も成立する。

❖暴力団犯罪

暴力団　**暴力団**とは、**ヤクザ**によって構成される団体である。**ヤクザ**は、事と次第によっては殺人、傷害、略取、監禁、不同意性交といった暴力にうったえることをためらわない点で犯罪傾向がきわめて高い。それだけでなく、単なる不良と違って、「一家」とよばれる擬似家族的集団を維持するために必要な規律に従う。

どんな社会にも、公の秩序を維持するための監視が及ばない領域が存在する。多くの小中学校では携帯ゲーム機の持ち込みが禁止されているけれども、こっそり持ち込む生徒がたまにいる。昔の中学校では、体育館の裏で不良がたむろしてたばこを吸っている、というのがよくある光景だった。大人の社会も同じで、こっそり大麻を吸ったり、覚醒剤を使用したり、違法カジノでギャンブルに興じたりする人たちがいる。

そこで、例えば覚醒剤を密売すれば大金が手に入るけれども、法の規制をかいくぐっておこなわれる以上、法による保護は受けられない。なので、覚醒剤や売上金を誰かに奪われるおそれがある。また、他の売人が参入してきて客の取り合いにでもなれば、売上げは減るわ、取引が目立って捕まるリスクは高くなるわで、商売にならない。

暴力団は、「シマ」とよばれる自らの勢力範囲内を暴力によって支配することで、シマ内での違法ビジネスにともなうリスクを低下させる代わりに、売上金の少なくない部分をせしめる。せしめられる側は商売をさせてもらっている立場なので、文句はいえない。もちろん、暴力団員自身が直接違法ビジネスによって収益を得ることもある。また、シマ内の飲食店や小売店に対して、「みかじめ料」等の名目で、金品を要求したりもする。

他方で、暴力団を利用して、合法なビジネスの交渉コストを下げようとする者がいる。借金の取り立てがその典型例だ。また、バブル期、土地開発目的で大量の資金が金融機関から注ぎ込まれたため、借地権が設定されている土地（底地）を買い、そこに建っているアパートや借家の住人を立ち退かせる、**地上げ行為**で大儲けする企業が続出した。当時の地上げには、立退き交渉に応じない住人に暴力団員が嫌がらせをして、無理やり交渉に応じさせるという場合も少なくなかった。このような**民事介入暴力**も、暴力団の収益源の一つだ。

暴力団との関わりがホワイトカラー犯罪の発端になる場合もある。政治家、会社経営者、エリートサラリーマン、弁護士、税理士といった社会的地位の高い人の中にも、法を守ろうとする意識（遵法《じゅんぽう》意識）が希薄な者はいる。そういう者に暴力団員が接近し、トラブルシューター（トラブルが発生したときの後始末を引き受ける人。いわゆる「ケツモチ」）を買って出る。これに引っかかった者は、最初は暴力団をうまく利用しているつもりだったのに、やがて暴力団への借りがかさんでいく。しまいに自力では借りを返せなくなって、横領・背任、補助金詐欺、収賄といった犯罪に自ら手を染めるのである。

暴力団対策法　わが国の暴力団対策が大きく転換したのは、平成三（一九九一）年の「暴力団員による不当な行為の防止等に関する法律」（**暴力団対策法**）制定以降である。平成二四年の改正を経て、同法の内容はさらに複雑になっているが、ここでは基本部分を解説するにとどめる。

　暴力団対策法二条二号は、暴力団を「その団体の構成員（その団体の構成団体の構成員を含む。）が集団的に又は常習的に暴力的不法行為等を行うことを助長するおそれがある団体」と定義する。**暴力的不法行為等**とは、「別表に掲げる罪のうち国家公安委員会規則で定めるものに当たる違法な行為」（同条一号）である。別表には、暴力団員が犯しうる罪の種類が網羅されており、さらに、具体的に何条の罪が暴力的不法行為等にあたるのかは、暴力団員による不当な行為の防止等に関する法律施行規則一条に定められている。

　で、暴力団対策法三条によれば、次の三つの要件を満たした暴力団は、都道府県公安委員会によって**指定暴力団**、すなわち、暴力団対策法が適用される暴力団に指定される。①生計の維持を目的とする場合を含む資金を暴力団員が得られるようにするために、当該暴力団の威力を利用させる等を実質上の目的としていること、②幹部のうち、または、全暴力団員のうちに、所定の要件のいずれかに該当する犯罪経歴保有者の占める比率が、暴力団以外の集団一般におけるそれを超えること、③トップの地位にある者の統制の下に階層的に構成されている団体であること。

　指定暴力団員は、暴力団の威力を示して、口止め料を要求したり、寄付金や賛助金等をみだりに要求したり、粗野な言動で債権を取り立てたり、立ち退きを拒絶している者に立ち退きを要求したり、等々の**暴力的要求行為**が禁止される（暴力団対策法九条）。それらの行為をするよう指定暴力団員に要求し、依頼し、または教唆することも禁止される（同法一〇条）。

暴力的要求行為にあたる行為は、指定暴力団等の暴力団員が暴力団の威力を示しておこなうのでなければ、したがって、一般の人には禁止されない。「早よ金返さんかい！」と声を荒らげてもいけないのだったら、借金の取立てはやってられない。もっとも、返済しなければ危害をくわえるぞと脅した場合には、暴力団員であろうがなかろうが、恐喝罪が成立する。要するに、暴力的要求行為の禁止の目的は、暴力団員の肩書きを活かして合法ビジネスができないようにすることにある。

都道府県公安委員会は、暴力的要求行為が現におこなわれていて、相手方の生活の平穏または業務遂行の平穏が害されていると認める場合には**中止命令**を、暴力的要求行為がおこなわれた後でも、類似の行為が反復しておこなわれるおそれがあると認める場合には**再発防止命令**を発する（暴力団対策法一一条）。これらの命令に従わないで暴力的要求行為がおこなわれた場合にはじめて処罰される（同法四六条一号）。

上納金システム　指定暴力団の三つの要件をもう一度みてほしい。①の要件だ。暴力団員が資金が得られるように当該暴力団の威力を彼に利用させるということが暴力団の「実質上の目的」になっている。

仮面ライダーその他の特撮ヒーロー番組で出てくる「悪の秘密結社」では、首領と幹部が、とある研究所から発明品を強奪するとか、スクールバスを乗っ取るといった計画を立て、実行役に特殊能力をそなえた怪人を指名する。指名された怪人が末端の戦闘員を引き連れて現場に襲来するものの、主人公に撃破されて、計画は失敗に終わる。

暴力団でこのような謀議をしていたら、遅かれ早かれ、組長も幹部も刑務所に送られて組織は崩壊する。なぜなら、逮捕された実行役が謀議のことを自白すれば、謀議に積極的に関わった者も共謀共同正犯として検挙されるからだ。その意味で、悪の秘密結社タイプの犯罪組織は生き残りにくい。

なので、暴力団員によっておこなわれる、合法ビジネスを含む資金獲得活動（いわゆる「シノギ」）は、通例、当該暴力団員が個人で遂行する。だから、たとえ捕まることがあっても一人だけだ。暴力団は、その威力を利用させるだけでなく、非合法な商品や情報へのアクセスを可能にすることによって、暴力団員に違法ビジネスの機会も提供する。

で、暴力団員は、獲得した資金から一定額を、「会費」や「交際費」の名称で所属の暴力団に毎月納める。これを**上納金**という。上納金の額は暴力団の内部での格付けが上がるに従って大きくなる。Aを組長とするA組の組員Bが自分の組をもち（二次団体）、さらにB組の組員Cが自分の組をもっている（三次団体）とする。このとき、CはC組で組員から上納金を徴収して、B組では上納金を納める。BはB組で組員から上納金を徴収し、A組では上納金を納める。上納金は上位団体になるほど高額になる。一次団体から二次団体、三次団体、四次団体、さらに五次団体へとピラミッドの裾《すそ》が広がると、一次団体が毎月集める上納金の額は億単位にのぼる。

組織的犯罪処罰法　したがって、暴力団の組織では、親兄弟の擬似家族的関係に従って、子から親、弟から兄へとお金が移動する。捕まるリスクの高い違法ビジネスは子分や舎弟にやらせて、親は彼らから徴収した上納金を、暴力団同士の付き合いに使うほかは、主に合法ビジネスに回して活動資金を増やしていく。

だから、違法ビジネスの摘発や暴力的要求行為の禁止によって収益源をつぶしていくだけでなく、暴力団員によって獲得された資金の流れを追跡することも、重要な暴力団対策になる。暴力団のほうでも、いかにして資金移動の跡を消すかに悪知恵をはたらかせる。

さて、暴力団犯罪に限らず、犯罪によって得られた物は没収・追徴の対象である。例えば、覚醒剤の密売は覚醒剤取締法で処罰されるところ（覚醒剤営利目的譲渡し罪）、密売によって得た現金は刑法一九条一項三号の「犯罪行為によって得た物」にあたる。使う等して手元にない場合には、犯人から没収するのは不可能だけれども、刑法一九条の二は、その場合には「その価額を追徴することができる」と定めているので、得た現金と同額を犯人に支払わせる。

平成一一（一九九九）年に制定された「組織的な犯罪の処罰及び犯罪収益の規制等に関する法律」（**組織的犯罪処罰法**）は、組織的な犯罪に関して刑を加重するとともに、一定の罪（**前提犯罪**）の犯罪行為によって得た財産等を「**犯罪収益**」、また、犯罪収益の果実として得た財産等を「犯罪収益に由来する財産」と定義した上で（二条）、それらを始めとする財産の没収・追徴についての特例を定める（一三条以下）。さらに、犯罪収益等を収受した者を処罰する規定も置かれている（一一条）。

組織的犯罪処罰法にはマネーロンダリングを処罰する規定も設けられている（犯罪収益等隠匿罪。一〇条）。**マネーロンダリング**とは、違法に得られた資金の出所や帰属先をわからなくすることによって、政府当局による把握を逃れる行為をいう。

さらに、犯罪収益等を用いて企業を乗っ取る行為も処罰される（事業経営支配罪。組織的犯罪処罰法九条）。犯罪収益等を用いて株主等の地位を取得し、または第三者に取得させた者が、株主等の権限または当該権限にもとづく影響力を行使し、例えば、自分の息のかかった者をその会社や子会社の役員に就かせたり、現役員を辞めさせたりする行為がこれにあたる。

MEMO 3　暴力団対策の基本

暴力団：ヤクザによって構成される団体

指定暴力団

：「その団体の構成員（その団体の構成団体の構成員を含む。）が集団的に又は常習的に暴力的不法行為等を行うことを助長するおそれがある団体」のうち、

(a) 資金獲得のために暴力団の威力を利用させる等を**目的**とすること
(b) **犯罪経歴保有者の占める割合**が一定以上であること
(c) **代表者等による統制**の下で**階層構造**をとること

を満たすことをもって、都道府県公安委員会が暴力団対策法の適用対象に指定した暴力団

1．指定暴力団における暴力的要求行為の禁止

暴力的要求行為

- 口止め料の要求
- 不当な下請け等の要求
- みかじめ料の要求
- 用心棒料等の要求
- 高利債権の取立て

など

暴力団の威力を示してするのでないかぎり、禁止対象外

暴力的要求行為が現におこなわれていて相手方の生活の平穏等を侵害 ⇒**中止命令** 類似の行為が反復しておこなわれるおそれ ⇒**再発防止命令**

を都道府県公安委員会が発する

これらの命令に従わないで暴力的要求行為をおこなうことを処罰

2．**組織的犯罪処罰法**による犯罪収益等の捕捉

犯罪収益等隠匿罪　　**マネーロンダリング**の処罰

第4講　刑事手続はどのように進行するのか①

実体法と手続法

犯罪が成立するときに国家刑罰権が発生するのだとして、それだけでは人を拘禁刑に処したり、死刑に処したりすることはできない。刑罰を科そうとしている人を相手どって、「国家刑罰権がある」ということを裁判所に訴えて、その審判をあおがなければならない。憲法三一条には「何人も、法律の定める手続によらなければ、その生命若しくは自由を奪はれ、又はその他の刑罰を科せられない。」と書かれているところ、「法律の定める手続」の中核をなしているのが、刑事裁判だ。

裁判とは、一方が他方を訴えて「自分には権利がある」と主張し、ほんとうに権利があるかどうかを中立的な第三者である裁判所に審理・判断してもらうことをいう。刑事裁判では、国の機関として訴えるほうが**検察官**、訴えられるほうが**被告人**である。被告人の側には**弁護人**が味方につく。

刑事裁判がどのように進行するかだけでなく、裁判の前に、検察官が被告人をどのように起訴するのか、起訴の前に、罪を犯したと疑われる者（**被疑者**）の身柄を確保したり、罪を犯したことの証拠を集めたりする捜査は誰がどのようにしておこなうのかといったことも含む、**刑事手続**の大事なことは**刑事訴訟法**という法律に定められている。

また、刑事手続には裁判所や裁判官、検察官、警察官といったいろいろな国家機関が登場する。これらの機関がどのように仕事をするのかについても、それぞれルールがある。例えば、**刑事訴訟規則**は、裁判所や裁判官が刑事訴訟法に従いながら刑事手続を進めていく上で必要なルールを最高裁判所が規則として定めたものだ。

権利がどういう場合に発生して、どういう場合に消滅するのかといったことを定めた法を**実体法**というのに対して、刑事訴訟法や刑事訴訟規則のように、権利を（ときには強制的に）実現するためにとらなければならない手続を定めた法を**手続法**という。

無罪推定

ずいぶん昔の海外テレビドラマに、「刑事コロンボ」という推理ドラマがある。まず犯人が被害者を射殺する等の犯行シーンから始まって、それから、犯行がばれないように犯人がほどこした偽装工作やトリックを主人公が暴いていく。誰が真犯人で、例えばアリバイがあるかのようにみえるのも虚構だということを、視聴者はすでに知っていて、主人公がどのようにして犯人を追い詰めるのかが見どころになっていた。当たり前の話だけど、現実の刑事事件をこのドラマの視聴者のように見通すことは不可能である。

現実の刑事事件のスタート地点は、死体が見つかったとか、警察に通報があったとか、被害届が提出されたというように、犯行によって、あるいは犯行をきっかけに生じた出来事である。そこから警察は誰が何をしたのかをたどっていく。誰が犯人かが疑いようなく明らかだったら話は簡単だけれども、そうでない場合には、警察の勘違いで無実の人が逮捕されることだってありうる。目撃者がいるならその人に訊けば間違えっこない、と思いきや、人は思い込みで、事実でないことをさもこの目で見たかのように話したりすることがあるのだそうだ。

なので、刑事手続の大前提は「『真実はこうだ』と誰かが言ったところで、そこには必ず『おそらく』という留保がつく。したがって、それはもしかしたら間違っているかもしれない」ということである。犯人でないのに逮捕したり、刑務所に入れたり、あまつさえ死刑にしたりすれば取り返しのつかないことになる。そこで、刑事手続は慎重の上に慎重を重ね、その上で確かめられた事実を「真実」ということにして、それにもとづいて刑事事件を最終処理する。

刑事手続における「真実」なるものは裁判が確定するまで定まらない以上、それまでは被疑者・被告人を犯人扱いしてはならない。これが、**（広義の）無罪推定**とよばれる刑事手続法の大原則だ。例えば、拷問は絶対にやってはいけないと憲法三六条に定められている。拷問は「罪を犯したことは明白なのに、認めない」のを理由におこなわれるが、拷問はそれ自体が人権蹂躙《じゅうりん》であるだけでなく、無罪推定にも反する。

任意捜査と強制捜査

捜査とは犯人を発見・確保したり、証拠を収集・保全したりすることをいう。日常用語では犯人探しのことを捜査といっているけれども、犯人を捕まえることも刑事訴訟法では「捜査」に含まれる。

捜査機関、すなわち、捜査をおこなう国家機関は主に警察官であるが、刑事訴訟法一八九条一項は、警察官が「司法警察職員として職務を行う」とした上で、二項で「司法警察職員は、犯罪があると思料するときは、犯人及び証拠を捜査するものとする」と定めている。警察官は、市民の安全を守ったり、公共の秩序を維持したりする行政警察活動だけでなく、司法警察活動といって、刑事司法の一翼も担う。

司法警察職員は、司法巡査と司法警察員に分かれる。刑事訴訟法第一九九条二項によれば、**司法警察員**は、警察官のうち、国家公安委員会または都道府県公安委員会が指定する警部以上の者に限られる。ややこしいけれども、司法警察職員と司法警察員は区別される。ちなみに、警察職員には、警察行政職員という、警察官ではない公務員もいる。

捜査権という公権力を私人に対して行使する権限は、一人一人の警察官に授けられている。もっとも、刑事が一人で捜査をして犯人を逮捕するのはテレビドラマの世界である。理論上は一人で全部おこなえることが、何人もの警察官によって分担されて、警察署等の組織的活動としておこなわれる。警察における組織的活動としての捜査についてのルールを定めているのは、**犯罪捜査規範**という国家公安委員会規則だ。

さて、刑事訴訟法一九七条一項には、「捜査については、その目的を達するため必要な取調《とりしらべ》をすることができる。但《ただ》し、強制の処分は、この法律に特別の定のある場合でなければ、これをすることができない。」と書いてある。

つまり、捜査には、犯人を発見・確保したり、証拠を収集・保全したりするための手段が「強制の処分」にあたらないものと、「強制の処分」にあたるものとがあって、前者は一般的に許容されているのに対して、後者は法律に特別の規定がなければすることができない。

前者を**任意捜査**、後者を**強制捜査**、さらに、強制捜査において強制の処分が法律に特別の規定がないかぎりおこなえないことを**強制処分法定主義**という。例えば、逮捕は、手錠をかける等して人の身体を物理的に拘束する手続だから、これは文句なしに強制捜査にあたる。なので、刑事訴訟法は一九九条以下で逮捕の手続を法定している。

「強制」というと、ふつうは「無理やり」、すなわち、「対象者の意思に反すること」を意味するけれども、捜査が強制にわたるのか、それとも任意捜査にとどまるのかは「法律に特別の規定がないとすることができないかどうか」に関わるので、これは解釈の問題になる。判例によれば、対象者の意思を制圧することにくわえて、「身体、住居、財産等に制約を加えて」なされるものであるかどうかも考慮して、問題の捜査が強制にわたるかどうかが判断される。

被疑者の逮捕・勾留

刑事訴訟法一九九条一項本文には、「検察官、検察事務官又は司法警察職員は、被疑者が罪を犯したことを疑うに足りる相当な理由があるときは、裁判官のあらかじめ発する逮捕状により、これを逮捕することができる。」と書いてある。これを**通常逮捕**という。

刑事訴訟法二一二条以下に定められている、「現に罪を行い、又は現に罪を行い終つた者」である現行犯人を逮捕することを**現行犯逮捕**というが、刑事訴訟法二一三条には「現行犯人は、何人でも、逮捕状なくしてこれを逮捕することができる。」と書いてある。これに対して、通常逮捕は検察官、検察事務官または司法警察職員にしかできない。

逮捕後の手続は、ごくおおまかに以下の流れで進むのが通例である。

まず、①被疑者を逮捕するのは通例司法巡査であるところ、被疑者を逮捕した司法巡査は直ちに同人を司法警察員に引致し（刑事訴訟法二〇二条）、引致を受けた司法警察員は、「被疑者が身体を拘束された時から四八時間以内に書類及び証拠物とともにこれを検察官に送致する手続」をとる（**身柄送致**。同法二〇三条一項）。新聞で「（身柄）送検」と書かれるのはこれである。

被疑者を受け取った②検察官は「被疑者を受け取つた時から二四時間以内に裁判官に被疑者の勾留《こうりゅう》を請求」する（**勾留請求**。刑事訴訟法二〇五条一項）。被疑者を受け取った時から二四時間以内であっても、「被疑者が身体を拘束された時から七十二時間」を超えていたら勾留請求することはできない（同条二項）。勾留とは、被疑者または被告人の身柄を刑事施設に留め置くことをいう。

勾留請求を受けた③裁判官は、刑事訴訟法二〇七条一項により、勾留の処分に関し「裁判所又は裁判長と同一の権限を有する」ところ、これに関する規定は被告人の勾留に関する刑事訴訟法六〇条以下に置かれている。同法六〇条一項には、「被告人が定まった住居を有しないとき。」（一号）、「被告人が罪証を隠滅すると疑うに足りる相当な理由があるとき。」（二号）、「被告人が逃亡し又は逃亡すると疑うに足りる相当な理由があるとき。」（三号）に裁判所は被告人を勾留することができると定められているので、「裁判所」を「裁判官」に、「被告人」を「被疑者」に読み替える。勾留請求を認容する場合、裁判官は勾留状を発する。

被疑者の勾留先は刑事施設（拘置所等）が予定されているけれども、刑事施設に収容することに代えて警察署の留置施設に留置することができると刑事収容施設法一五条一項に規定されている（**代用刑事施設**）。

勾留期間は検察官が勾留を請求した日から一〇日間だが、検察官は、「やむを得ない事由」があると認めるときは、一〇日の範囲内で勾留の延長を請求することができる（刑事訴訟法二〇八条）。したがって、最長二〇日間の勾留が可能である。

以上のそれぞれの段階で、被疑者の身柄を拘束する必要がない場合には、ただちに身柄が解放されるよう措置をとらなければならない。刑事訴訟法二〇三条一項（検察官による逮捕の場合は、二〇四条一項）、二〇五条一項、二〇七条五項にそう定められている。

令状主義　逮捕状、勾留状という言葉が出てきた。通常逮捕は逮捕状がなければできないし、勾留は勾留状がなければできない。どちらも裁判官が発する**令状**だ。

　これは憲法が基本的人権として保障していることである。憲法三三条には、「何人も、現行犯として逮捕される場合を除いては、権限を有する司法官憲が発し、且つ理由となつてゐる犯罪を明示する令状によらなければ、逮捕されない。」と書いてあるし、憲法三五条にも、「何人も、その住居、書類及び所持品について、侵入、捜索及び押収を受けることのない権利は、第三十三条の場合を除いては、正当な理由に基いて発せられ、且つ捜索する場所及び押収する物を明示する令状がなければ、侵されない。」と書いてある。犯罪の動かぬ証拠を見つけるからといって、警察官が無令状で「ガサ」（「探《さが》す」に由来する隠語《いんご》）、すなわち、家宅捜索して証拠物を差し押さえるのは、基本的人権の侵害なのだ。

　このように刑事訴訟法一九七条一項但書の「強制の処分」をおこなうためには、裁判官に、あらかじめ、それを許可する令状を発してもらわなければならない。この原則を**令状主義**という。なお、捜索差押令状による差押え等の手続については、同法二一八条以下に規定が置かれている。

　強制処分法定主義の下で法律に特別の規定のない強制捜査は認められない上に、法律に特別の規定があっても、捜査機関がそれをおこなうためには令状がなければならないとされるのはどうしてだろうか。

令状主義の趣旨は、捜査機関が①理由がないのに人身の自由やプライバシー、財産権といった基本的人権を制限しないように、また理由があっても、②必要がないのにそれらの基本的人権を制限しないように、さらに、理由も必要もあるからといって、③必要以上にそれらの基本的人権を制限しないように、裁判官がチェックするということにある。

ということは、右の①～③が満たされているのならば、令状主義にこだわらなくていいことになる。憲法三五条が「第三十三条の場合を除いては」と定めていて、逮捕にともなう無令状の捜索・差押えを認める余地を残しているのはこのためで、これをうけて、刑事訴訟法二二〇条は、一項で、通常逮捕または現行犯逮捕の場合において必要があるときは、「逮捕の現場で差押、捜索又は検証をすること。」（二号）ができるとした上で、二項で、その際に令状は必要ないと定めている。とはいっても、無令状でできる捜索・差押えには限度があって、これも①～③の観点から、とくに必要以上の捜索は許されないものと解釈される。

被疑者の取調べ

刑事訴訟法一九八条一項本文には、「検察官、検察事務官又は司法警察職員は、犯罪の捜査をするについて必要があるときは、被疑者の出頭を求め、これを取り調べることができる。」と書いてある。取調べとは、捜査機関が対象者に発問し、それに対する対象者の応答を供述証拠として収集・保全することをいう。

警察では、刑事訴訟法一九八条一項但書の反対解釈により、逮捕・勾留中の被疑者には**取調べ**

受忍義務があるものとして扱われる。刑事訴訟法一九八条一項但書には「被疑者は、逮捕又は勾留されている場合を除いては、出頭を拒み、又は出頭後、何時でも退去することができる。」と書いてあるところ、だったら、被害者が逮捕・勾留されている場合には取調べを拒否することはできないというのだ。

このように条文に書いてあることをひっくり返して解釈することを**反対解釈**という。一休さんのとんち話に、「このはしわたるべからず」と橋の前に表示されていたところ、「はし」を橋ではなく「端」と読んで、橋の真ん中を歩いて渡ったというものがある。たとえ「端わたるべからず」だったとしても、論理的には、「真ん中は渡っていい」とも、「真ん中も渡ってはいけない」ともいえない。でも、わざわざ「端を渡ってはいけない」と書いてあるのなら、真ん中は渡っていいと解するのが相当だから、彼は真ん中を渡ったのである。これも反対解釈の例だ。

逮捕・勾留中の取調べによって被疑者の自白をとることを警察は重視してきた。被疑者が取調べで被害者が犯行を自供することは、「落ちる」という隠語でいいあらわされるが、完全に落ちるまで、警察の側からみれば「粘り強く」、被疑者の側からみれば「執拗に」取調べが続けられる。被疑者を逮捕・勾留しているあいだ、警察では、通例、取調室で被疑者の取調べが集中的におこなわれる。

被疑者が自白をしたとき、取調官は**自白調書**を作成する（刑事訴訟法一九八条三項。「被疑者の供述は、これを調書に録取することができる。」）。これは、取調官が被疑者の供述内容をまとめて作文したものだ。それから、同条四項に定めてあるように、調書を「被疑者に閲覧させ、又は読み聞かせて、誤《あやまり》がないかどうかを問い、被疑者が増減変更の申立をしたときは、その供述を調書に記載」する。誤りがないと被疑者が申し立てたとき、同条五項によれば、取調官は被疑者に対し、調書に「署名押印することを求めることができる。但し、これを拒絶した場合は、この限りでない」。自白調書への署名・押印は、後々重要な意味をもつ。

捜索・差押え

現場に落ちていた物を拾って証拠にすることは任意捜査としてもおこなうことができるけれども、持ち主が出てきて、「返してくれ」といわれたら（還付請求）、これに応じなければならない。任意に提出された物もそうだ。

そこで、**領置**という手続がとられることがある。刑事訴訟法二二一条には、捜査機関が「被疑者その他の者が遺留した物又は所有者、所持者若しくは保管者が任意に提出した物」を領置することができると定められている。領置後は還付請求を拒むことができるので、これも強制捜査にあたる。

証拠物を発見するために、人の身体、例えばカバンのように中に何かが入る物、住居その他の場所を調べることを**捜索**、捜索した際に証拠物を発見したときに所有者や保管者から強制的にその占有を取得することを**差押え**という。ちなみに、被疑者を発見するために住居その他の場所を調べることも捜索とよばれる。さらに、捜索・差押えは、証拠物だけでなく、刑罰として没収される物についてもおこなわれる。なお、**押収**には領置、差押えのほか、起訴後の裁判所による提出命令も含まれる。

捜索・差押えに関しては、憲法三五条一項に、「何人も、その住居、書類及び所持品について、侵入、捜索及び押収を受けることのない権利は、第三十三条の場合を除いては、正当な理由に基いて発せられ、且つ捜索する場所及び押収する物を明示する令状がなければ、侵されない。」と書いてある。したがって、捜索・差押えには裁判官が発付する令状が必要だ。刑事訴訟法二一八条一項にもそのように定められている。なお、ややこしいことに、憲法三五条の「押収」には領置は含まれない。ここでの押収は差押えを意味する。

さらに、刑事訴訟法二一九条一項によれば、**捜索差押令状**には、被疑者の氏名、罪名、差し押さえるべき物、捜索すべき場所、身体または物、令状の有効期間等を記載しなければならない。憲法三五条一項は押収する物を明示することを要求しているところ、実務では、捜索差押令状に、「差し押さえるべき物」として特定の物が列挙された後に、「その他本件に関係する一切の物件」と記載されることがある。

刑事訴訟法二二二条一項は、裁判所による捜索・押収（＝領置、差押え）の手続に関する同法九九条以下の規定を捜査機関による捜索・差押え・領置にも準用する。**準用**とは、くり返しを避けるために、類似の規定を適宜改めて用いることをいう。

例えば、刑事訴訟法一一四条二項には「前項の規定による場合を除いて、人の住居又は人の看守する邸宅、建造物若しくは船舶内で差押状、記録命令付差押状又は捜索状の執行をするときは、住居主若しくは看守者又はこれらの者に代わるべき者をこれに立ち会わせなければならない。これらの者を立ち会わせることができないときは、隣人又は地方公共団体の職員を立ち会わせなければならない。」と書いてあり、同法二二二条一項はこの規定を準用しているので、捜査機関による捜索・差押えにおいても、捜索差押令状の執行には立会人が必要である。

身体検査　例えば、警察官が「現場に指紋がありました」と公判定で供述するとき、この供述が証拠として取り調べられる。ということは、捜査機関が現場を見るのも捜査の一つだということになる。このように、場所・物・人について、五官（目・耳・鼻・口・舌）の作用により場所・物・人について何かを感じとることを**検証**という。指紋の採取は、現場に指紋が残されていることを目で見えるようにしているのだから、これは検証にあたる。

検証は、任意捜査にあたるものと強制捜査にあたるものとに分かれる。例えば、事件現場が公道や公共の場所である場合、被害者宅が事件現場で、かつ、被害者の承諾を得た場合に現場を検証することは任意捜査にあたる。この種の現場検証は**実況見分**とよばれる。これに対して、強制捜査にあたる検証には令状が必要である。

さて、被疑者を逮捕した時にとられる措置の一つに**身体捜検**（**凶器捜検**）がある。逮捕されている者の「身体について凶器を所持しているかどうかを調べる」措置で、警察官職務執行法二条四項に規定がおかれている。身体捜検は、証拠になりそうな物を探索するためではなく、逮捕された者による自傷行為の防止を含む、逮捕の際の安全確保のためにおこなわれる。

身体捜検にあたらない身体の捜索には捜索・差押令状が必要だが、逮捕の現場で被疑者の身体を捜索するのに令状は必要ない（刑事訴訟法二二〇条三項）。

これらに対して、人の身体について検証をすることを**（狭義の）身体検査**といい、この場合には、刑事訴訟法二一八条一項により、**身体検査令状**が必要である。ただし、逮捕後に警察署に連行された被疑者は、留置場に入れられる前に正面・真横・左斜め前を写真撮影されて、指紋を採取される。これは強制捜査としての検証にあたるけれども、「被疑者を裸にしない限り」身体検査令状は必要ない（刑事訴訟法二一八条三項）。

抑圧的な国家では、官憲が対象者を全裸にして身体検査をおこなうことがよくある。人前で裸にさせることによって対象者から自尊心を奪うのだ。現行法が身体検査に対して格別の注意をはらっているのは、身体検査が濫用されないようにするためである。

被疑者の防御権

想像してほしい。ある日、突然、何人かの警察官がやってきて、「このとおり、あなたに××の容疑で逮捕状が出ているので、あなたを逮捕します。」と言われて、手錠をかけられる。警察署に連れて行かれたあなたは、四八時間以内に検察官に身柄を送られて、その後拘置所、あるいは警察署の留置場に収容されて、連日取調べを受ける。罪を犯したのだったら、まだあきらめもつくけれども、身に覚えのない容疑だ！

そのとき、あなたはどうたたかうのか。そのために刑事訴訟法はどのようなサポートをしてくれるのだろうか。冒頭に述べたとおり、（広義の）無罪推定の原則の下では、たとえ犯人であっても、有罪判決が確定するまでは無実の人と同じに扱われなければならない。

主な被疑者の防御権は、次の三つである。

第一、**弁護人選任権**。警察による逮捕の場合は司法警察員から、その後に勾留請求があったときは裁判官から、被疑者は「弁護人を選任することができる旨を告げ」られる（刑事訴訟法二〇三条一項、二〇七条二項）。

さらに、**国選弁護**の制度も設けられている。刑事訴訟法三七条の二第一項には、「被疑者に対して勾留状が発せられている場合において、被疑者が貧困その他の事由により弁護人を選任することができないときは、裁判官は、その請求により、被疑者のため弁護人を付さなければならない。」と書いてある。

第二、**黙秘権**。「何人も、自己に不利益な供述を強要されない。」（憲法三八条一項）。証人への不利益供述強要の禁止を**自己負罪拒否特権**、被疑者・被告人の場合のそれを黙秘権と使い分けることもある。もちろん、「自己に不利益」でなかったら被疑者・被告人に供述を強要していいというのではない。有利か不利かに関係なく、「何を聞かれても答えない」ということも、基本的人権として保障されるのだ（**包括的黙秘権の保障**）。

この黙秘権を保障すべく、刑事訴訟法一九八条二項には、「取調に際しては、被疑者に対し、あらかじめ、自己の意思に反して供述をする必要がない旨を告げなければならない。」と書いてある。

第三、**接見交通権**。逮捕・勾留中に弁護人と、官憲の立ち会いなく面会する権利も保障される。刑事訴訟法三九条一項は、身体の拘束を受けている被告人だけでなく被疑者にも弁護人と「立会人なくして接見し、又は書類若しくは物の授受をすることができる」と定めている。

ただし、被疑者に関しては、同条三項に、「検察官、検察事務官又は司法警察職員（司法警察員及び司法巡査をいう。以下同じ。）は、捜査のため必要があるときは、公訴の提起前に限り、第一項の接見又は授受に関し、その日時、場所及び時間を指定することができる。」と書いてある。これを**接見指定**という。同項但書には、接見指定が「被疑者が防禦《ぎょ》の準備をする権利を不当に制限するようなものであってはならない」と定められている。

＊令状主義

：「強制の処分」をおこなうためには、裁判官に、あらかじめそれを許可する令状を発してもらわなければならない

∵裁判官に捜査活動を統制させるため

(a) **理由なく**	人身の自由やプライバシー等を侵すことを防ぐ
(b) **必要なく**	〃
(c) **必要以上に**	〃

のが目的

ということは、

(a)〜(c) が満たされるかぎりで、無令状の逮捕や捜索・差押えが許される

例）逮捕にともなう無令状の捜索・差押え（刑訴 220）

2．被疑者の取調べ

取調べ　捜査機関が対象者に発問し、同人の応答を供述証拠として収集・保全すること

刑訴 198 ①但	逮捕・勾留中でなければ出頭拒否・退去することができる	⇒	【実務】 逮捕・勾留中は、取調べを拒否することができない （刑訴 198 ①但の反対解釈） ：**取調べ受忍義務**
②	供述拒否権の告知		

3．被疑者の防御権

1）**弁護人選任権**　刑訴 203 ①、204 ①、207 ②　←憲 34

2）**黙秘権**　刑訴 198 ②　←憲 38 ①

：有利か不利かに関係なく、一切の供述を拒否することができる

（包括的黙秘権の保障）

3）**接見交通権**　刑訴 39 ①

：逮捕・勾留中に弁護人と、官憲の立ち会いなく面会する権利

MEMO 4 捜査

捜査　**犯人**を発見・確保したり、**証拠**を収集・保全したりすること

刑訴 197 ①「必要な取調」

捜査手段が強制に
- わたらない（**任意捜査**）
  ：一般的許容
- わたる（**強制捜査**）刑訴 197 ①但
  ：法律に規定のないものは禁止

↕ 強制にわたるか否かは、「法律に特別の規定がないとすることができない」かどうかに関わる

強制処分法定主義

1．逮捕・勾留

通常逮捕　刑訴 199 ①本文

：裁判官のあらかじめ発する**逮捕状**を司法警察職員等が執行することによっておこなわれる身柄拘束行為

被疑者勾留　刑訴 207 ①・60 〜

：逮捕後も引き続き被疑者の身柄を拘束すること

㊢ **逮捕状**の請求 → ㊡ 逮捕状の発付 → ㊢ 逮捕状の（通常）執行 → ㊢ **身柄送致** → ㊝ **勾留請求** → ㊡ **勾留状**の発付 → ㊢ 勾留状の執行（最長20日間）

代用刑事施設（留置場）の場合

72 時間以内（刑訴 205 ②）

身体拘束から **48 時間以内**（刑訴 203 ①）

被疑者を受け取った時から

24 時間以内（刑訴 205 ①）

公訴提起　捜索・差押えや警察の取調べといった捜査により証拠が固まったと判断したら、検察官は公訴提起（起訴）の手続をとる。**公訴**とは、国が特定の個人（被告人）に対して国家刑罰権の主張を提示し、その当否についての審理および判決を裁判所に求めることをいう。公訴提起の略称が起訴である。これをおこなうのは検察官であることが刑事訴訟法二四七条に定められている。

検察官には、**起訴裁量**といって、公訴提起をするかどうかを自らの判断で決定することができる。刑事訴訟法二四八条には、「犯人の性格、年齢及び境遇、犯罪の軽重及び情状並びに犯罪後の情況により訴追を必要としないときは、公訴を提起しないことができる。」と書いてある。なので、起訴しても勝てる見込みがない場合はもちろん起訴しないし、勝てる見込みはあるが処罰するにはおよばないという場合にも、検察官は起訴を見合わせる。後者をとくに**起訴猶予**という。起訴を猶予するにあたって、検察官は、被疑者に訓戒をあたえて誓約書をとり、自力更生を誓わせるのが通例である。

なお、刑事ドラマなどで「時効」という言葉が出てくるが、これは公訴時効のことだ。**公訴時効**制度とは、一定期間を過ぎると検察官が公訴提起することが許されなくなる制度をいう。刑事訴訟法二五〇条一項には、「時効は、人を死亡させた罪であつて禁錮刑に当たるものについては、次に掲げる期間を経過することによつて完成する。」と書いてある。同二号によれば、長期二〇年の拘禁刑に当たる罪の公訴時効は二〇年なので、例えば、傷害致死罪（刑法二〇五条。「身体を傷害し、よって人を死亡させた者は、三年以上の有期拘禁刑に処する。」）の時効期間は二〇年だ。殺人罪には死刑があるので、現行法上、殺人罪に公訴時効は存在しない。

起訴状一本主義

「検察官は公訴提起の手続をとる」といっても、それは起訴状を裁判所に送付することにほぼ尽きており、起訴状もきわめて簡素である。刑事訴訟法二五六条二項には、起訴状の記載事項として、「被告人の氏名その他被告人を特定するに足りる事項」（一号）、「公訴事実」（二号）、「罪名」（三号）を書かなければならないことが定められている。公訴事実については後で述べる。

起訴状を裁判所に送付するので十分、どころか、事件の内容について書いてあるものは起訴状だけにしなければならない。刑事訴訟法二五六条六項には、「起訴状には、裁判官に事件につき予断を生ぜしめる虞《おそれ》のある書類その他の物を添附し、又はその内容を引用してはならない。」と書いてある。これを**起訴状一本主義**という。

起訴状に刑事訴訟法二五六条六項違反が認められる場合、裁判所は公訴を棄却する。同法三三八条四号には、裁判所が判決で公訴を棄却しなければならない場合として、「公訴提起の手続がその規定に違反したため無効であるとき」がそうだと定めている。公訴が棄却されると訴訟手続は打ち切られる。

起訴状一本主義は、裁判官に予断をもたせないようにするためにある。人間には確証バイアスといって、「これはこうなのではないだろうか」と予想すると、「やっぱりそうだ」と判断するのに都合のよい証拠を集めようとする傾向がある。裁判官も人の子だから、そうならないともかぎらない。でも、それでは、裁判が始まる前から検察官のほうが有利になる。憲法三七条は、刑事事件における「公平な裁判所」による裁判を基本的人権として保障しているので、刑事訴訟法は、予断防止のため、起訴状以外のものが裁判官の目に入らないようにしたというわけである。

公訴事実と訴因

では、起訴状に記載される「公訴事実」とは何だろうか。刑事訴訟法学を学ぶときに一つの難関となるのが、公訴事実と訴因《そいん》の関係である。この二つの言葉の違いを理解することからはじめよう。

まず、**公訴事実**とは、刑事手続において刑事事件として処理されるべき具体的な出来事（社会的事実）である。例えば、被害者が死体で発見されて、解剖の結果、何者かによって殺害されたことは確かだけれども、犯人が誰かはわからないとする。このとき、人々のあいだにはコンフリクト（紛争）が生じる。そこで、犯人を探し出して刑事裁判にかけることによって紛争が処理されるのだ。

ところで、先に述べたとおり、刑事手続の前提は無罪推定、すなわち、「判決が確定するまで、手続のまな板にのせられた事実は、『もしかしたら真実ではないかもしれない』ものとして扱われなければならない」ということである。したがって、起訴状に検察官が「公訴事実」という表題の下で「AはBの首を絞め、よってBを死亡させた。罰条、刑法一九九条」と確信をもって書いていても、それは「検察官はそうだと思っている」という域を出ない。

そこで、起訴状に書いてある公訴事実は、「検察官が『公訴事実』として主張している事実」ととらえなおされる。これが**訴因**である。手続の進行に従って公訴事実は変わりうる。極端な話、真犯人が別にいたというときには、検察官の主張していたのとはまったく異なる「真実」に行き着く。手続の進行によって公訴事実と訴因のあいだにズレが生じることがあるのだ。

訴因は、アメリカの刑事手続法におけるカウント（count）の概念が戦後わが国に持ち込まれたものである。アメリカの刑事司法は「司法権が立法権・行政権を抑制する」という性格が強いところ、刑罰権の実現は、基本的に行政府の役割ととらえられる。なので、検察官が刑事裁判に負けて犯人が野放しになってしまったとしても、裁判所が非難されるいわれはない。逆に、どちらか一方に裁判所が変に肩入れして、裁判の公平性を疑われることのほうが大問題なのだ。

この点、人権を擁護しながら、国家刑罰権の適正な実現――わが国では、それが「正義」だといわれる――を追求することが、警察組織や検察官と同様に、どころか裁判所にこそ期待される傾向にあるわが国の刑事司法とは、感覚が大きく違っている。

それはともかく、わが国の刑事訴訟法は訴因制度を導入し、裁判所が訴因をこえて審理・判決をしてはならないものとした。起訴状に「公訴事実」として書いてある事実がなかったと認定されれば、当然、無罪判決が言い渡される。

そのため、①刑事訴訟法二五六条三項には、「公訴事実は、訴因を明示してこれを記載しなければならない。訴因を明示するには、できる限り日時、場所及び方法を以て罪となるべき事実を特定してこれをしなければならない。」と書いてある。これを**訴因の特定性**という。

ただし、公訴事実と訴因のあいだにズレが出てきたときに、②一定の範囲で**訴因の変更**が認められる。刑事訴訟法三一二条一項に、「裁判所は、検察官の請求があるときは、公訴事実の同一性を害しない限度において、起訴状に記載された訴因又は罰条の追加、撤回又は変更を許さなければならない。」と書いてあるのがそれである。

ディバージョン

これまで述べてきたことは、犯罪者が逮捕されて、検察官送致後、起訴されるまでの手続だが、でも、罪を犯したからといって必ずしも起訴されるわけではない。起訴猶予を含め、通常の刑事司法から離脱させることを**ディバージョン**という。

例えば、スーパーマーケットで万引きをして私服保安員（通称、万引きGメン）に現行犯逮捕されたとする。警察官に警察署に連れて行かれて、取調べを受けるが、その後、身柄送検されるかというと、多くの場合、そうはならない。初犯で、額が大きくなければ（万引きの場合は、被害額が五〇〇〇円を超えないことが目安だといわれている）、警察段階で事件の最終処理がなされる。

刑事訴訟法二四六条によれば、警察で犯罪の捜査をしたときは、被疑者を逮捕しなくても、速やかに書類および証拠物とともに事件を検察官に送致しなければならないところ（新聞で「書類送検」と書かれる）、同条但書には、「検察官が指定した事件」については事件を送致しなくていいと定められている。軽微な犯罪で、かつ、検察官から送致の手続をとる必要がないとあらかじめ指定された事件について、検察官に事件を送致しないことにする処分を**微罪処分**という。

微罪処分の際には、警察官は、被疑者に対して厳重に訓戒をくわえるとともに、親権者、雇い主その他被疑者を監督する地位にある者等を呼び出し、将来の監督について必要な注意をあたえて、身柄請《うけ》書に署名押印させる。また、被害者に対する被害回復、謝罪その他の適当な方法を講ずるように被疑者に諭すこともおこなわれる。

罪を犯した少年について、家庭裁判所で少年審判がおこなわれた後に少年を保護処分に付するのも、ディバージョンだ。保護処分の一つに少年院送致があるけれども、少年院は刑務所ではない。少年を刑務所に入れるには、家庭裁判所が検察官送致（いわゆる逆送）を決定して、検察官が当該少年を起訴しなければならない。

検察官による起訴猶予処分は、ディバージョンとして積極的に運用されている。近年では、受理した犯罪者のうち起訴を猶予されるのは、延べ数にして六割以上にものぼる。交通犯罪である過失運転致死傷罪に至っては、起訴される者は一割前後でしかない。

MEMO 5 公訴提起（起訴）

公訴　国が被告人に対して国家刑罰権の主張を提示し、その当否についての審理および判決を裁判所に求めること

刑訴法 248　起訴便宜主義

検察官は公訴提起するかどうかを自らの判断で決定することができる（**起訴裁量**）

1．公訴提起手続　　起訴状を裁判所に送付することにほぼ尽きる

刑訴 256 ②　　起訴状の記載事項

（1）被告人の氏名その他被告人を特定するに足りる事項

（2）公訴事実

（3）罪名

刑訴 256 ⑥　　**起訴状一本主義**

「起訴状には、裁判官に事件につき予断を生ぜしめる虞のある書類その他の物を添附し、又はその内容を引用してはならない。」

2．公訴事実と訴因

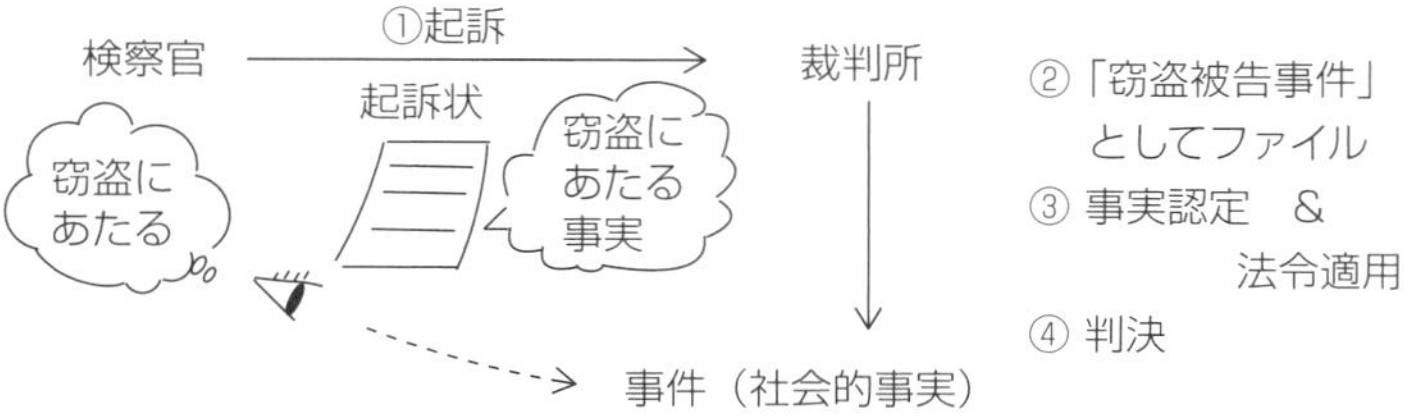

公訴事実　刑事手続において刑事事件として処理されるべき具体的な出来事（社会的事実）

訴因　検察官が「公訴事実」として主張している事実

第5講　刑事手続はどのように進行するのか②

公判手続の基本原則

「刑事裁判」というと、私たちは、裁判官の前で検察官と被告人側に分かれて、例えば、証言台に立つ証人に検察官が質問をしていると、弁護人が割って入って、「異議あり。ただ今の検察官の質問は誘導尋問です。」とか何とか言うシーンを思い浮かべる。このように、裁判官の前で検察官と被告人側が主張をたたかわせるのは、裁判所内の**公判廷**というところでおこなわれる。

憲法八二条一項には「裁判の対審及び判決は、公開法廷でこれを行ふ。」と書いてある。**対審**とは、英米法ではトライアル（trial）といい、当事者が相対《あいたい》して裁判官の面前で口頭でそれぞれの主張を述べることをさす。

対審は、裁判官の面前で当事者が主張を述べることと、当事者が口頭で主張を述べることを要素とする。前者を**直接主義**、後者を**口頭主義**という。さらに、対審および判決が公開の法廷でおこなわれなければならない。これを**公開主義**という。

また、憲法三七条には、被告人が「公平な裁判所の迅速な公開裁判を受ける権利を有する」ことを基本的人権として保障している。公開主義に加えて**迅速な裁判**、すなわち、刑事裁判を不必要に長引かせないことも基本的人権として被告人に保障される。

口頭主義の趣旨

どうして当事者が口頭でそれぞれの主張を述べる必要があるのだろうか。裁判官が証拠を直接調べる必要があることはいうまでもないことのように思われるが、なぜ書面でやりとりをするのではだめなのだろうか。書面だと言いたいことを正確に伝えられるから、むしろそちらのほうが正確な審理ができるのではないか。

刑事訴訟には、**糺問《きゅうもん》主義**的なものと**弾劾《だんがい》主義**的なものがある。裁判所が自ら訴訟を開始するのが糺問主義で、裁判所以外の者の訴えを待って訴訟を開始するのが弾劾主義だということもあれば、裁判所と被告人しかいない手続のことを糺問主義、裁判所と被告人のほかに訴追官がいる手続のことを弾劾主義ということもある。

糺問主義的な手続では、集められた証拠にもとづいて被告人が犯人だと裁判官が確信したときには、拷問をくわえてでも被告人に自白させ、有罪判決を言い渡した。これが「大陸法」、すなわち、イギリスにとって海の向こうのヨーロッパ大陸にある国々の刑事裁判だった。

これに対して、イギリスでは、訴追者に証拠を出させるだけでなく、訴追者が出してきた証拠に対し、被告人が反論を述べる機会をも十分に与えた上で、そのような証拠だけを裁判所が調べるようになった。わが国の現行刑事訴訟法は、基本的には、この弾劾主義を採用する。

直接主義にくわえて口頭主義も大事なことの理由は、以上の刑事裁判の歴史からわかるだろう。裁判所は証拠にもとづいて判決を下せばそれでよいというものではない。どういう証拠にもとづいたのか、証拠を調べるにあたってどちらか一方に不当な肩入れをしてはいないか、反論の機会を十分にあたえたかについて、裁判所は説明責任を負う。

そこで、刑事訴訟法は公判廷という場を設定し、公判廷で提出された証拠や主張だけを裁判所に審理させることにした。口頭でおこなうのだったら、一方の主張に対して他方がその場で対応できる。このようにして、公判廷でのことは公判廷で完結させるのだ。それに、傍聴人も手続の進行を同時体験することができるので、口頭主義は公開主義にとっても好都合だ。

もっとも、刑事裁判は決してぶっつけ本番の即興劇的に進行するものではない。お互いがその場その場で思いついたことを言い合うときには、相手のちょっとした失言を逆手にとってやりこめることがある。口喧嘩がいい例だ。では、そんなふうにして被告人の有罪・無罪が決まるとしたらどうだろうか。刑事司法に対する信頼は損なわれるにちがいない。映画やテレビドラマで観る法廷劇の中には、そういう「おかしな刑事裁判」が時折みられる。公判前整理手続については証拠法を概説した後で述べるが、実際の刑事裁判は、口頭で進めてもそんなにおかしなことにならないようになっている。

証拠による事実認定

刑事訴訟法三一七条には、「事実の認定は、証拠による。」と書いてある。これを**証拠裁判主義**という。したがって、裁判所が事実を認定するときには、証拠を示さなければならない。刑事訴訟法三三五条には「有罪の言渡をするには、罪となるべき事実、証拠の標目及び法令の適用を示さなければならない。」と書いてあるところ、「証拠の標目」というのがこれにあたる。

証拠は蓋然《がいぜん》性に関わる。**蓋然性**とはプロバビリティ（probability）の訳で、これは任意の物事について「そうだと信じる理由がある」というときに使われる言葉である。これに対して、可能性と訳されるポシビリティ（possibility）は、「それは論理的にありうる」というときに使われる。

ただし、日常生活上、蓋然性は「客観的可能性」ととらえられることのほうがむしろ多い。論理的に起こりうることを「一つの可能性」として、考えられるかぎり数えていくと、例えば、今日の気象データから「明日雨が降る可能性」と「降らない可能性」はそれぞれ量として扱える。明日は雨が降るか、降らないかのどちらかだから、前者のほうが大きければ大きいほど、それは明日は雨だと強く信じる理由になる。ゆえに、蓋然性は、可能性という言葉で説明することができる、というのだ。天気予報の降水確率はだいたいこの考え方にもとづく。

ともかく、証拠を集めると蓋然性は高まっていき、やがて「そうに違いない」と確信するに至る。刑事裁判でいう「証明」はこの意味で使われる。「カラスは鳥だ」というように、証明したいこと（鳥）がすでに前提（カラス）の中に含まれていて、それを論理法則に従って導き出すことも「証明」というが、これとは別ものである。

直接証明と間接証明

さて、証明は、有罪判決を言い渡すために必要な事実を認定するためになされる。証明が必要な事実を**要証事実**といい、要証事実の直接の証拠となるものを**直接証拠**という。**直接証明**とは、直接証拠によって要証事実を証明することをいう。

例えば、起訴状に「AはBを殺害しようと決意し、ナイフをもってBの左胸部をめがけて突き刺して、同人を心臓刺創《しそう》に基づく失血により死亡させて殺害したものである。」と記載されているとする。この場合、「AがBをナイフで刺した」という事実は要証事実の一つであり、それが証明されないと、刑法一九九条の殺人罪は適用されない。「AがBをナイフで刺しているのを見た」という目撃者がいたとして、その人の証言は直接証拠にあたる。

直接証拠がなくても、要証事実についての証明は可能である。先の例で、犯行を目撃した人はいなかったが、犯行があったとされる時刻の直後にBが現場を立ち去るのを見た人がいたとする。この人の証言を信用するとして、しかも、AとBのほかに現場に人がいそうになかったら、Bが犯人ではないかという蓋然性は高まる。ただし、犯人であるという確信に至るためには、Aの自殺かもしれないという仮説を消しておく必要がある。

この場合の「Bが現場を立ち去るのを見た」という証言によって証明される「Bは犯行時に現場にいた」という事実のように、要証事実そのものではないけれども、要証事実の真否についての蓋然性を高める事実のことを**間接事実**、間接事実の証拠となるものを**間接証拠**という。

間接事実から要証事実を認定するときには、**事実上の推定**（**推認**《すいにん》）がなされる。間接事実から別の間接事実を推認することもある。このようにして、間接証拠から要証事実を証明することを**間接証明**という。

これらの言葉を使って次の場合を整理してみよう。「現場に指紋があった。これはBが犯人であることの動かぬ証拠だ」というセリフは、刑事訴訟法上正確ではない。まず、「現場に指紋がある」というのは、ふつうは、証拠ではなく事実である。なぜなら、直接主義の下では、現場にある指紋をそのまま公判廷にもっていくことができないからだ。ということは、この事実を証明するための証拠が必要である。そこで、現場で指紋を採取した捜査官に、「現場で指紋を採取した」と証言してもらい、「現場にBの指紋があった」という間接事実を証明する。この間接事実から推認されるのは、「Bが現場にいた」という、これまた間接事実である。

自由心証主義

直接証明の場合には直接証拠によって、間接証明の場合には間接証拠によって証明される間接事実からの推認によって、要証事実は証明される。したがって、証拠は次の二つの側面から評価される。

第一、その証拠を信用してよいかどうか（**証拠の信用性**）。例えば、「AがBをナイフで刺しているのを見た」と証言しているが、ほんとうにAなのか。別人と見間違えたのではないのか。現場は薄暗がりだったけれど、という場合、証言をそのまま信用してよいかは疑わしくなる。

第二、証明しようとしている事実と証拠がどの程度関連するかによっても、証拠の価値が違ってくる（**証拠価値**）。「現場に指紋があった」というだけで被告人が犯人であるという事実は推認できない。Ａが殺害される時点より前に現場を通り過ぎても、Ａが殺害された後に現場を通りかかっても、現場に指紋を残すことは可能であって、これらの場合、Ｂは犯人ではないからだ。その点で、「現場で指紋を採取した」という証言の証拠価値は低い。「犯人である動かぬ証拠」どころか、「もっと証拠が必要だ」ということになる。

刑事訴訟法三一八条には、「証拠の証明力は、裁判官の自由な判断に委ねる。」と書いてある。証拠の証明力とは、証拠の信用性と証拠価値のことで、これらをどう評価するかは裁判官が自由に判断することができる。つまり、証拠によって事実がどの程度蓋然的であるかは「裁判官がどう思うか」（心証）の問題で、そこは裁判官自身の判断に任せるというのだ。これを**自由心証主義**という。裁判員裁判においても、裁判員法六二条に同様の規定がある。

自由心証主義は、糺問手続における法定証拠主義の否定によって確立されたといわれる。先に述べたとおり、糺問手続では、被告人が犯人だと裁判官が確信しているのに被告人が自白をしない場合に、拷問がおこなわれた。問題は、集められた証拠から裁判官が安易に被告人の犯人性を確信して、無実の者をも拷問にかけてしまうということだった。そこで、一定の証拠がそろうまで拷問を禁止したのである。

十八世紀以降のヨーロッパ大陸では拷問の絶対的禁止が叫ばれるようになって、糺問手続自体が廃止されていく。それにともない、法定証拠主義も否定された。こうして、有罪判決を言い渡すのに特定の証拠が必要だというわけではなくなり、自白を含む証拠の証明力を裁判官の自由な判断に委ねることになったのである。

挙証責任

証拠を信用性と証拠価値の両側面から評価していくと、問題の事実を証明するのにその（複数の証拠の場合は、それらの）証拠で十分かどうかが疑わしくなることがある。裁判における証明は「問題の事実が真実である」ことを裁判官がどの程度確信できるかの問題なので、白と黒のあいだの「グレーゾーン」が存在する。グレーゾーン、すなわち、問題の事実が「あった」とも、「なかった」ともいえる場合を**真偽不明**という。ラテン語でノンリケット（non liquet）といったりもする。

真偽不明の場合、それでも裁判所は事実があったか、なかったかのどちらか一方に認定しなければならないので、当事者のうちどちらか一方の有利に事実が認定されることになる。逆に、不利に事実を認定されるほうは、そうなりたくなかったら真偽不明を回避すべく証拠を出すべきだったということになる。真偽不明の場合に自己に不利益な事実認定をされるほうの当事者であることを**挙証責任**という。

挙証責任の概念は、裁判の基本中の基本である。裁判では事実の存否について当事者の主張が真っ向から対立することがある。このとき、挙証責任を誰が負担しているのかによって、裁判での戦い方が全然違ってくる。向こうが挙証責任を負っていたら、こちらは真偽不明にさえもちこめば、裁判所はこちらの有利に事実を認定してくれる。逆に、こちらが挙証責任を負っていたら、十分な証拠を集めなければならない。

民事訴訟法の世界で挙証責任を原告に負担させるか、それとも被告に負担させるかが重要な問題になるのは、裁判の勝ち負けに大きく関わるからだ。では、刑事訴訟法の世界はどうだろうか。

疑わしきは被告人の利益に

刑事裁判では、犯罪事実の存否については**「疑わしきは被告人の利益に」の原則**（利益原則）が妥当する。この原則は、次の二方向から被告人を有利に取り扱うものである。

第一、犯罪事実については、**合理的な疑いを差しはさむ余地のない程度**の心証が裁判官に形成されなければ、真偽不明になる。確信の程度は、おおまかに、①確実にそうだ、②どちらかといえばそうだ、③どちらともいえない、④どちらかといえばそうでない、⑤確実にそうでない、の五段階に分けることができるが、②の場合でさえ、合理的な疑いを少しでも差しはさむことができれば、真偽不明になるのだ。

第二、真偽不明の場合には被告人に有利に事実を認定する。したがって、挙証責任はすべて検察官が負う。アメリカで、これは「無罪推定の原則」とよばれる。アメリカの刑事司法では検察官と被告人は対等な当事者として位置づけられる。ところが、証拠を集める能力において検察官は被告人よりも圧倒的に有利だから、これでは公平な裁判にならない。そこで、挙証責任を検察官に負担させ、かつ、ハードルを上げて、合理的な疑いを差しはさむ余地のない程度の証明を要求することにしたのだ、と。「無罪推定」という言葉は、この意味でも使われることがある。

利益原則はアメリカの無罪推定原則と重なりながらも、その趣旨においては、必ずしもこれと一致しない。わが国では、国家刑罰権の適正な実現が裁判所に期待されている。なのに、裁判官（員）が「どちらかといえば、被告人は犯人だろう」と思っていながら、それでも、裁判所が利益原則に従って無罪判決を言い渡すのはなぜか。

それは、合理的な疑いを差しはさむ余地がある以上、有罪判決を言い渡せば、たとえ万に一つの可能性であるにせよ、無実の人を処罰しないともかぎらないからだ。そこで、無実の人が有罪になるリスクをゼロにするべく、検察官に高いハードルを課した、というわけである。

厳格な証明　公判が開始された後、証拠調べ手続に入る前、まず、被告人として出廷している者と起訴状に記載されている被告人が同一人物かどうかを裁判長が確認するための質問をし（**人定《じんてい》質問**。刑事訴訟規則一九六条）、同一人物と確認すると、検察官が起訴状を朗読する（起訴状の朗読。刑事訴訟法二九一条一項）。

起訴状の朗読が終わると、裁判長が黙秘権等の告知と**罪状認否**の手続をとる。すなわち、刑事訴訟法二九一条四項には、「裁判長は、起訴状の朗読が終った後、被告人に対し、終始沈黙し、厳格な証明又は個々の質問に対し陳述を拒むことができる旨その他裁判所の規則で定める被告人の権利を保護するため必要な事項を告げた上、被告人及び弁護人に対し、被告事件について陳述する機会を与えなければならない。」と書いてある。以上の手続を**冒頭手続**という。

証拠調べ手続は、はじめに、検察官が「証拠により証明すべき事実」、したがって、要証事実を明らかにし（**冒頭陳述**。刑事訴訟法二九六条）、続いて、検察官が証拠の取調べを裁判所に請求する。

刑事訴訟法二九八条一項には、「検察官、被告人又は弁護人は、証拠調を請求することができる。」と書いてあるが、さらに刑事訴訟規則一八九条一項には「証拠調の請求は、証拠と証明すべき事実との関係を具体的に明示して、これをしなければならない。」と書いてある。どうしてその証拠を調べてほしいのか（**立証趣旨**）を明らかにせよ、というわけだ。

検察官は被告人を有罪にするための証拠、あるいは、重い刑が言い渡されるための情状証拠につき、対する被告人側は**反証**、すなわち、検察官の主張と矛盾する証拠、あるいは被告人に有利な情状証拠につき、**証拠調べ請求**をする。

これらの証拠調べ請求に対して、裁判所は証拠調べをする旨の決定、または証拠調べ請求を却下する旨の決定をする（**証拠決定**。刑事訴訟規則一九〇条一項）。刑事訴訟規則一九〇条二項によれば、証拠決定をするには、相手方またはその弁護人の意見を聴かなければならない。反対しないときには、「しかるべく。」と答えるのが実務の慣例である。

MEMO 6 公判手続

憲 82 ①「裁判の対審及び判決は、公開法廷でこれを行ふ。」

1 **直接主義**　裁判官の面前で当事者が主張を述べること

2 **口頭主義**　当事者が口頭で主張を述べること

3 **公開主義**

検察官による公訴提起（起訴）

↓

公判前整理手続

：公判が始まる前に、事件の審理を担当する裁判所の主宰の下で、検察官と被告人側（弁護人）が事件の争点を明らかにし、証拠調べ請求をすることを通じて、裁判所に明確な審理計画を立てさせる手続

↓

（裁判員裁判では、裁判員等選任手続）

↓

1．**冒頭手続**　人定質問 / 起訴状朗読 / 黙秘権等の告知 / 罪状認否

↓

2．**証拠調べ手続**

冒頭陳述

犯罪事実に関する立証

情状に関する立証

被告人質問

証拠は公判廷で**裁判官が見聞きできるもの**でなければならない

∵直接主義

だから

書類の場合　**朗読**（刑訴 305）

物の場合　**展示**（刑訴 306）

誰かの**証言**の場合　**尋問**（刑訴 304）

↓

3．**弁論手続**　論告・求刑 / 弁論 / 被告人の最終陳述

裁判所が犯罪事実を認定するには、原則として、厳格な証明による。**厳格な証明**とは、証拠として使用できるものを、公判における適式の方法によって取り調べることをいう。証拠には、裁判所が事実認定の資料として使用できるものと、できないものとがあるのだ。これを**証拠能力**という。なお、厳格な証明によらない証明は、**自由な証明**とよばれる。

証拠の取調べ方法は、請求された証拠がどのようなものかによって区別される。

①そこに記載されている内容が証拠となる書面（**証拠書類**）の場合は、**朗読**による（刑事訴訟法三〇五条）。②物の存在または状態が証拠となるもの（**証拠物**）の場合には、**展示**による（同法三〇六条）。

③自己の直接体験した事実またはその事実から推測した事実を裁判所または裁判官に対して供述する第三者を**証人**というが、証人の場合には**尋問**による（刑事訴訟法三〇四条）。証人尋問には順序があって、証人尋問を請求した者（主尋問）、相手方（反対尋問）、証人尋問を請求した者（再主尋問）と交互に尋問をおこなう。これを**交互尋問**という。なお、証人尋問の前に、証人は宣誓を求められる（同法一五四条）。

伝聞法則　「ＡがＢをナイフで刺しているのを見た」とＣが話しているとして、それを聞いたＤが「『ＡがＢをナイフで刺しているのを見た』とＣから聞いた」と言っているとする。このとき、Ｄが直接体験したのは、Ｃがそのように話しているということであって、ＡがＢをナイフで刺しているのを実際に見たわけではない。では、検察官は「ＡがＢをナイフで刺したということを立証したい」と立証趣旨を説明して、Ｄを証人として証拠調べを請求するのはどうだろうか。

刑事訴訟法三二〇条には、「第三百二十一条乃至《ないし》第三百二十八条に規定する場合を除いては、公判期日における供述に代えて書面を証拠とし、又は公判期日外における他の者の供述を内容とする供述を証拠とすることはできない。」と書いてある。**伝聞証拠**とは、公判外の供述を内容とする供述または書面で、かつ、そこに述べられている内容が事実であることを証明するために用いられるものをいう。

伝聞証拠の証拠能力は原則として否定される。この原則を**伝聞法則**という。さっきの証拠は、「『ＡがＢをナイフで刺しているのを見た』とＣが言っていたこと」の証拠としては使用できるけれども、「ＡがＢをナイフで刺したこと」の証拠としては使用できない。したがって、Ｄの証言を調べてもらっても検察官は勝てないので、Ｃを証人として取り調べることができなければ、別の証拠を用意しなければならない。

伝聞証拠が排除されるのはなぜか。伝聞証拠には、①他人が体験したことが内容になっていることと、②その他人がそれを公判廷の外で述べていること、の二つの要素がある。被告人側が「ＡがＢをナイフで刺しているのをほんとうにＣは見たのか」とＤに尋ねても、Ｄは「それはＣに聞いてくれ」としか答えようがないし（①）、「ＡがＢをナイフで刺しているのをＣが見たと言っている」とDが言っていても、裁判官はCからそれを直接聞いてはいない（②）。

この点、憲法三七条二項前段は、刑事被告人に、「すべての証人に対して審問《しんもん》する機会を充分に与へられる」権利、すなわち、**証人審問権**を保障している。伝聞証拠の①の要素を中心にすれば、伝聞証拠の排除は証人審問権を実質的に保障するものだととらえられる。これに対して、②の要素を中心にすれば、伝聞証拠の排除は直接主義の要請するところだということになる。

伝聞法則には、刑事訴訟法三二〇条に「第三百二十一条乃至第三百二十八条に規定する場合を除いては」と定められているとおり、複数の例外（**伝聞例外**）が設けられている。

自白の取扱い

自白とは、自己の犯罪事実の主要な部分を認める被告人の供述である。逮捕・勾留中の被疑者を警察が取調べをし、被疑者が自白をしたときには、取調官は自白調書を作成して、被疑者に署名・押印を求めるということは、先に述べた。検察官も起訴前に同様の調書を作成して、被疑者に署名・押印《おういん》を求める。

自白調書は、取調室、したがって、公判廷の外で（どころか、公判が始まる前に）、被告人が例えば「Bをナイフで刺した」と供述しているのを取調官が聞いて、その内容を記載した書面なので、これは伝聞証拠にあたる。警察で自白調書が作成されることには何の意味があるのだろうか。

その前に、刑事訴訟法三一九条一項は「強制、拷問又は脅迫による自白、不当に長く抑留《よくりゅう》又は拘禁された後の自白その他任意にされたものでない疑《うたがい》のある自白」を証拠とすることができないことを、二項は「公判廷における自白であると否とを問わず、その自白が自己に不利益な唯一の証拠である場合には」有罪とされないことを定めている。

これらは憲法の人権保障規定を受けて定められた。憲法三八条二項には、「強制、拷問若しくは脅迫による自白又は不当に長く抑留若しくは拘禁された後の自白は、これを証拠とすることができない。」、同条三項には、「何人も、自己に不利益な唯一の証拠が本人の自白である場合には、有罪とされ、又は刑罰を科せられない。」と書いてある。刑事訴訟法三一九条一項は、憲法三七条二項に定められている場合のほか、「任意にされたものでない疑のある自白」も証拠とすることができないと定めている。

任意性に疑いのある自白の証拠能力は否定されるという原則を**自白法則**、有罪判決を言い渡すためには自白以外の証拠（**補強証拠**）が要求されるという原則を**補強法則**という。

どうして任意性に疑いのある自白は証拠とすることができないのだろうか。糺問手続で問題視されたように、無実の者でも拷問をくわえられれば、やってもいないのに自白してしまう。ということは、任意でない自白は虚偽を含む危険がある（①）。また、憲法三七条一項は被告人に黙秘権を保障しているところ、任意でない自白は黙秘権を侵害して得られたものである（②）。それだけでなく、任意であろうとなかろうと、自白をとるのに「強制、拷問又は脅迫」や「不当に長く抑留又は拘禁」といった手段を用いるのは違法な手続といわなければならない（③）。

①～③のどの側面を重視するかによって、「任意にされたものでない疑のある」とはどういうことかの解釈が違ってくる。それどころか、そもそも被告人が任意に自白したかどうかは必ずしも決定的でないという解釈まで出てくるのだ。

自白調書をめぐる攻防

さて、大多数の刑事裁判は、被告人が逮捕・勾留中の取調べ段階ですでに自白をしている自白事件なので、自白調書の取扱いをここで概説しておく。これは伝聞例外の適用問題でもある。

自白調書に限らず、伝聞証拠は、当事者の同意によって証拠とすることができる。刑事訴訟法三二六条一項には、「検察官及び被告人が証拠とすることに同意した書面又は供述は、その書面が作成され又は供述のされたときの情況を考慮し相当と認めるときに限り、第三百二十一条乃至前条の規定にかかわらず、これを証拠とすることができる。」と書いてあるからだ。これを**同意書面**という。そこで、被告人側としては同意をするかどうかが最初の問題になる。

公判廷で被告人がそれまでの自白をひるがえして、「やっぱり自分はやっていない」と主張するときには、被告人側の同意は得られないが、それでも自白調書を証拠にすることができる。刑事訴訟法三二二条一項本文には、「被告人が作成した供述書又は被告人の供述を録取した書面で被告人の署名若しくは押印のあるものは、その供述が被告人に不利益な事実の承認を内容とするものであるとき、又は特に信用すべき情況の下にされたものであるときに限り、これを証拠とすることができる。」と書いてあるからだ。なお、「被告人に不利益な事実の承認を内容とする」供述は自白に限られない。したがって、アリバイがないこと等の、被告人に不利になる間接事実を内容に含む供述録取書も証拠とすることができる。

そこで、被告人側としては自白の任意性を争うことになるが、任意性をめぐる争いに敗れても、被告人側にはまだ争う余地がある。

というのも、自白調書は伝聞、したがって、取調官が被告人の供述を聞いて、しかも、それを物語調でまとめたものだからだ。そこには取調官の思い込みが含まれている可能性がある。例えば、凶器のナイフを川に捨てたと供述しているのに、川底をいくら探しても見つからなかった、補強証拠の証明力が弱い、犯行動機があまりにも不自然だ、といった事情があると、場合によっては、「この自白調書は取調官の作文ではないのか」という疑念が生じる。

そのような場合に、自白調書に記載されている被告人の自白を信用してよいかが問題になる。信用性に乏しいのだとすれば、利益原則に従って、被告人に有利な事実認定がなされる。実際、自白の信用性が否定されて無罪判決が言い渡される例も少なくはない。

違法に収集された証拠物の取扱い

違法な捜査手続によって証拠物が収集されようとも、その物の存在または状態が証明対象となる事実にとって証拠になること、したがって、証拠価値には変わりはない。しかも、違法捜査を覚悟で収集された物だ。事件の真相を究明し、被告人が犯人であることの動かぬ証拠になることさえある。でも、だからといって裁判所がこれを証拠として取り調べていいかというと、そういうわけにはいかない。

次の判例理論が確立されている。証拠物の押収等の手続に、令状主義の精神を没却するような重大な違法があり、これを証拠として許容することが、将来における違法な捜査の抑制の見地からして相当でないと認められる場合には、その証拠能力は否定される、と。

判例理論によれば、令状主義の精神を没却するような重大な違法があっても、他方で、将来において違法捜査が横行することもなかろうという場合には、証拠能力を肯定してかまわない。

もっとも、判例理論の枠組は、証拠物の押収等の手続に重大な違法があっても、証拠として許容するのが相当な場合があるというものだ。これを判例法理として取り出せば、証拠能力が肯定される余地をなくしていくことも、不可能ではない。

そこで、違法に収集された証拠が排除されるべきなのはどうしてかが問題になる。第一に、憲法三一条が適正手続を基本的人権として保障しているのだとすれば、捜査機関が違法に収集した証拠を裁判所が取り調べること自体が人権侵害にあたるからだとも考えられる。あるいは、第二に、裁判所が違法捜査に対して厳正な態度をとらなければ、司法府の廉《れん》潔性（=高潔なこと）に対する国民の信頼が損なわれるからだとも考えられる。もちろん、第三、すなわち、今後違法捜査をさせないためだとする判例理論も、解答の一つだ。どの立場をとるかで、証拠排除の範囲は違ってくる。

1．**伝聞証拠**

公判外の供述を内容とする供述または書面で、かつ、そこに述べられている内容が事実であることを証明するために用いられるもの

刑訴 320　伝聞証拠の証拠能力を原則として否定（**伝聞法則**）
＝例外あり（**伝聞例外**）

＊伝聞証拠が原則として排除されるのは、

ⅰ）被告人の**証人審問権**を実質的に保障するため

ⅱ）**直接主義**の要請

2．**自白**　自己の犯罪事実の主要な部分を認める被告人の供述

憲 38 ②　任意性のない自白を排除（**自白法則**）
→ 刑訴 319 ①　任意性に疑いのある自白も排除

＊任意性に疑いのある自白が排除されるのは、

ⅰ）**虚偽を含む危険**があるから

ⅱ）**黙秘権**を侵害しているから

ⅲ）自白をとる**手段が違法**だから

憲 38 ③・刑訴 319 ②　自白だけで有罪にすることを禁止（**補強法則**）

3．**違法収集証拠**の取扱い（**排除法則**）

証拠物の押収等の手続に**重大な違法**があり、かつ、**証拠として許容するのが相当でない**場合には、証拠能力が否定される

＊違法収集証拠が排除されるのは、そのような証拠を裁判所が取り調べることによって、

ⅰ）被告人の**人権が侵害**されるから

ⅱ）**司法の廉潔性**が損なわれるから

ⅲ）**違法捜査の抑止**が困難になるから（判例理論）

MEMO 7 証拠法

刑訴317　「事実の認定は、証拠による。」(**証拠裁判主義**)

犯罪事実の認定は
　(a) 証拠として使用できるものを
　(b) 適式の方法によって
取り調べることでおこなわれなければならない(**厳格な証明**)

＊直接証明と間接証明

直接証明	**間接証明**		
要証事実	要証事実	← **事実上の推定**（**推認**）〜〜	**間接事実**
⇑証明			⇑証明
直接証拠			**間接証拠**

刑訴318　**自由心証主義**
：証拠の**信用性**(その証拠を信用してよいか)と**証拠価値**(証明しようとしている事実とどの程度関連するか)の評価は、裁判官(員)の自由な判断にゆだねられる

挙証責任　**真偽不明**の場合に自己に不利益な事実認定をされるほうの当事者であること
→不利益な事実を認定されたくなければ証拠を出さなければならない

犯罪事実の存否については、

1 **無罪推定の原則**　挙証責任は、原則すべて**検察官**が負担
2 **合理的疑いを差しはさむ余地のない程度**の心証が裁判官(員)に形成されなければ、真偽不明になる

「疑わしきは被告人の利益に」の原則

公判前整理手続　証拠裁判主義の下では証拠をめぐる駆け引きが裁判の行方を決めるのだが、時として、証拠調べ請求される証拠がやたらと多く、しかも玉石混交なために、審理が不当に長引くことがあった。そこで、平成一七（二〇〇五）年に導入されたのが、公判前整理手続だ。

公判前整理手続とは、公判が始まる前に、事件の審理を担当する裁判所の主宰の下で、検察官と被告人側（弁護人）が事件の争点を明らかにし、証拠調べ請求をすることを通じて、裁判所に明確な審理計画を立てさせる手続をいう。第一回公判期日後に、公判の準備として、事件の争点および証拠を整理する手続もある（**期日間整理手続**）。これらの手続については、刑事訴訟法三一六条の二以下に規定が置かれている。

この手続の最大の特徴は、**証拠開示**である。

①刑事訴訟法三一六条の一三には、検察官が公判期日において証拠により証明しようとする事実（**証明予定事実**）を記載した書面を裁判所と被告人側に提出した上で、証拠調べを請求しなければならないと定められている。さらに、②刑事訴訟法三一六条の一四第二項によれば、検察官は、証拠調べ請求をした証拠（検察官請求証拠）を開示した後、被告人側の請求により「速やかに、被告人又は弁護人に対し、検察官が保管する証拠の一覧表の交付をしなければならない」（**証拠の一覧表**の交付）。

それらをもとに被告人側は主張立証計画を立て、検察官請求証拠の証明力を争いたいときには、③重要な一定類型の証拠を開示することを請求できる。これを**類型証拠の開示**という。刑事訴訟法三一六条の一五に規定がある。

その上で、④被告人側は、検察官請求証拠に対して、例えば刑事訴訟法三二六条の同意をするかどうかなどの証拠意見を述べ、公判でする予定の主張を明示し、被告人側にも証明予定事実があるときには証拠調べ請求をして、被告人側請求証拠を開示する。これらについては、刑事訴訟法三一六条の一六〜一八に規定がある。被告人側請求証拠の開示を受けたときには、検察官は、被告人側請求証拠に対して証拠意見を述べる（刑事訴訟法三一六条の一九）。

さらに、刑事訴訟法三一六条の二〇には、⑤被告人側の主張に関連する証拠も、被告人側の請求により検察官が開示しなければならないことも定められている（**主張関連証拠の開示**）。

公判の裁判

証拠調べ手続が終わると、検察官と被告人側による意見の陳述がおこなわれる（刑事訴訟法二九三条）。検察官が事実および法律の適用について意見を述べることを**論告**という。論告は刑の種類・量にも及ぶ（求刑）。論告に引き続き、弁護人、被告人の順で意見の陳述がおこなわれる。弁護人が意見を述べることを（最終）**弁論**という。これらが終わると、審理手続は終了する。これを**結審**という。

結審後、通例、裁判長が有罪・無罪の判決を言い渡すことになる。なお、刑事訴訟規則二二一条によれば、有罪判決を言い渡した後に、裁判長は「被告人に対し、その将来について適当な訓戒をすることができる」。有罪判決が確定すると、執行が可能になるので、拘禁刑に処せられた被告人は、受刑者として刑務所に収容される。

　無罪判決が確定した後に、もと被告人が「実は犯人でした」と告白したとしても、彼は再び起訴されることはない。再訴された場合、刑事訴訟法三三七条一号により、裁判所は免訴の判決を言い渡す。逆の場合、例えば、有罪判決が確定した後に真犯人が別にいたというような場合には、確定判決を取り消した上で（再審決定）、**再審**がおこなわれる。

　裁判の確定をもって、同一の事件について再訴することが許されなくなることを、確定裁判の**一事不再理効**という。

　憲法三九条前段には「何人も、（中略）既に無罪とされた行為については、刑事上の責任を問はれない。」と定められているから、やっぱり犯人だったとしても、再び起訴されることはないのだ。では、どうして再訴が許されないのだろうか。

　一方で、確定裁判の拘束力によって一事不再理を説明する考え方がある。裁判所は前にした裁判と矛盾する裁判をすることができないことを、確定裁判の**拘束力**という。これを使って一事不再理効を説明すれば、「犯人でない」という事実を認定して一度これが確定してしまった以上、何度起訴しても同じだから、一事不再理なのだということになる。

　他方、一事不再理は基本的人権として保障されているという考え方もある。憲法三九条前段は、アメリカ法における**二重の危険の法理**を意識してつくられたといわれている。それによれば、被告人にとって刑事裁判とは、「負けたら刑務所行き」というリスクをおかしながら参加するゲームであって、裁判手続自体が被告人にとって負担なのだ。そんなゲームを二度もさせるわけにはいかない、と。そこで、憲法三九条前段は二重の危険の法理をあらわしたものだというのである。この考え方からは、一事不再理は確定裁判の拘束力と無関係だということになる。

第6講　刑罰とはどういう制度なのか

現行の刑罰　犯罪が成立するときに国家刑罰権が発生するのだとして、「刑罰」とはどういう制度なのだろうか。江戸時代には現代にはない、というか、あってはならない刑罰もあった。例えば、耳や鼻をそいだり、腕に入墨をしたりする刑罰があったし、「非《ひ》人《にん》手《て》下《か》」といって、百姓・町人の身分を剥奪する刑罰もあった。

現在のわが国に存在する刑罰は、刑法九条に書いてあるものだけだ。刑法九条には「死刑、拘禁刑、罰金、拘留及び科料を主刑とし、没収を付加刑とする。」と書いてある。**主刑**とは単独で科すことができる刑罰、**付加刑**とは主刑と併せて科す（併科する）ことしかできない刑罰をいう。

罪刑法定主義の下では、国家が問題の行為を処罰するには、そのような行為が処罰されることがあらかじめ法律に書いてなければならないというだけでなく、どのように処罰されるのかもあらかじめ法律に書いてなければならない。したがって、現行の刑罰は、①生命刑（死刑）、②自由刑（拘禁刑・拘留）、および、③財産刑（罰金・科料・没収）の三種である。それ以外の不利益が「刑罰」として科されることはない。

ちなみに、「刑」には、法定刑、処断刑、宣告刑の三つの区別がある。**法定刑**とは、刑罰法規によって予告されている刑、つまり、条文に「～の刑に処する」と定められている刑だ。で、犯罪が成立していても、法定刑から刑が加重されたり、減軽されたりすることがある。法定刑に刑の加重減軽がほどこされたものは**処断刑**とよばれる。処断刑の範囲内で裁判所は刑を量定して、「被告人を××の刑に処する。」という判決を言い渡す。有罪判決において被告人に言い渡される刑は**宣告刑**とよばれる。

財産刑

犯罪をした者から財産を剥奪する刑罰を**財産刑**という。現行の刑法では、罰金、科料、没収の三つである。刑法一五条本文には「罰金は一万円以上とする。」と書いてあって、刑法一七条には、「科料は千円以上一万円未満とする。」と書いてあるから、**罰金**と**科料**は金額が違う。なお、刑法一八条には**労役場留置**の制度が定められていて、罰金を完納できない場合は一日以上二年以下の期間、科料を完納できない場合は一日以上三〇日以下の期間、刑事施設に付属して設置されている労役場に留置されて、そこで罰金・科料を支払う代わりに、作業をさせられる。

ちなみに、「過料」という言葉があって、こちらも「かりょう」と読む。**過料**は行政上のルールに違反した者から国が金銭を徴収することをいう。例えば、いわゆる路上喫煙禁止条例に違反して、指定区域内で歩きタバコをしている者からその場で徴収されるのは、罰金や科料ではなく、過料である。過料は刑罰ではないとされるが、お金をとられるという点では罰金や科料と違いはない。いちおう、ルール違反が「犯罪」といえるほど重大でないものについては、**行政罰**として過料が徴収されることがあると説明される。

没収とは、主刑として死刑以下の刑罰を科すのに追加して、一定の物を剥奪する刑罰をいう。例えば、ナイフで人を刺し殺した場合に、被告人を拘禁刑に処するだけでなく、凶器のナイフも没収する。ナイフも個人の財産だから、これを取り上げるのも刑罰だ。刑法一九条一項二号には、「犯罪行為の用に供し、又は供しようとした物」を没収することができると定められている。凶器のナイフは殺人という「犯罪の用に供した物」にあたるので、没収することができる。

生命刑

死刑とは、受刑者に死んでもらう刑罰である。「生命を奪う刑」という意味で、**生命刑**ともよばれる。江戸時代の死刑は、首を斬る斬首刑が主であった。外国では、死刑囚に致死性の薬物を投与して死なせる方法がとられるところもある。

これに対して、刑法一一条一項には、「死刑は、刑事施設内において、絞首して執行する。」と書いてあるから、現行の死刑は絞首刑だ。絞首刑を執行するまでの手続については、刑事訴訟法四七五条以下に書いてあって、それによれば、死刑判決の確定後六か月以内に法務大臣が死刑執行を命令し（刑事訴訟法四七五条）、それから五日以内に死刑を執行しなければならない（同法四七六条）。死刑囚が何年も刑を執行されないまま刑務所にいるのは、法務大臣が死刑執行を命令していないからである。

絞首刑をどのように執行するかについては、明治六年太政官《だじょうかん》布告六五号に定められている。受刑者を踏板の上に立たせ、吊り下げ固定された縛縄《ばくじょう》をその首にかけてから、踏板を外して受刑者を落下させる。そうすると縛縄で絞められた首に体重がかかり、頸部動脈が圧迫されて受刑者は死に至る。失敗しなければ、落下後数秒で意識を失うので、それから死に至るまで受刑者は苦痛を感じることがないとされる。太政官布告では、受刑者に階段を上がって踏板まで行かせることになっているが、現在の執行方法は、踏板まで平坦で、受刑者を地階に落下させる。

ちなみに、太政官布告というのは、わが国にまだ議会も内閣もなかった当時の政務の最高機関である太政官が定めたルールである。大日本帝国憲法の制定により、帝国議会が創設されて、近代法にいう意味での法律が制定されるようになってからも、太政官布告を含むそれまでの制定法は、憲法に反するものを除き、法律と同等に扱われた（大日本帝国憲法七六条一項。「法律規則命令又ハ何等ノ名称ヲ用ヰタルニ拘ラス此ノ憲法ニ矛盾セサル現行ノ法令ハ総テ遵由《じゅんゆう》ノ効力ヲ有ス」）。それが日本国憲法下でも引き継がれ、現在に至っている。

死刑は人権侵害か

わが国が死刑制度を維持していることについては内外から厳しい批判があるが、憲法三一条には「何人も、法律の定める手続によらなければ、その生命若しくは自由を奪はれ、又はその他の刑罰を科せられない。」と書いてあるから、現行憲法は死刑制度の存在を少なくとも否定はしていない。

もっとも、「死刑を存置しなければならない」とも定められてはいないので、死刑制度の廃止が望ましいというのであれば、法律を改正して死刑をなくしてもかまわない。そこで、死刑制度を存置すべきか、それとも廃止すべきかが長らく議論されてきた。

これに関しては、個人の人権を国家間の取り決めによって保障する**国際人権法**が今や確立されているということにも、目を向けなければならない。

一九六六年に国際連合総会で採択された「市民的及び政治的権利に関する国際規約」、いわゆる国際人権B規約六条は、一項で「すべての人間は、生命に対する固有の権利を有する」と定めた上で、二項以下で死刑が「最も重大な犯罪」についてのみ科することができること、一八歳未満の者がおこなった犯罪に死刑を科してはいけないこと等を定めている。

その後、死刑制度を廃止することを定めた「第二選択議定書」が国際連合総会で採択された。一九八九年のことである。わが国は、第二選択議定書には批《ひ》准《じゅん》をしていない。

国際人権法上、死刑制度が人権侵害にあたるかどうかは未決着である。したがって、ヨーロッパ諸国で死刑が人権侵害だと信じられているからといって、わが国も死刑を廃止すべきだということにはならない。でも、「ヨーロッパはヨーロッパ、日本は日本。だから、わが国は死刑制度を存置してよいのだ」と片づけるのは、国際人権法の考え方そのものを否定してしまっている。

どこの国で生きようとも、たとえそこが独裁者の国であろうとも、人間として生まれたからには、誰でも有していて（人権の**普遍性**）、生まれながらにして固有のもの（人権の**固有性**）、そして侵されることのない権利（人権の**不可侵性**）。それが**基本的人権**である。

なので、死刑制度の存廃を議論する際には、国際人権B規約六条一項にいう「生命に対する固有の権利」とは何なのか、死刑制度はそれと折り合いをつけられるのかどうかも考えなくてはならない。

自由刑

自由刑とは、受刑者を一定の施設に収容して、移転の自由を制限することを内容とする刑罰である。江戸時代には、例えば、「所払《ところばらい》」や「遠島《おんとう》」等、一定範囲の土地に立ち入ることを禁じたり、強制的に離島に移住させたりする追放刑がおこなわれたけれども、「牢」は沙汰を言い渡すまでに拘禁しておくところ、今でいう未決拘禁のための施設として用いられており、刑罰として牢に住まわせるのは例外的だったようである。

明治維新後、明治政府は当初、中国の刑罰制度にならって「徒《ず》」を導入し、これを追放刑に代えることにした。徒刑というのは、受刑者を徒刑場に入れて、一定期間働かせるもので、賃金の一部を徒刑場の役所が預かり、刑期を終えて出場する時に今後の生活資金として渡した。

もっとも、江戸時代にもこれに似た施設はあった。**人足寄場《にんそくよせば》**だ。もともとの対象者は「無宿《むしく》」といって、村や町で生活ができなくなって江戸に流れて来た貧民だったところ、そうこうするうちに受刑者も人足寄場に入れられるようになったのである。徒刑場は人足寄場の後を継ぐものでもあった。

さて、現行の刑罰制度では、自由刑は**拘禁刑**と拘留である。それぞれ刑法に条文があるから、まずそれらを確認する。

（拘禁刑）
第一二条　拘禁刑は、無期及び有期とし、有期拘禁刑は、一月以上二十年以下とする。
2　拘禁刑は、刑事施設に拘置する。
3　拘禁刑に処せられた者には、改善更生を図るため、必要な作業を行わせ、又は必要な指導を行うことができる。
第一三条　削除
（拘留）
第一六条　拘留は、一日以上三十日未満とし、刑事施設に拘置する。

令和四（二〇二二）年改正まで、自由刑は、刑事施設に拘置し、かつ、作業をおこなわせる**懲役**と、作業をおこなわせることを内容に含まない**禁錮**の二つがあって、後者は刑法一三条に規定されていた。なお、「終身刑」は、死ぬまで刑事施設に拘置されるので、有期刑にあたる。現行法では有期拘禁刑の上限は二〇年なので、終身刑は採用されていない。

拘禁刑に対して、**拘留**は刑期が一日以上三〇日未満となっている。拘禁刑も拘留も、「刑事施設に拘置」する点は同じだが、作業または指導が刑罰の内容に含まれない点で、拘留は拘禁刑と異なる。

拘禁刑への一本化の理由

懲役と禁錮を拘禁刑に一本化したことについては、禁錮刑の受刑者もほとんどが志願して刑務作業に従事しているという実態がその理由の一つにあげられるが、それよりも大きいのは、以下の理由だろう。

受刑者の中には、刑務作業よりも矯正指導のほうに重点をおくべき者も少なくない。また、高齢の受刑者や障がいをもった受刑者の場合、刑務作業が形骸化している。これらの点を考慮すれば、作業の有無で自由刑を区別することの意義はそれほどない。

ただ、禁錮刑には、政治犯を他の受刑者から区別して処遇するためのものとしても法定されていたという歴史がある。**政治犯**とは、確信犯の一種で、自らの政治的信条にもとづいて罪を罪と知りながら犯した者をいう。政治犯をテロリストと混同してはならない。インドがイギリスの統治下にあった一九三〇年、ガンディーがインド総督府による塩の専売に逆らって自家製塩を販売したことは、インド独立を求める人にとっては英雄的行為、インド総督府にとっては犯罪だった。ガンディーの行為は政治犯の典型例だ。

政治的信条にもとづいていれば人を殺してかまわないことにはならないけれども、国家は、時の政権と政治的意見が対立する者に対して寛容でなければならない。たしかに、禁錮刑の受刑者のほとんどは、過失によって人を死傷させた者である。でも、それは、これまではそうだったというにすぎない。禁錮刑の廃止には、少なくとも刑法の規定上は、政治犯への配慮を宣言することをやめたという側面がある。

刑の全部の執行猶予

有罪判決が確定したからといって、必ずしも刑務所に入らなければならないわけではないし、また、刑務所に入っても、途中で出所することもある。前者の場合が刑の全部の執行猶予で、後者の場合が、刑の一部の執行猶予と仮釈放の制度だ。刑の一部の執行猶予と仮釈放については後で述べる。

刑の全部の執行猶予は刑法二五条〜二七条に規定されている。

刑の全部の執行猶予を付けられるのは、次の場合である。刑法二五条一項によれば、「前に拘禁刑以上の刑に処せられたことがない者」（一号）、または、「前に拘禁刑以上の刑に処せられたことがあっても、その執行を終わった日又はその執行の免除を得た日から五年以内に拘禁刑以上の刑に処せられたことがない者」（二号）が、三年以下の拘禁刑または五〇万円以下の罰金の言渡しを受けたときに、「情状により」刑の全部の執行猶予をすることができる。

また、刑法二五条二項本文は、「前に拘禁刑以上の刑に処せられたことがあってもその刑の全部の執行を猶予された者」が執行猶予期間中に再び捕まって起訴された場合にも、執行猶予を付けることができると定めている。ただし、これは二年以下の拘禁刑を言い渡す場合で、かつ、「情状に特に酌量《しゃくりょう》すべきものがあるとき」に限られる。なお、本項本文によって刑の全部の執行猶予を得た者が保護観察期間中にまたもや捕まって起訴された場合は、もう執行猶予は付かない（本項但書）。

執行が猶予される期間は、裁判が確定した日から一年以上五年以下のあいだであると刑法二五条一項に定められている。執行猶予を付けるとき、裁判所は「主文。被告人を二年の拘禁刑に処する。この裁判確定の日から三年間その刑の執行を猶予する。」というように言い渡す。執行猶予が付かない有罪判決は、世間では「実刑判決」といわれる。

刑法二七条には、「刑の全部の執行猶予の言渡しを取り消されることなくその猶予の期間を経過したときは、刑の言渡しは、効力を失う。」と書いてある。なので、その場合にはもはや刑務所に収容されることはない。

なお、「拘禁刑以上の刑」は、死刑だけではない。令和四年改正の前後で刑の軽重があるからだ。刑法等の一部を改正する法律の施行に伴う関係法律の整理等に関する法律（令和四年）四四四条によれば、拘禁刑よりも重いのは死刑と懲役なので、禁錮刑に処せられたことがあるだけの者は、刑法二五条一項一号の、「前に拘禁刑以上の刑に処せられたことがない者」にあたる。

刑務所はどういうところか

自由刑は受刑者を「刑事施設」に拘置するというが、**刑事施設**とはどういうところで、受刑者はどのように扱われるのだろうか。これに関する法律が、「刑事収容施設及び被収容者等の処遇に関する法律」（**刑事収容施設法**）である。

この法律には未決拘禁者の拘置についてのルールも定められている。もともと「刑事施設及び被収容者等の処遇に関する法律」だったところ、名称が変更されたのは、刑事施設だけでなく、留置施設と海上保安留置施設についてもこの法律で定める関係で、それらもまとめて「刑事収容施設」とよぶことにしたためである。

逮捕された被疑者はいったん警察署内の**留置場**に収容されて、勾留の手続がとられると**拘置所**に身柄を移されるのが原則だが、留置場は「留置施設」、拘置所は「刑事施設」にあたる。

拘禁刑または拘留の刑を執行するための刑事施設が**刑務所**である。ちなみに、アメリカには、ジェイル（jail）とプリズン（prison）の二つがあって、どちらも「刑務所」と訳されたこともあったが、前者は郡（county）や市（city）が運営する刑事施設で、後者は各州または連邦政府が運営する刑事施設だ。刑期が比較的短い場合はジェイルに収容されるのが通例である。わが国にジェイルにあたるものは存在しない。

刑務所における犯罪者処遇

刑務所の中での生活がどのようなものかは、映画やテレビ、小説、漫画なんかに興味を引くような描き方でしばしば紹介される。毎朝決まった時間に起床し、点呼の後に朝食、それから刑務所内の工場に移動して、途中の昼食・休憩をはさんで、夕方まで作業をする。作業の内容としては、家具を作ったり、金属加工をしたりしているというのが一般的なイメージだろう。作業が終わると居室に戻り、入浴日には入浴をし、そして夕食をとる。夕食の後寝るまでのそう長くはない時間が余暇時間で、これが終わると決まった時間に就寝。と、以上のサイクルが出所するまでくり返される。

刑務所で受刑者をそのように扱うのは、彼を改善更生させるためでもある。刑事収容施設法三〇条には「受刑者の処遇は、その者の資質及び環境に応じ、その自覚に訴え、改善更生の意欲の喚《かん》起及び社会生活に適応する能力の育成を図ることを旨として行うものとする。」と書いてある。誰かに何らかの取扱いをすることを処遇というが、**犯罪者処遇**とは、犯罪者を刑事施設内で処遇したり、施設外（社会内）で処遇したりすることである。

「刑務所に入れられる」ということを私たちは罰として受け止めるけれども、国家刑罰権を行使して、受刑者を刑事施設内で処遇する国家のほうでは、単に「犯した罪に見合った罰をあたえる」というだけでなく、「犯罪者を立ち直らせる」ということも、自由刑の執行目的とされている。受刑者の施設内処遇をめぐっては、「罰をあたえる」という点に重点をおく立場と、「犯罪者を立ち直らせる」という点に重点をおく立場に分かれる。どちらの立場に立つかで、制度の理解が違ってくる。

矯正処遇

さて、受刑者がおこなう作業（刑務作業）と受刑者への指導（矯正指導）は矯正処遇に位置づけられる。**矯正処遇**とは、刑事収容施設法三〇条にいうところの、自由刑の受刑者に対して、改善更生の意欲を喚起したり、社会生活に適応する能力を育成したりするためにおこなわれる処遇をいう。同法八四条一項には、「受刑者には、矯正処遇として、第九十二条又は第九十三条に規定する作業を行わせ、並びに第百三条及び第百四条に規定する指導を行う。」と書いてある。

この点、刑事収容施設法八四条二項には、「矯正処遇は、処遇要領（矯正処遇の目標並びにその基本的な内容及び方法を受刑者ごとに定める矯正処遇の実施の要領をいう。以下この条において同じ。）に基づいて行うものとする。」、同条三項には、「処遇要領は、法務省令で定めるところにより、刑事施設の長が受刑者の資質及び環境の調査の結果に基づき定めるものとする。」と書いてある。これに従い、受刑者の資質や環境を調査して処遇要領が定められる。

したがって、矯正処遇の目標、ならびに、その基本的な内容および方法を定めたものである**処遇要領**は「受刑者ごとに」定められる。これを**個別処遇の原則**という。ここがポイントだ。

その上で、刑事収容施設法八六条には、矯正処遇の「効果的な実施を図るため、必要に応じ、受刑者を集団に編成して行うものとする。」と書いてある。受刑者を集団に編成して矯正処遇を実施することは**集団処遇**という。例えば、「犯罪傾向が進んでいる者」と「犯罪傾向が進んでいない者」は互いに離して収容される。

矯正処遇の実施中は、処遇要領に定められた目標の達成状況についての評価が定期的に（おおむね、六か月に一回）おこなわれる。処遇調査も定期的に、または臨時で再実施されて、その結果にもとづいて処遇要領が変更されることもある。

刑務作業と改善指導

刑務作業の実施に関しては、刑事収容施設法九四条一項には以下のとおりに書かれてある。「作業は、できる限り、受刑者の勤労意欲を高め、これに職業上有用な知識及び技能を習得させるように実施するものとする。」ただし、同法九七条には「作業の実施による収入は、国庫に帰属する。」と書いてあり、賃金は発生しない。

その代わりに、作業をおこなった受刑者には、釈放の際に**作業報奨金**が支給される。作業報奨金については刑事収容施設法九八条に定められている。『令和五年版犯罪白書』によれば（以下のデータも同書による）、令和三年度の作業報奨金は、月額で計算すると平均で四五七八円で、同年度に出所した者のうち五万円を超える作業報奨金を受け取った者は、全体の四割にも満たなかった。

矯正指導の主なものは、改善指導と教科指導である。

刑事収容施設法一〇三条一項には、「受刑者に対し、犯罪の責任を自覚させ、健康な心身を培わせ、並びに社会生活に適応するのに必要な知識及び生活態度を習得させるため必要な指導を行うものとする」と定められている。これが**改善指導**である。

さらに、刑事収容施設法一〇三条二項には、麻薬、覚せい剤その他の薬物に依存がある、暴力団員である等の「事情を有することにより改善更生及び円滑な社会復帰に支障があると認められる受刑者に対し前項の指導を行うに当たっては、その事情の改善に資するよう特に配慮しなければならない」と定められている。そこで、この場合には特別のプログラムにもとづいて改善指導がおこなわれる。特別プログラムにもとづかないでおこなわれる場合を**一般改善指導**、特別プログラムにもとづいておこなわれる場合を**特別改善指導**という。

教科指導は、学校教育法による学校教育の内容に準ずる内容の指導をいう。刑事収容施設法一〇四条によれば、教科指導の対象には「社会生活の基礎となる学力を欠くことにより改善更生及び円滑な社会復帰に支障があると認められる受刑者」と（一項）、「学力の向上を図ることが円滑な社会復帰に特に資すると認められる受刑者」（二項）に分かれる。

前者は、義務教育を修了していなかったり、修了していても学力の程度が著しく低かったりする者で、この場合の教科指導は補習教科指導とよばれる。後者を対象とするのは、高等学校レベル、あるいはそれ以上の教科指導で、こちらは特別教科指導とよばれる。希望者は中学校卒業程度認定試験や高等学校卒業程度認定試験を受験できるようになっている。

制限の緩和　受刑態度の良い受刑者には、受刑態度が良いことの報奨（見返り）として、制限の緩和や優遇措置が与えられる。これらを誘因（インセンティブ）にして、受刑者に自ら改善更生に取り組んでもらうことを狙ったものだ。

刑事収容施設法八八条一項には、「受刑者の自発性及び自律性を涵養《かんよう》するため、刑事施設の規律及び秩序を維持するための受刑者の生活及び行動に対する制限は、法務省令で定めるところにより、第三十条の目的を達成する見込みが高まるに従い、順次緩和されるものとする。」と、同条二項には、「前項の場合において、第三十条の目的を達成する見込みが特に高いと認められる受刑者の処遇は、法務省令で定めるところにより、開放的施設（収容を確保するため通常必要とされる設備又は措置の一部を設けず、又は講じない刑事施設の全部又は一部で法務大臣が指定するものをいう。以下同じ。）で行うことができる。」と書いてある。

「第三十条の目的」というのは改善更生の目的だから、改善更生の目的を達成する見込みが高まるに従って、自由制限の程度が緩められる。この制度を**制限の緩和**とよぶ。

刑事施設を管轄《かんかつ》する法務省は、刑事収容施設法を実施するにあたって、「刑事施設及び被収容者の処遇に関する規則」（刑事収容施設規則）を制定しており、同規則には次のように定められている。開始時指導が終了した受刑者は、第一種から第四種までの制限区分に指定されて、制限区分の指定に応じて処遇がおこなわれることによって、若い数ほど、受刑者の生活および行動に対する制限が緩和される。受刑者の受刑態度は「定期的、及び随時」評価されて、適当と認める場合には制限区分の指定が変更される。

制限の緩和は多岐にわたる。刑事収容施設規則によれば、第一種の制限区分に指定されている受刑者の居室には、施錠しない等の開放的居室が指定される。また、開放的施設による処遇の例としては構外作業場（作業場が刑務所の外にある）があげられる。ただし、第一種の制限区分に指定された受刑者は全体の一パーセント未満とごく一握りで、大多数は第三種である。

優遇措置　制限の緩和のほか、刑事収容施設法八九条は、「受刑者の改善更生の意欲を喚起するため」の**優遇措置**の制度を設けている。これは比較的短期間の受刑態度を評価して、特典を与えるものである。

例えば、刑事収容施設法四一条一項五号には、刑事施設に収容されている者が自弁の嗜好《しこう》品（酒類を除く）を摂取するのを許可できると定められているところ、菓子を自費で購入して食べるのを個別に許可するのではなく、一定の優遇区分に属する受刑者に一律に許可するというのがこれにあたる。就寝前の余暇時間にテレビやビデオを視聴できるのも、優遇措置だ。

優遇措置についても、刑事収容施設規則に細かい内容が定められている。それによれば、四月から九月まで、一〇月から三月まで、それぞれ六か月間の評価期間内の受刑態度を評価して、第一類から第五類までの優遇区分の指定がなされる。優遇区分の指定がない者もいるので、これも含めると六段階である。制限区分と同様、若い数ほど優遇される。

例えば、菓子を買って食べることが許可されるのは第三類までだが、第一類と第二類は月に二回許可されるのに対して、第三類は月に一回である。また、面会が許可される回数も、第一類から第三類まで順に月七回、五回、三回となっていて、第四類以下は許可される回数が定められていない。全受刑者のうち約四割が第三類の優遇区分に指定されている。第一類は約二パーセントと、こちらもごく一握りである。

仮釈放

刑法二八条には、「拘禁刑に処せられた者に改悛《かいしゅん》の状があるときは、有期刑についてはその刑期の三分の一を、無期刑については十年を経過した後、行政官庁の処分によって仮に釈放することができる。」と書いてある。矯正処遇のための施設（矯正施設）には、刑務所のほか少年院や婦人補導院もある。

これらの矯正施設に収容されている者を、収容期間が満了する前に仮に釈放する制度を仮釈放という。「仮に」というとおり、問題を起こせば取り消されて、再び矯正施設に収容される。仮釈放の取消しについては刑法二九条に規定されている。近年のデータでは、刑務所を出所した者のうち仮釈放者は約六割にのぼる。

仮釈放の期間を定めた規定はないものの、仮釈放がなされた日から残りの刑期（残刑期間）が満了する日までだと解されている。したがって、無期拘禁刑の受刑者が仮釈放された場合は、仮釈放の期間は一生続くことになる。仮釈放の期間中は保護観察に付される。

刑の一部の執行猶予

刑の一部の執行猶予については、刑法二七条の二以下に規定がある。例えば、「被告人を二年の拘禁刑に処する。その刑の一部である六月の拘禁刑の執行を二年間猶予する。」という判決が言い渡されたとして、その場合には、刑期を六か月残して釈放される。

刑の一部の執行猶予が取り消されることなく猶予期間が経過したときには、刑法二七条の七には、「猶予されなかった部分の期間を刑期とする拘禁刑に減軽する」と定められているので、先の例でいえば、一年六月の拘禁刑に処せられていたことになり、釈放された日に刑の執行を受け終わったものとされる。

刑の一部の執行猶予の制度が有用だとされるのは、薬物犯罪だ。**薬物犯罪**とは、覚醒剤や麻薬、大麻等、人間の中枢神経系の精神機能に影響をあたえる化学物質に関する刑事規制に違反する犯罪である。薬物の**自己使用**も処罰される。

覚醒剤等の薬物を一時的な陶酔感や興奮を得る目的で使い続けるうちに（**薬物濫用**）、薬物への耐性がつき、濫用者は、使用量を増やさなければ同等の効果が得られなくなるとともに、使用していない時に手の震え、異常発汗等の生理的不調をきたしたり、薬物使用への欲求を抑えられなくなったりする。これらの**身体的・精神的依存性**そのものをなくす治療法はないといわれている。

自己使用犯の再犯を防止するには、薬物を使用しない生活に慣れる必要があるところ、それには、少なく見積もっても三年間は必要だとされる。といって、初犯の場合に何年も刑務所に入れるわけにもいかない。

刑の一部の執行猶予には、初犯でも自己使用犯を刑務所に収容することで、その間、薬物と接触する機会がまったくない環境で、特別指導の一つである**薬物再乱用防止プログラム**を受けさせることができる、というメリットがある。しかも、執行猶予は一年以上五年以下の期間でおこなわれるため、自己使用犯の場合はせいぜい数か月間にとどまる仮釈放と違って、保護観察の期間も一定程度確保できる。

保護観察

保護観察とは、犯罪者を矯正施設に収容しないで、遵守《じゅんしゅ》事項を守るよう指導監督するとともに、自立した生活ができるようにするための補導援護をおこなうことをいう。保護観察は、犯罪者を社会内で処遇する、**社会内処遇**の一つである。保護観察を含む社会内処遇について定めているのが、更生保護法という法律である。

有罪判決を受けたのに刑務所に入っていなくていいのは、成人の場合は、主に、①刑の全部または一部の執行を猶予されている場合と、②刑は執行されたが仮釈放された場合である。これらに保護観察が組み合わされる。ちなみに、アメリカでは、①と保護観察を組み合わせたものに似た制度は**プロベーション**（probation）、②と保護観察を組み合わせたものに似た制度は**パロール**（parole）とよばれる。

刑の執行猶予には保護観察が付けられることがある。条文を読むと、刑法二五条の二第一項は、刑法二五条一項による刑の全部の執行猶予の場合に「猶予の期間中保護観察を付することができる」のに対して、刑法二五条二項によるそれの場合は「保護観察に付する」と定めている。これには意味があって、「することができる」と書いてある場合、裁判所は、その必要がないと判断すれば、保護観察を付けなくてよい。これに対して、「する」と書いてある場合、裁判所は保護観察を付けなければならない。一部の執行猶予については、刑法二七条の三第一項が「猶予の期間中保護観察に付することができる」と定めている。

仮釈放については、更生保護法四〇条に「仮釈放を許された者は、仮釈放の期間中、保護観察に付する。」と書いてあるから、こちらには必ず保護観察が付けられる。

更生緊急保護

出所者の中には、いきなり刑務所を出ても、帰住先がなく、自立した生活をおくるのが困難な者もいる。罪を犯した人が、出所後、住む家もままならないようでは、それはただ刑務所を出ただけであって、また罪を犯して刑務所に戻ってくるかもしれない。

そこで、①満期釈放された者または仮釈放期間が満了した者、②刑の執行を猶予されたが、保護観察には付されていない者や③起訴猶予になった者が、親族からの援助や公共の福祉施設等からの保護を受けることができない場合に、宿泊場所を供与したり、食事や衣料を与えたりするのが（更生保護法八五条）、**更生緊急保護**だ。なお、④少年院退院者・仮退院期間満了者も更生緊急保護の対象である。

更生緊急保護がおこなわれるのは、本人の申出があり、かつ、保護観察所でその必要があると認められた場合に限られる。保護の期間は、原則として、身体の拘束を解かれてから六か月を超えない範囲と定められており、平均して、二、三か月だといわれている。

更生緊急保護は、保護観察所の長から委託された**更生保護施設**または**自立準備ホーム**でおこなわれる。前者は、国の認可を受けて更生保護事業を営む更生保護法人によって運営される施設、後者は、あらかじめ保護観察所に登録されたＮＰＯ法人等によって運営される施設である。

それらの施設では、単に宿泊場所や食事を提供するだけでなく、保護期間中は、生活指導、職業補導等もおこなわれる。また、アルコールや薬物への依存をかかえる者に対する酒害・薬害教育、対人適応が困難な者へのソーシャルスキルトレーニングといった専門的な処遇がなされることもある。

更生保護を支える人たち

保護観察所は、全国五〇か所の地方裁判所の所在地ごとに置かれているほか、それ以外の三三か所の市や町に駐在官事務所が置かれている。仮釈放の許可と取消し、保護観察所の監督をするのは、全国八か所の高等裁判所の所在地（札幌、仙台、東京、名古屋、大阪、高松、広島、福岡）に置かれている地方更生保護委員会である。

保護観察所および地方更生保護委員会の事務局には、保護監察官と社会復帰調整官が配置されているが、これらは一般職の国家公務員である。**保護観察官**の最大の任務は保護観察の実施であり、それは「医学、心理学、教育学、社会学その他の更生保護に関する専門的知識に基づき」遂行される。したがって、保護観察官には専門性が要求される。

これにくわえて、保護観察官とともに保護観察等の実施をおこなうのが**保護司**だ。保護司は民間のボランティアで、保護観察官で十分でないところを補う。保護観察所に配置されている保護観察官が約一〇〇〇人なのに対して、保護司は約四万七〇〇〇人である。

保護司は、保護観察の対象者と密なコミュニケーションをとる。保護観察対象者が保護司の家を訪れたり、逆に、保護司のほうから対象者の家を訪問したりして、対象者と面会し、最近の生活状況などについて話を聞き、対象者や身元引受人等の相談に応じて指導や助言をあたえる。また、仮釈放の前に、仮釈放後の住居や就業先に予定されているところを調査し、場合によっては身元の引受け先を探したりもする。保護司なくしては、保護観察を含む犯罪者の社会内処遇は成り立たない。

民間組織や個人によって更生保護活動がおこなわれる場合は、保護司によるもののほかにもいろいろある。保護観察所から委託されて更生保護施設や自立準備ホームがそうだし、それら以外にも、例えばＢＢＳとよばれるボランティア活動がある。これは Big Brothers and Sisters Movement の略で、非行少年等の様々な立場の少年少女に「お兄さん」や「お姉さん」のような立場で話し相手や相談相手になってあげることで、立ち直りや自立の手助けをする青年ボランティア活動だ。

薬物犯罪関連のニュースでよく耳にするのは、ダルク(Drug Addiction Rehabilitation Center)という民間の薬物依存リハビリ施設である。ダルクでは、薬物依存症をかかえた人たちが共同生活をおくり、同じ問題をかかえた仲間同士で共感し合い、支え合うことを通じて、それそれが自身の問題と向き合い、薬物を使用しない日を重ねていく。

更生保護はダルクの直接の目的ではなく、したがって、入所者も、薬物犯罪で有罪になった者には限られないけれども、ダルクは薬物犯罪者の立ち直り支援の役割もはたしている。ダルクには自立準備ホームに登録しているものもある。

2．社会内処遇

（1）**刑の全部の執行猶予**

刑25 ①　**3年以下の拘禁刑**または**50万円以下の罰金**の言渡しを受けたときに、情状により、**1～5年間**刑の全部の執行を猶予する

【対象者】

- 前に**拘禁刑以上の刑に処せられたことがない**者（1号）
- 拘禁刑以上の**刑の執行が終わった日等から5年**以内に拘禁刑以上の刑に処せられたことがない者（2号）

②　**刑の全部の執行猶予期間中**に**2年以下の拘禁刑**の言渡しを受け、かつ、情状に特に酌量すべきものがあるときも同様

→この場合は、<u>必ず保護観察が付けられる</u>

刑27　取り消されることなく猶予期間を経過したときは、刑の言渡しは効力を失う

（2）**刑の一部の執行猶予**　刑27の2～27の7

（3）**仮釈放**

刑28　拘禁刑に処せられた者に改悛の状があるときに、有期刑については**刑期の1/3**、無期刑については**10年経過後**に、残刑期間満了まで（無期は一生）「仮に」釈放する

→<u>必ず保護観察が付けられる</u>（更生保護40）

＊保護観察　犯罪者を矯正施設に収容しないで、遵守事項を守るよう指導監督するとともに、自立した生活ができるようにするための補導援護をおこなうこと

MEMO 8 犯罪者の施設内処遇および社会内処遇

1．施設内処遇

刑事収容施設 30

矯正処遇　自由刑の受刑者に対して、**改善更生**の意欲を喚起したり、**社会生活への適応能力**を育成したりするためにおこなわれる処遇

処遇調査
（刑執行開始時調査）
処遇指標の指定
処遇要領の策定

刑執行開始時の指導

→

作業
改善指導
教科指導

処遇調査
（定期・臨時再調査）

就労支援
福祉的支援

→ 釈放前の指導

刑事収容施設 84 ②

個別処遇の原則　処遇要領は受刑者ごとに定められる
└► その上で、集団に編成（刑事収容施設 86）

（1）刑務作業　**作業報奨金**を支給。賃金は発生しない

（2）矯正指導　改善指導 / 教科指導

なお、制限の緩和・優遇措置

制限の緩和　改善更生の目的を達成する見込みが高まるのに従って、自由制限の程度が緩められる
特に高い者には、**開放的施設**での処遇

優遇措置　比較的短期間の受刑態度を評価して特典を付与

第7講　犯罪者を処罰すればそれでよいのか①

神戸連続児童殺傷事件

その事件は平成九（一九九七）年に起こった。朝、神戸市内の中学校の正門の前に男児（被害男児）の頭部が放置されているのを通行人が発見した。被害男児は三日前から行方不明になっていた小学生で、耳まで切り裂かれていたその口には、「酒鬼薔薇聖斗」（さかきばらせいと）名義の犯行声明文が差し込まれていた。一週間後、神戸市内の新聞社に第二の声明文が届いた。折りしも、現場近辺では、事件の数か月前から小学生が鈍器で殴られたり、刺されたりして死傷する事件が相次いで発生しており、猟奇連続殺傷事件としてマスメディアに大きく取り上げられた。

事件の一か月後、メディアのいい加減な犯人予想を裏切って逮捕されたのは、一四歳（中学三年生）の少年だった。兵庫県警は、聞き込み捜査によって、この少年が動物虐待をくり返していたという情報を得ており、被害男児と顔見知りでもあったことから、早くから同少年への嫌疑を深めていたという。ともかく、神戸地検は事件を神戸家裁に送致し、少年審判の手続が進められることになった。後で述べるように、少年審判の手続は非公開である。新聞やテレビにおいても、彼は実名ではなく「少年A」とよばれた。

神戸家裁は、少年Aを医療少年院（現行法にいう第三種少年院）に送致することを決定したが、異例の措置として、審判決定の要旨がプレスリリースされた。それによれば、少年Aは厳しくしつけられて育つうちに、両親、とりわけ母親に対して自己の感情を素直に出さなくなっていたところ、自分をかばってくれていた祖母が亡くなった小学五年生の時から、ナメクジやカエル、やがてネコの解剖をするようになった。ネコ殺しの欲動は人に対する攻撃衝動へと発展し、しかも、これと性衝動が結びついてもいた。で、そんな自分は異常者であって、この世に存在してはいけない存在だと思いながらも、他人もまた無価値な存在だから、無価値な存在同士のあいだで、強い者が弱い者を殺し支配しても許されると考えるようになり、それで、本件犯行におよんだとされる。

少年Aは平成一六年に二二歳で少年院を仮退院し、名前を変え、「普通の人」として生きていく道を模索する。他方で、彼は、殺害した二人の児童の遺族にそれぞれ手紙を毎年送り続けるとともに、月々の決して多くない給料から細々とでも慰謝料を払い、被害者への謝罪の気持ちを形にあらわしてきた。成人し、もはや少年ではなくなった少年Aの数年間の行動は、出所後の殺人犯に世間が期待するとおりの行動だったといっていい。

ところが、その後、少年Aは「元少年A」というペンネームで手記を出版すると同時に、インターネット上に個人サイトを立ち上げた。手記は、著者自身の体験が赤裸々に書きつづられていながらも、ある種の文学作品としても読ませたいという意図が感じられるものだった。ウェブサイトに至っては、自身のグロテスクな趣味満開のギャラリーページに、有料のブログマガジンまで設けられていた。これらは遺族に無断でなされただけではない。手記発表の約二年半前に少年Aは出版社に企画を持ち込んでおり、出版の準備をしながら遺族に謝罪の手紙を送っていたことも判明した。

　手記はベストセラーになり、少年Aは多額の印税収入を得たといわれている。

犯罪少年・触法少年・虞犯少年

少年法は、女子を含む二〇歳未満の者を「少年」と定義した上で（少年法二条一項）、少年に対する家庭裁判所の審判である**少年審判**の対象となる非行少年を次の三種類に分けている。

（審判に付すべき少年）

第三条　次に掲げる少年は、これを家庭裁判所の審判に付する。

一　罪を犯した少年

二　十四歳に満たないで刑罰法令に触れる行為をした少年

三　次に掲げる事由があつて、その性格又は環境に照して、将来、罪を犯し、又は刑罰法令に触れる行為をする虞《おそれ》のある少年

イ　保護者の正当な監督に服しない性癖のあること。

ロ　正当の理由がなく家庭に寄り附かないこと。

ハ　犯罪性のある人若しくは不道徳な人と交際し、又はいかがわしい場所に出入すること。

二　自己又は他人の徳性を害する行為をする性癖のあること。
2　家庭裁判所は、前項第二号に掲げる少年及び同項第三号に掲げる少年で十四歳に満たない者については、都道府県知事又は児童相談所長から送致を受けたときに限り、これを審判に付することができる。

少年法三条一項一号にあたる少年を**犯罪少年**、同二号にあたる少年を**触法少年**、同三号にあたる少年を**虞《ぐ》犯少年**という。犯罪少年と触法少年の区別は、刑法四一条に「十四歳に満たない者の行為は、罰しない。」と書いてあることによる。一四歳未満の少年が例えば人を殺しても、殺人罪は成立しないので、「刑罰法令に触れる行為をした少年」として扱われる。

触法少年の行為は犯罪になりえない以上、刑事訴訟法は適用されず、したがって、触法少年に対して捜査することはできない。でもだからといって、例えば一三歳の児童が人を刺し殺したとして、凶器のナイフを差し押さえないわけにはいかない。

そこで、少年法六条の二以下に、警察官による**調査**についての規定が置かれている。ただし、強制処分としておこなえるのは、押収、捜索、検証および鑑定の嘱託《しょく》に限られるため（少年法六条の五第一項）、触法少年の身柄を拘束することは警察にはできない。少年Aは事件当時一四歳で、犯罪少年にあたったので、兵庫県警は彼を逮捕したのである。

少年法三条二項によれば、触法少年および一四歳未満の虞犯少年が少年審判に付されるのは、児童相談所長から事件の送致を受けた場合に限られる。これを**児童福祉機関先議の原則**という。低年齢の少年に関しては、まず、児童福祉施設である児童相談所に対応を委ねるためである。

以下では、少年Aほどではないけれども、比較的重い罪を犯した犯罪少年の取扱いを中心に少年法の内容をみていくことにする。

全件送致主義

触法少年や虞犯少年と違って、犯罪少年には刑事訴訟法が適用されるところ、警察で捜査を遂げた結果、犯罪の嫌疑があると思料するときは、罰金以下の刑にあたる犯罪の場合は家庭裁判所に、それ以外の刑にあたる犯罪の場合は検察官に事件を送致する（少年法四一条）。家裁送致も送検もなされないのは、道路交通法違反事件で交通反則金の支払いがあった場合だけである。

送致を受けた検察官は、捜査を遂げた結果、犯罪の嫌疑があると思料する場合、および、嫌疑はないものの、家庭裁判所への送致の必要があると思料する場合は、事件を家庭裁判所に送致する（少年法四二条）。

以上をまとめれば、捜査機関において犯罪の嫌疑があると思料するかぎり、原則としてすべての少年事件が家庭裁判所に送致される。これを**全件送致主義**という。

家庭裁判所調査官による調査　事件送致を受けた家庭裁判所は、事件について調査しなければならない（少年法八条一項後段）。調査の方針については、「なるべく、少年、保護者又は関係人の行状、経歴、素質、環境等について、医学、心理学、教育学、社会学その他の専門的智識特に少年鑑別所の鑑別の結果を活用して、これを行うように努めなければならない」と定められている（同法九条）。

そこで、家庭裁判所は、**家庭裁判所調査官**（家裁調査官）に、少年、保護者または参考人の取調べその他の必要な調査をおこなわせる（少年法八条二項）。家庭裁判所調査官による調査では、当該少年がなぜ非行に至ったのかが、例えば「お金が欲しかったから」というような直接的動機にとどまらず、少年の生育歴、性格、生活環境その他、当該少年がかかえる問題にまで掘り下げられる。なので、少年事件を担当する家裁調査官は、心理学、教育学といった専門知識をそなえている必要がある。

調査を終えたら、家裁調査官は**少年調査票**を作成する。少年調査票には、ただ調査結果がまとめられているだけでなく、専門知識にもとづく評価・分析、および、処遇に関する意見（**処遇意見**）も述べられている。

少年鑑別所への送致　他方で、家庭裁判所は、犯罪少年が到着した時から二四時間以内に、観護措置を決定する（少年法一七条一項）。**観護**とは、少年が落ち着いた気持ちで審判を受けることができるように、規則正しい生活をおくらせることをいう。観護措置には、家庭裁判所調査官の観護に付することと、**少年鑑別所**に送致することの二つがあるけれども、重い罪を犯した犯罪少年の場合は後者の措置がとられる。

少年法一七条三項本文によれば、少年鑑別所に収容する期間は、二週間を超えることができない。同但書には、とくに継続の必要があるときは更新の決定ができると定められているところ、更新の回数については、同条四項本文には一回と定められている。

さらに、少年法一七条四項但書によれば、犯罪少年に係る拘禁刑以上の刑にあたる罪の事件では、一回目の更新に加えて、さらに最大二回の更新が認められる場合がある。それは、犯行の動機、態様および結果その他の当該犯罪に密接に関連する重要な事実を含む非行事実の認定に関して、証人尋問、鑑定もしくは検証をおこなうことの決定がなされた場合、または、それらがおこなわれた少年について、引き続き少年鑑別所に収容しなければ審判に著しい支障が生じるおそれがあると認めるに足りる相当の理由がある場合だ。これを**特別更新**という。したがって、犯罪少年の場合は八週間、少年鑑別所に収容されることがある。

少年鑑別所では、観護処遇とともに鑑別がおこなわれる。**鑑別**は、医学、心理学、教育学、社会学等の専門知識および技術にもとづき、対象者の非行または犯罪に影響をおよぼした、資質上および環境上の問題となる事情を明らかにした上で、その改善に役立つように、対象者をどのように処遇すればいいのかの指針を示すためにおこなわれる。さらに、対象者への面接のほか、収容されている間の対象者の行動観察や心理テストも実施される。

少年審判

以上の調査の結果、少年審判を開始するのが相当であると認めるとき、家庭裁判所は**審判開始の決定**をする（少年法二一条）。刑事事件の場合は、起訴状一本主義の下、公判が開始されるまで、起訴状の公訴事実欄に記載された事実以上の事件内容を裁判官が知ることはない。予断を排除するためだ。これに対して、少年審判では、例えば不良仲間と付き合っていた、ささいなことで激高しやすい性格であるというような、予断をいだかせるおそれのある事実も、あらかじめ裁判官が知った上で手続が開始されることになる。

少年審判の期日に呼び出されるのは少年および保護者であるが（少年審判規則二五条二項）、審判の席には裁判官および裁判所書記官が列席するだけでなく、家庭裁判所調査官が審判の席に出席しなければならない（同規則二八条二項）。

さらに、付添人が審判に出席することがある。**付添人**とは、少年審判手続において少年の権利を擁護する役割を担う者で、少年側が付添人を選任するときは家庭裁判所の許可が必要だが、弁護士を付添人に選任するときは、家裁の許可は必要ない（少年法一〇条一項）。少年法二二条の三には、**国選付添人**の制度が定められている。

少年法二二条には、少年審判は「懇切を旨として、和やかに行うとともに、非行のある少年に対し自己の非行について内省を促すものとしなければならない」こと（一項）、審判は非公開であること（二項）が規定されている。

少年審判における事実認定

神戸連続児童殺傷事件に関して、真犯人は別にいるという仮説を立てる人がいる。およそ信じがたい仮説ではあるけれども、そのような仮説を立てる人が出てくる一つの背景として、少年審判手続のあり方を指摘することができる。

神戸連続児童殺傷事件で、もしも逮捕されたのが一四歳の少年ではなく成人だったら、彼は刑事裁判にかけられる。その場合、**「疑わしきは被告人の利益に」**の原則により、被告人が犯人であることについて合理的な疑いを差しはさむ余地のない程度の心証が裁判官（員）に形成されなければ、被告人に無罪が言い渡される。また、証拠調べの方法に関しても、証拠として使用できるものを、公判における適式の方法によって取り調べなければならない（**厳格な証明**）。

これに対して、少年法にはそれら証拠調べ手続に関する規定がほとんどなく、非行事実の認定に関する証拠調べについては裁判官の裁量に委ねられている。裁量といっても、それは完全な自由裁量ではなく、合理的な裁量でなければならない。

なので、実際の運用では、少年審判においても証拠法の諸原則にも配慮しながら非行事実の認定がなされているのだそうだ。それでも、少年審判は非公開なので、おかしなことを陰謀論めかして主張する人が出てこないともかぎらないのである。

犯罪の嫌疑があるとして家庭裁判所に送致されたけれども、少年が犯行を否認して、例えばアリバイを新たに主張したとする。この場合、その真偽を確かめるために証拠調べをおこなう必要がある。ところが、警察のように徹底的な証拠収集をおこなうのは家庭裁判所には困難だし、それに、少年のアリバイ崩しのための調査をおこなったら、家庭裁判所裁判官と少年のあいだ緊張関係が生まれて、少年審判をなごやかに進めることができなくなるかもしれない。

そこで、次の三つの要件がみたされる場合には、家庭裁判所は検察官を審判に出席させることができる。当該少年が犯罪少年にあたること、死刑または無期もしくは長期三年を超える拘禁刑にあたる罪を犯したとされている事件であること、事実認定のために検察官を出席させる必要があること、がそれである（少年法二二条の二）。

保護処分決定

審判がおこなわれた後、家庭裁判所は、少年に対する処分を直ちに決定するのではなく、相当の期間、少年を**試験観察**に付することがある。これは、家裁調査官が当該少年に助言や指導をあたえながら、少年の生活態度や行動を観察するものである。期間は、少年の状況に応じて異なるものの、数か月程度だとされる。試験観察の結果をふまえて、**終局決定**、すなわち、少年に対する最終的な処分が決定される。

少年が非行事実をおこなったことを認定できない場合や、認定できるけれども、保護処分に付する必要がないと認められる場合には、**不処分決定**をする（少年法二三条二項）。

少年を保護処分に付する**保護処分決定**には、①保護観察（一号）、②児童養護施設への送致（二号）、③少年院送致（三号）の三つがある（少年法二四条一項）。少年法二四条一項一号の保護観察の期間は、当該少年が二〇歳に達するまでだ（更生保護法六六条）。特定少年については後で述べることにする。

少年院とは、家庭裁判所の決定により保護処分として送致された少年を収容するための施設である。少年院では、在院者の特性に応じた**矯正教育**その他、在院者の健全な育成に資する処遇をおこなうことによって、少年の改善更生と円滑な社会復帰が図られる。

少年院法一三七条一項によれば、少年法二四条一項三号の保護処分によって少年院に収容されている在院者は、二〇歳に達するまで少年院に収容される。ただし、少年院法一三八条には二三歳までの収容継続、同一三九条には二三歳を超える収容継続の規定が置かれている。

二三歳を超える収容継続は、在院者の「精神に著しい障害があり、医療に関する専門的知識及び技術を踏まえて矯正教育を継続して行うことが特に必要である」場合で、当該少年を送致した家庭裁判所に収容継続の決定を申請する。申請を受けた家庭裁判所は、収容継続の決定と同時に、「その者が二六歳を超えない期間の範囲内で、少年院に収容する期間を定めなければならない。」（少年院法一三九条一項柱書、二項）。

少年Aが関東医療少年院（当時）に送致された時点では、二六歳まで少年院に収容される可能性があった。その後、平成一四（二〇〇二）年、神戸地裁は少年院法一三八条にもとづいて収容継続を決定したが、同法一三九条にもとづく収容継続はなされなかった。というか、少年Aは平成一三年に中等少年院（現行法にいう第一種少年院）に転院しており、二三歳を超える収容継続の対象ではなかったのである。

検察官送致決定　終局決定には、不処分決定と保護処分決定のほか、検察官送致決定がある。検察官送致後の手続は、基本的には、刑事訴訟法にもとづいて進められる。世間で「逆送決定」とよばれるのがこれだ。少年法に次の規定がある。

（検察官への送致）
第二十条　家庭裁判所は、拘禁刑以上の刑に当たる罪の事件について、調査の結果、その罪質及び情状に照らして刑事処分を相当と認めるときは、決定をもつて、これを管轄地方裁判所に対応する検察庁の検察官に送致しなければならない。
2　前項の規定にかかわらず、家庭裁判所は、故意の犯罪行為により被害者を死亡させた罪の事件であつて、その罪を犯すとき十六歳以上の少年に係るものについては、同項の決定をしなければならない。ただし、調査の結果、犯行の動機及び態様、犯行後の情況、少年の性格、年齢、行状及び環境その他の事情を考慮し、刑事処分以外の措置を相当と認めるときは、この限りでない。

検察官送致の決定がなされるのは、少年が保護処分によっては改善の見込みがない場合（**保護**

不能）か、保護不能ではないけれども、事案の重大性や社会への影響、被害感情等から刑事処分が相当な場合（**保護不適**）だといわれている。第二項は平成一二（二〇〇〇）年改正によって追加された規定で、問題の罪を犯した時に一六歳以上だった場合、事件を検察官に送致するのが原則とされることとなった。

少年Ａの事件が検察官送致されなかったのは、当時の少年法二〇条には、「但し、送致のとき十六歳に満たない少年の事件については、これを検察官に送致することはできない。」という但書が付いていたからである。平成一二年改正によってこの但書は削除された。

なお、少年法六一条には、少年審判に付された少年または検察官送致決定がなされた犯罪少年の「名、年齢、職業、住居、容ぼう等によりその者が当該事件の本人であることを推知することができるような記事又は写真を新聞紙その他の出版物に掲載してはならない」と定められている（実名・写真等による報道の禁止）。この規定にもとづき、神戸連続児童殺傷事件では犯人の実名が伏せられて、「少年Ａ」という呼称が報道でも用いられた。

MEMO 9 **犯罪少年の処遇**

警察等による検挙

↓ 検察官送致

検察官

↓

家裁送致

↓

捜査機関において犯罪の嫌疑があると思料するかぎり、原則として**すべての少年事件が家庭裁判所に送致**される（**全件送致主義**）

家庭裁判所

1 観護措置決定
少年が落ち着いた気持ちで審判を受けることができるように、規則正しい生活をおくらせること

3 **家庭裁判所調査官**による調査と
4 **少年調査票**の作成

↓

審判開始決定（相当と認める場合）

↓

→ 少年鑑別所へ送致（24時間以内に）

少年鑑別所

2 **観護処遇**
3 **少年鑑別**
収容期間は **2 週間**を超えることができない
ただし、通常1回、拘禁刑以上の刑にあたる罪の事件の場合、最大2回の特別更新が可能

←

5 **少年審判** → （必要があると認めるときは） 6 **試験観察**

- 裁判官は事前に捜査記録を確認
- **付添人**（少年の権利を擁護）
- 非行事実の認定に関する証拠調べは裁判官の裁量に委ねられる（検察官を出席させる場合あり）

6 **試験観察**
家庭裁判所調査官が当該少年に助言や指導をあたえながら、少年の生活態度や行動を観察（数か月間）

7 **終局決定** ←

↓ 検察官送致（逆送）
↓ 少年院送致
↓ 保護観察
↓ 不処分

少年刑務所　少年法五二条一項前段には、少年に対して有期の拘禁刑をもって処断すべきときには、まず、処断すべき刑の範囲内で長期を定めて、さらに、長期の二分の一を下回らない範囲で短期を定めたものを言い渡すと定められている。例えば、傷害罪の場合に一五年以下の拘禁刑で処断すべきところ、一〇年を長期として、その二分の一を下回らない六年を短期とし、「被告人を六年以上一〇年以下の拘禁刑に処する。」と言い渡す。このように、言い渡された刑が、何年刑務所に入るかが不確定ながらも（**不定期刑**）、上限と下限は確定しているという場合を**相対的不定期刑**という。

有期拘禁刑の上限は二〇年であり、したがって、例えば複数の罪を犯したというように、刑が加重される場合を考えれば、処断すべき刑の範囲は、最大で三〇年になる場合があるけれども（刑法四七条参照）、少年に刑を言い渡す場合、長期は一五年、短期は一〇年を超えることができない（少年法五二条一項後段）。

実刑判決が言い渡された少年が収容されるのは、「特に設けた刑事施設又は刑事施設若しくは留置施設内の特に分界を設けた場所」（少年法五六条一項）である。**少年刑務所**がこれにあたる。

少年刑務所に収容しての刑の執行は、当該少年が二〇歳に達して少年法上の少年でなくなった後も、二六歳まで継続することができる（少年法五六条二項）。

少年事件のモデルケース

さて、罪を犯した少年は、検察官送致されないかぎり、刑務所に入らなくてよいどころか、少年院に入っても、延長がないかぎり、二〇歳になったら退院する。そんな制度を少年法が設けたのはどうしてだろうか。以下は、実在の人物とはまったく無関係の、架空の物語だが、少年事件のモデルケースというとこんな感じになる。

ここに一人の少年がいる。少年が五歳の時、両親が離婚して、少年は母親に引き取られた。少年は幼い頃から母親が仕事で忙しいときには家事を手伝い、裕福ではないながらも、親子二人、仲良く暮らしていた。

小学校での少年の成績は良かったけれども、成長するにつれて、少年は自分の家と友だちの家の違いに気づくようになる。中学二年生の時、大学進学を希望していることを何気なく母親に話したら、母親の顔が一瞬曇ったように見えた。それ以降、少年はだんだん勉強をしなくなった。それだけでなく、母親の顔を見るとイライラして、家に居るのが嫌にもなっていった。

中学校をサボるようになると、少年はこれまでとは違った少年たちと親しくなった。同じ中学のＰは、自分と違って裕福な家庭ながら、両親ともＰに干渉しない、というよりかは、関心がないのに近かった。少年は、Ｐが親からもらった小遣いで繁華街をふらつき始める。隣の学区のＱは一つ上の幼なじみで、交友関係が広く、少年に遊び仲間を紹介してくれた。その中の一人であるＲは、市内では有名な不良だった。少年はＲから万引きの仕方を教わった。

運命の時は、少年が高校二年生になった夏に訪れた。Ｒが電線どろぼうをしようと言い出したのだ。Rから誘われたというか、半ば無理やり仲間に引き入れられたPから、仲間にくわわるように懇願されて、少年もRらに付き合うことにした。夜、三人で資材置き場から電線ケーブルを盗み出そうとしているのを警備員に見つかって一緒に逃走中、Rが警備員を殴った。

少年は事後強盗の共同正犯（刑法六〇条、二三八条）になるので、少年の行為は強盗として扱われる。強盗罪の法定刑は、五年以上二〇年以下の拘禁刑だ。

家庭裁判所は、Rを第二種少年院に、少年とPを第一種少年院に送致することを決定した。

少年非行の原因

人間は生まれてから死ぬまで心と身体を変化させるが、知能が発達していくなかで第二次性徴の発現をむかえると、それにともなう急激な身体的変化にあわせて自立心が芽生え、「自分」というものを確立しようとする。これが**自己形成**である。個人差はあるものの、自己形成は一三歳前後から二二、二三歳になるまでになされる。この期間は**青年期**とよばれる。

さて、人は本来的に善良な性質をもちながら、家庭環境が複雑だったり、他者への劣等感（コンプレックス）をもったり、それまで夢や希望をもって打ちこんでいたことをあきらめざるをえなくなったりと、自己形成の途上でいろいろな障壁にぶつかる。これは誰もが経験することだ。

少年非行は、青年期の自己形成過程においてそれらの障壁にぶつかったときの反動として起こる。なので、自己形成が進むうちに、多くの場合、人は非行をしなくなる。で、年をとってから

「若い頃はやんちゃしたなあ」と往時を懐かしむ。誤解をおそれずにいえば、立派な大人になるためには青年期に多少の「やんちゃ」をする必要があった、という人も一定数は存在する。

　ところが、当該少年にとって偶然的な事情が作用して、少年非行は重大事態へと発展することがある。そのリスクを高めるのが、不良仲間との交友だ。犯罪少年の中には、仲間と行動を共にしているうちに罪を犯した、という者も少なくない。

少年法の基本理念

　少年非行の原因がそのようなものだとすれば、非行少年にとって必要なのは処罰ではなく、青年期における自己形成が失敗しないように周りの大人が配慮すること（ケア）である。なので、少年法は、非行少年に立ち直りのチャンスをあたえるものでなければならない。それに、青年期における人は自己形成の途上にあるのだから、**可塑《かそ》性**がある、すなわち、自己形成のやり直しが可能である、と。

　このように考えるのが、「少年法の目的は、少年の健全な成長という少年自身の利益を図ることにある」とする**保護原理**だ。保護原理からは少年法の少年福祉法としての側面が強調される。

　他方で、次のようにも考えることができる。少年であろうと成人であろうと、非行は他者に迷惑をかける行為である。したがって、罪を犯したのが少年でも、それが犯罪であることに変わりはない。けれども、少年非行の原因がさっき述べたようなものだとすれば、成人と同等の責任に問うのはかわいそうだ。あるいは、犯罪者を改善教育するための手段として、少年刑務所よりも少年院に収容するほうが効果的なのだとすれば、そちらを選択したほうがいいともいえる、と。

このように考えるのが、「少年法の目的は、他者の利益を侵害した少年に対して、少年にふさわしい責任をとらせることにある」という**侵害原理**だ。侵害原理からは少年法の刑事法としての側面が強調される。

保護原理に立つのか、それとも侵害原理に立つのかで、同じ制度も違ってみえてくる。例えば、少年事件の実名報道が禁止されるのは、保護原理からは、顔や氏名をさらされて世間から冷たい目でみられるのは少年から立ち直りのチャンスを奪うことになるからだと説明される。これに対して、侵害原理からは、顔や氏名をさらされるのは一種の社会的制裁を受けることを意味するところ、少年をそこまでバッシングするのはやりすぎだからだという説明も考えられる。

特定少年の取扱い

ところで、令和四（二〇二二）年から成年年齢が引き下げられて、一八歳以上の者も成人とされることになったけれども、だからといって、少年法にいう少年の定義も変えなければならないというわけではない。なぜなら、少年法にとって重要なのは、非行をした者がまだ自己形成の途上かどうかだからだ。なので、一八～一九歳の者も可塑性が大きければ、民法上は成人でも、少年法上は少年として扱ってかまわない。

そこで、少年法は、成年年齢引き下げにともなう令和三（二〇二一）年の同法改正後も、一八歳および一九歳の者を「少年」に含めている。したがって、これらの者は罪を犯していなくても虞犯少年として少年審判の対象になりうるし、また、罪を犯したと疑われる場合には家庭裁判所に事件が送致される。

ただし、令和三年改正少年法は、一八歳以上の少年を**特定少年**と定義した上で、いくつかの特例を設けた。主なものは次の三つである。

第一、特定少年の場合には、拘禁刑以上の刑にあたる罪でなくとも、刑事処分が相当と認めるときは検察官送致しなければならないだけでなく（少年法六二条一項）、原則として検察官送致される事件の対象が拡大された。

すなわち、「故意の犯罪行為により被害者を死亡させた罪の事件であって、その罪を犯すとき十六歳以上の少年に係るもの」だけでなく、「死刑又は無期若しくは短期一年以上の拘禁刑に当たる事件であって、その罪を犯すとき十八歳以上の少年に係るもの」が追加された（少年法六二条二項）。したがって、特定少年が例えば不同意性交や強盗をした場合、致死罪が成立しなくても、原則として検察官送致がなされる。

第二、少年法五二条ならびに五六条一項および二項は特定少年には適用されない（少年法六七条四項）。したがって、特定少年に実刑判決が言い渡された場合は、二〇歳以上の者と同様に取り扱われる。

第三、特定少年の時に犯した罪で検察官送致後、さらに起訴された場合に、実名報道の禁止が解除される（少年法六八条）。

犯罪被害者の位置づけ　刑法の世界では、犯罪は、犯罪者と、犯罪者を処罰する国家とのあいだの法律関係としてとらえられるが、犯される罪によっては、犯罪者と、犯罪者の行為によって損害をこうむった人とのあいだで、加害者と**被害者**の関係が生じる場合がある。

　この関係は、基本的には、加害者が被害者に対して損害を賠償することによって法的に処理される。加害者側が損害賠償に応じなければ、被害者が加害者を提訴する。こちらは私人が私人を訴えるというものだから、民事手続だ。なお、外国には、刑事手続の中で被害者の加害者に対する損害賠償請求についても審理する、**付帯私訴**の制度が設けられるところがある。

　民事と刑事が分離されるのは、被害者が加害者に損害を賠償させることですませられるようにするためである。これを、加害者は被害者に対して損害を賠償すればそれですむからだと切り詰めてはならない。国家が加害者を犯罪者として処罰するのは、加害者と被害者の関係をお金で解決することの前提条件なのである。

　だから、「加害者が死刑になったところで、**遺族**の心は晴れやしないのだから、死刑は無意味だ」と説くのは、端的にいって、間違った議論である。死刑が相当だとして、加害者がそのように適正に処罰された後で、やっと、**遺族**は犯罪被害をのりこえるための遠い道のりを歩み始めるからだ。

　なので、被害者が犯罪被害をのりこえるのを少年法が邪魔しているように感じられるのは、ある意味では、無理のないことである。加害者が処罰されてはじめて被害者は前に踏み出せるのに、「少年保護のための施設」である少年院に犯罪少年が送致されたのでは、被害者は犯罪被害をのりこえられないのではないか。

この疑問は刑罰にも向けられる。太古の刑罰制度は、**タリオ（同害報復）**といって、被害者がこうむったのと同様の損害を加害者にあたえた。例えば、被害者が腕を失ったのなら、加害者も腕を切り落とされた。文明社会ではタリオは否定されるけれども、他方で、それは犯罪者を処罰しただけではお相《あい》こにならないことを意味する。

でも、だからといって、少年法廃止やタリオの復活を主張するのでなければ、少年法があっても、タリオでなくても被害者が犯罪被害をのりこえていくためにはどうしたらよいかを考えなければならない。

少年手続における被害者への配慮

神戸連続児童殺傷事件の時点では、少年手続は被害者等の知らないところで進行し、少年審判の結果さえ知らされなかったが、その後の少年法の改正で改善が試みられた。例えば、家庭裁判所は、被害者等からの申出があったときは、事件の性質、調査または審判の状況その他の事情を考慮して、相当でないと認める場合を除いて、被害に関する心情その他の事件に関する意見をみずから聴取するか、家裁調査官に聴取させるかをしなければならない（少年法九条の二）。

また、被害者等からの申出があった場合には、家庭裁判所は、少年の健全育成の妨げにならない範囲で、被害者等に審判の状況を説明しなければならない（少年法二二条の六）。

さらに、家庭裁判所は、少年の健全育成の妨げにならない範囲で、被害者等による少年審判の傍聴を許すことができるようにもなった。ただし、これは故意の犯罪行為や過失運転等によって被害者を死亡させた場合、あるいは、それらによる傷害によって生命に重大な危険を生じさせた場合に限られる（少年法二二条の四）。

少年審判の結果は、被害者等の申出があれば、少年の氏名を含め、被害者等に通知される。審判結果の通知も、少年の健全な育成を妨げるおそれがない場合に限られる（少年法三一条の二）。

後で述べる被害者連絡制度と被害者等通知制度は、少年事件も対象としている。したがって、被害者等通知制度を利用することで、被害者等は保護観察中の処遇状況や少年院における教育状況の情報提供も受けられる。

修復的司法論　犯罪被害者に焦点をあてて刑事司法をとらえなおしたときに、そもそも、犯罪者を処罰することは刑事司法の目的ではなく、罪を犯すことによって壊れてしまった、犯罪者と被害者、さらには社会との関係を修復するための一手段ではないかとも考えることができる。そのように刑事司法をとらえる立場を**修復的司法論**という。

修復的司法論は、犯罪被害者の犯罪被害からの立ち直りを支援することも刑事司法の役割であるということをこえて、次のように主張する。被害者が加害者を赦《ゆる》しているのに、それでも罪を犯していることに変わりはないとして国家が犯罪者を処罰するのは、本末転倒である、と。

修復的司法の実践例として有名なのは、ニュージーランドの**家族グループ会議**（family group conference）だ。同国の先住民族であるマオリ族は、紛争が生じたときに当事者同士で解決するのではなく、それぞれの、遠い親戚までを含む広い意味での家族が集まって、家族ぐるみで話し合うことによって解決する。家族グループ会議はこれを参考にしたものである。すなわち、罪を犯した少年とその保護者、被害者を含む、少年の処遇について真剣に考える立場にある人たちが、少年司法コーディネーターによって招集される。

家族グループ会議では、少年が自身の罪を告白した後、当該犯行によっていかに辛い思いをしたのかを被害者に話してもらった上で、参加者全員が少年の犯した罪の重大性について意見を述べ合う。意見がまとまったところで、少年と保護者は、別室に移って、家族グループ会議による少年への勧告案を自ら作成する。その内容は、被害者に謝罪の手紙を書く、被害の弁償をする、罪滅ぼしに例えばボランティア活動をするといったものである。勧告案は参加者全員によって承認されることを要する。承認の後、少年が勧告に従うことを約束して、家族グループ会議は終了する。

家族グループ会議では、罪を犯した少年の側に立つ参加者の存在が重要になる。悪いことをしたのを見ず知らずの人から説教されても、あなたの心には響かないどころか、「何を偉そうに」と反発をおぼえることさえある。では、あなたが尊敬ないし信頼する人に「それは悪いことだ」

と深刻な顔で諭されて、さらには、あなたのために被害者に頭を下げてくれたらどうだろうか。あなたは自分のしたことを恥じるだろう。家族グループ会議の狙いはここにある。

第8講　犯罪者を処罰すればそれでよいのか②

犯罪被害者等の支援　わが国で犯罪被害者等への支援が本格化するのは一九九〇年代からだが、それまで被害者等の支援がおこなわれていなかったわけではない。例えば、昭和三〇（一九五五）年に制定された自動車損害賠償保障法は、自動車運転者に自動車損害賠償責任保険（共済）に加入させた上で、人身事故による損害に対して被害者に保険金が支払われる制度である。無免許運転で事故を起こした場合やひき逃げの場合は自賠責保険の対象とはならないけれども、これらの場合には、政府保障事業による損害の塡《てん》補がなされる。

わが国における犯罪被害者等支援の転換点は、昭和四九（一九七四）年の三菱重工ビル爆破事件である。極左暴力集団が東京丸の内の三菱重工東京本社ビルを爆破して、八名が死亡し、約三八〇名が負傷したこの事件では、たまたま現場に居あわせただけで、理不尽にも、あるいは生命を奪われ、あるいは重大な後遺障害に悩まされ、あるいは家計の支えを失い人生を大きく狂わされた人たちがクローズアップされた。

三菱重工ビル爆破事件をきっかけに昭和五五（一九八〇）年に制定されたのが、**犯罪被害者等給付金支給法**である。これは、後でも述べるように、日本国内で人の生命または身体を害する罪にあたる行為（ただし、過失犯を除く）によって死亡し、または、重傷病もしくは障害を負ったことについて、被害者等の申請により、遺族給付金や障害給付金が支給される制度である。なお、日本国外にある日本の船舶または日本の航空機内で上記の被害にあった場合にも適用される。

その後、刑事司法において犯罪被害者等がなおざりにされないようにするための取組みが、国際レベルで推進されるようになる。「犯罪および権力濫用の被害者のための司法の基本原則宣言」（**国連被害者宣言**）が一九八五年に国連総会で採択され、翌年には、国連専門家グループによって、「国連被害者宣言実施のための政策立案者向けガイド、ならびに、国連被害者宣言の活用および適用のための被害者をめぐる司法に関するハンドブック」が作成された。

このような国際的動向に呼応して、わが国でも、刑事司法における犯罪被害者の位置づけがみなおされることになった。まず、平成八（一九九六）年に各都道府県警察で**被害者対策要綱**が制定されて、犯罪被害者への対策が警察の任務であることが確認された。さらに、平成一二（二〇〇〇）年に、犯罪被害者等保護関連二法が成立した。

そして平成一六（二〇〇四）年、**犯罪被害者等基本法**が制定された。同法にもとづき、犯罪被害者等のための施策の総合的かつ計画的な推進をはかるために、翌年、第一次**犯罪被害者等基本計画**が閣議決定された。平成二八（二〇一六）年には第三次基本計画が閣議決定されている。

なお、「被害者等」とは、被害者本人、または、被害者が死亡した場合もしくはその心身に重大な故障がある場合における、被害者の配偶者、直系の親族または兄弟姉妹をあらわす。これは被害者等支援に関連する法令に共通である。

被害者への報復の防止(1)

犯罪被害者に限らず、犯罪に関する情報を提供する者は、犯人から逆恨みされて、嫌がらせや脅迫をうけることもある（いわゆる「お礼参り」）。そこで、**証人等威迫罪**は、刑事事件の捜査・審判に必要な知識を有すると認められる者またはその親族に、事件に関して面会を強要したり、相手方を押さえつけるような態度で談判したり（強談）、威勢を示して畏怖・困惑させたりする（威迫）行為を処罰する（刑法一〇五条の二）。

刑事手続においても、被告人が被害者その他事件の審判に必要な知識を有すると認められる者の身体や財産に害をくわえたり、これらの者を畏怖させる行為をしたりすることを疑うに足りる相当な理由があるときには、保釈は認められない（刑事訴訟法八九条五号）。また、保釈中にそれらの行為をおこなった場合は保釈が取り消される（同法九六条四号）。

公判において、一方の当事者が証人尋問を請求するときは、証人尋問に先立って、証人の氏名および住所を知る機会を相手方に与えなければならないし、証拠書類または証拠物の取調べを請求するときも、あらかじめそれらを閲覧する機会を相手方に与えなければならない（刑事訴訟法二九九条一項本文）。これらは当事者の権利として保障されている。

そのため、証人尋問の場合はもちろん、証拠物や証拠書類も、そこに氏名が記載され、または記録されているせいで、情報提供者がばれることもある。これらの人を、ここでは「証人等」とよぶことにする。

そこで、証人等もしくはその親族の身体や財産に害をくわえ、またはこれらの者を畏怖・困惑させる行為がなされるおそれがあると認められるときは、一方の当事者は、相手方に対してその旨を告げ、これらの者の住居、勤務先その他の居場所が特定される事項が被告人を含む関係者に知られないようにすることその他、これらの者の安全が脅かされることがないように配慮することを求めることができる（刑事訴訟法二九九条の二）。

さらに、検察官は、証人等またはその親族への加害等の行為がなされるおそれがあると認めるときは、弁護人に対しては上記の機会を与えた上で、証人等の氏名または住居を被告人に知らせてはならない旨の条件を付けることができる（刑事訴訟法二九九条の四第一項、三項）。

これらの条件付けの措置によっても上記の行為を防止できないおそれがあるとき、検察官は、弁護人に対しても証人等の氏名または住居を知る機会を与えないことができる。証拠書類や証拠物の場合は、氏名が見えないようにすることができる。ただし、それらの場合、住居に代わる連絡先を知る機会を弁護人または被告人に与えなければならない（刑事訴訟法二九九条の四第二項、四項）。

被害者への報復の防止(2)

平成九（一九九七）年、強姦致傷等の罪で七年間服役した者が被害女性を刺殺するという事件が起こった。被害女性が警察に事件を通報したことに強い恨みをいだき、出所後、同女の住所を突きとめると、凶行におよんだのである。被害者対策要綱が制定された翌年に、お礼参り殺人という最悪の事件が発生した。

そこで、平成一三（二〇〇一）年に、各都道府県警察で**再被害防止要綱**が制定された。これは、加害者から再犯による生命または身体に関する犯罪被害を受けるおそれが大きく、組織的・継続的な再被害防止措置を講じる必要がある犯罪被害者等を「再被害防止対象者」に指定し、状況に応じて身辺警戒やパトロールの強化といった警戒措置をとるとともに、加害者の動向を把握し、必要に応じて、加害者に対する指導警告等もおこなうというものである。

検察官は、再被害を避けるために転居等をする必要があるという理由で、被害者等がとくに希望しており、かつ、犯罪の動機および組織的背景、加害者と被害者等との関係、加害者の言動その他に照らして相当と認めるときには、釈放予定と予定時期を通知する（**出所情報通知制度**）。とくに必要がある場合に、釈放後の帰住予定地を通知することもある。

二次被害の防止(1)

「セカンドレイプ」という言葉がある。強制性交等の性被害にあった女性が、自身の親族・友人を含む第三者から、被害について詳しく話すよう促されたり、心ない発言を耳にしたりして精神的苦痛をこうむることをいう。これは被害者が性犯罪被害をのりこえることの妨げになる。

そこで、捜査段階では、例えば、性犯罪の被害者が事情聴取を受ける際に生じる精神的負担を少しでも緩和するために、男性警察官、女性警察官の双方を性犯罪指定捜査員に指定して、被害者が希望する性別の警察官が事情聴取にあたるようにしている。

公判段階では、証人として供述することにともなう、犯罪被害者の精神的負担の緩和に、**付添人**（刑事訴訟法一五七条の四）の制度が役立つものと考えられる。すなわち、被害者に限らず、証人が、その年齢、心身の状態その他の事情から、法廷で供述することに著しく不安または緊張をおぼえるおそれがあると裁判所が認めるときに、裁判所は、家族や心理カウンセラーといった人を証人のそばに付き添わせることができる。

また、**証人の遮蔽《へい》やビデオリンク方式による証人尋問**も、被告人や傍聴人を見ながら、あるいは被告人や傍聴人に見られながら供述しなくてよいという点で、精神的負担の緩和に役立つことが期待される。前者は、被告人と証人とのあいだに、または、傍聴人と証人とのあいだに、ついたて等を置くものである。ただし、被告人から証人の姿が見えないようにすることができるのは、弁護人が出頭している場合に限られる（刑事訴訟法一五七条の五）。証人の供述時の様子を見ながら尋問をすることができなければ、被告人の証人審問権が十分に保障されないからだ。後者は、法廷とケーブルで結ばれた別室に証人を在席させ、モニター越しに証人尋問をおこなう方法である（刑事訴訟法一五七条の六）。

二次被害の防止(2)

被害者等が情報提供者ないし証人として捜査・公判に協力するかどうかに関わらず、二次被害は生じうる。その最たるものは、新聞・雑誌で被害者の実名入りで事件が報道されて、「被害者に落度があった」とバッシングにあう場合である。男女関係が事件の背景にあったとしても、それはプライバシーに属する。犯罪被害にあったことは、プライバシーを侵害されてよい理由にはならない。なのになぜ、被害者やその遺族は「そっとしておいてください」と乞わなければならないのだろうか。これほど不条理なことはない。

被害者等の名誉または社会生活の平穏に配慮すべく、①裁判所は、事件によっては、被害者等からの申出にもとづき、被害者の氏名および住所その他の、当該事件の被害者を特定させることとなる事項（**被害者特定事項**）を公開の法廷で明らかにしない旨の決定をすることができる（刑事訴訟法二九〇条の二第一項）。

対象となる事件は、不同意わいせつの罪や児童買春、児童ポルノに係る事件のほか、犯行の態様、被害の状況その他の事情により、被害者特定事項が公開の法廷で明らかにされることで被害者等の名誉または社会生活の平穏が著しく害されるおそれがあると認められる事件である。

また、②犯行の態様、被害の状況その他の事情により、被害者特定事項が公開の法廷で明らかにされることにより、被害者もしくはその親族の身体・財産に害をくわえ、または、これらの者を畏怖・困惑させる行為がなされるおそれがあると認められる事件でも同様の決定をすることができる（刑事訴訟法二九〇条の二第三項）。こちらは、被害者等からの申出を要しない。

他方で、証拠調べ請求においてあらかじめ閲覧等の機会を付与したところ、被害者特定事項が明らかになって被告人その他の者に知られることにより、被害者等の名誉または社会生活の平穏が著しく害されたり、被害者またはその親族の身体や財産への加害等の行為がなされたりする場合もありうる。

そこで、検察官は、それらのおそれがあると認めるときには、弁護人に対して、被害者特定事項が被告人その他の者に知られないようにすることを求めることができる（刑事訴訟法二九九条の三）。

被害者等への情報提供　被害者は事件の内容や裁判の結果についておよそ知りえなかったわけではない。裁判は公開されているから誰でも傍聴できるし、すでに確定した事件の訴訟記録は誰でも閲覧することができる（刑事訴訟法五三条）。ただし、訴訟に関する書類は公判が開廷されるまでは公開してはならないので（同法四七条）、不起訴となった事件記録の閲覧はできない。それはともかく、被害者が事件に関する情報を自ら収集することは従来より可能であった。

さらに、平成一二（二〇〇〇）年に「犯罪被害者等の権利利益の保護を図るための刑事手続に付随する措置に関する法律」（**犯罪被害者保護法**）が制定されて、これにより、第一回の公判期日後当該被告事件の終結までの間にも、被害者等が事件が係属している裁判所に申し出て許可を得られた場合に、当該被告事件の訴訟記録の閲覧・謄《とう》写（コピーをとること）も可能になった（犯罪被害者保護法三条）。

問題は、警察の捜査がどこまで進んでいるのか、そもそも捜査をしてくれているのか、検察官はどうして起訴しないのかといったことが被害者に知らされないまま、刑事事件が処理されることにあった。告訴のあった事件は、起訴にせよ、不起訴にせよ検察官は事件処理を告訴人に通知しなければならず、不起訴処分にした場合には、告訴人の請求にもとづき、その理由を告げなければならないというのが（刑事訴訟法二六〇条、二六一条）、唯一の例外だったのである。

そこで、各都道府県警察では、**被害者連絡制度**が設けられた。これは、殺人罪、傷害罪、不同意性交罪等の人身犯罪、および、死亡ひき逃げ事件等の重大な交通事件の被害者等に、事件を担当する捜査員が、刑事手続および犯罪被害者のための制度について情報提供するだけでなく、被疑者を検挙するまでは定期的に捜査状況を連絡する。被疑者を検挙したときは、その旨と被疑者の氏名や年齢、さらに、被疑者の処分状況、すなわち、どこの検察庁に送致されて、どういう処分になったのか、起訴された場合は、どこの裁判所に起訴されたのかを連絡する。

検察庁でも、**被害者等通知制度**が設けられている。これは、被害者、被害者の親族またはこれに準ずる者、目撃者その他の参考人等に対して、事件の処理結果、公判期日、刑事裁判の結果等を通知するというものである。不起訴の場合、不起訴裁定の主文およびその理由の骨子が通知される。

また、有罪判決が確定して、加害者が刑務所に収容された場合には、被害者等通知制度にもとづき、満期出所の予定時期、受刑中の刑務所における処遇状況や、刑務所から釈放（仮釈放を含む）された後には、釈放の年月日等を通知する。再被害防止のための出所情報通知と違って、こちらは特段の理由がなくても、被害者の親族またはこれに準ずる者、目撃者その他の参考人が希望すれば、通知を受けられる。ただし、参考人の場合の通知内容は、満期出所の予定時期および刑務所から釈放（仮釈放を含む）された年月日に限られる。

被害者参加制度

刑事裁判は、検察官と被告人側が相対《あいたい》して裁判官の面前で主張をたたかわせるものであり、刑事裁判においては、被害者は刑事裁判の当事者ではなかった。従来、被害者は、傍聴人の一人として刑事裁判を見届けるほかなかったのである。なお、犯罪被害者保護法二条には、被害者等が優先的に傍聴できるように、裁判長が配慮しなければならないと定められている。

もっとも、だからといって、被害者の存在がまったく無視されていたというわけでもない。被害者等が証人として喚問されたときに、検察官が処罰感情について尋問しないことはないといっていい。また、事実について争いがなくても、被害者等が情状証人として法廷で供述する機会を与えられることも多い。

これにくわえて、平成一二年の刑事訴訟法改正により**意見陳述制度**が導入された（刑事訴訟法二九二条の二）。被害者等が検察官に、被害についての心情その他事件についての意見を述べたい旨を申し出て、これを検察官が裁判所に通知する。証人として供述するのではなく、意見を述べるものだから、反対尋問はおこなわれない。なので、述べられた意見を証拠として採用することはできない。

さらに、犯罪被害者等が傍聴席ではなく当事者席、したがって、検察官の隣に座って、刑事裁判に積極的に関わることができるようにしたのが、平成一九年の刑事訴訟法改正によって新設された、**被害者参加制度**である（刑事訴訟法三一六条の三三以下）。ただし、対象となるのは、殺人罪、傷害罪、危険運転致死傷罪、不同意性交等・不同意わいせつ罪、逮捕・監禁罪等の人身犯罪、過失運転致死傷罪といった犯罪に限られる。

被害者参加人は、公判期日等に出席するだけでなく、証拠調べの請求や論告・求刑などの検察官の訴訟活動に関して意見を述べることができる。その場合、検察官は任意の権限を行使し、または行使しないことについて、検察官は被害者参加人に対してその理由を説明しなければならない。

また、情状に関する事項について証人がおこなった供述の証明力を争うべく、そのために必要な事項についての証人尋問を、被害者参加人が自らおこなうこともできる。

被害者参加人は、意見陳述制度の下で被害についての心情その他事件についての意見を述べるだけでなく、裁判所に申し出て、事実または法律の適用についての意見を述べることもできる。これらの意見を述べるために必要な場合、被害者参加人は被告人に質問をすることができる。

2．証人になるかどうかに関わらず、被害者を保護するもの

刑訴 290 の2　**被害者特定事項秘匿決定制度**

（1）強制わいせつの罪や児童買春、児童ポルノに係る事件

（2）被害者特定事項が公開の法廷で明らかにされることで
　（a）被害者等の名誉または社会生活の平穏が著しく害されるおそれがあると認められる事件
　（b）被害者またはその親族への加害等の行為がなされるおそれがあると認められる事件（3 項）

被害者等の申出にもとづき秘匿決定（1 項）

証拠調べ請求において閲覧等の機会を付与する際に
刑訴 299 の3　検察官は、被害者特定事項が被告人その他の者に知られないようにすることを求めることができる

3．**意見陳述制度**　刑訴 292 の2
被害者等が被害についての心情その他事件についての意見を述べる
→証人ではないので、反対尋問はおこなわれない
cf. 情状証人として供述する場合

4．**被害者参加制度**　刑訴 316 の 33 ～
公判期日等に出席するだけでなく、証拠調べの請求や論告・求刑などの検察官の訴訟活動に関して意見を述べることができる。情状に関する事項についての証言につき、証明力を争うための証人尋問もおこなえる

MEMO10 公判段階における犯罪被害者支援

1．証人・情報提供者（証人等）としての被害者の保護

（1）お礼参りの防止

証人等またはその親族への加害等の行為がなされるおそれがあると認められるとき

刑訴 89- 五　　保釈を認めない

証拠調べ請求において閲覧等の機会を付与する際に

刑訴 299 の2	証人等または親族の安全への配慮を求めることができる
刑訴 299 の4①③	証人等の氏名または住居を被告人に知らせてはならない旨の条件を付けることができる
②④	証人等の氏名または住居を知る機会を与えないことができる

（2）証人として供述することにともなう精神的負担の軽減

刑訴 157 の4　　**付添人**

刑訴 157 の5　　**証人の遮蔽**
刑訴 157 の6　　**ビデオリンク方式による証人尋問**

犯罪被害からの立ち直りの支援⑴

犯罪は被害者に大きな打撃をあたえる。とりわけ人身犯罪は被害者の人間としての尊厳がないがしろにされる行為であり、被害者の心身にあたえる影響は深刻なものになる。例えば、不同意性交の被害にあった直後なのに取り乱していない被害女性を見て、大丈夫だと即断してはならない。これは**解離症状**といって、被害女性は自分が自分でないような感じになって、被害を被害として認識することができなくなっていると考えたほうがいい。この症状が何日も続くと、**急性ストレス症**（Acute Stress Disorder）と診断される。

犯罪被害に限らず、生死に関わるような体験をすることで、強い衝撃をうけた後に生じる精神疾患が、**心的外傷後ストレス症**（Post-Traumatic Stress Disorder）だ。

ＰＴＳＤには次の症状がある。問題の出来事の記憶がトラウマ記憶として残り、自分の意思とは無関係にその記憶が思い出され、そのたびに恐怖や無力感をおぼえる（再体験症状）。当該出来事を思い出させるものを避けたり、思い出そうとしても思い出せなかったり、他人事のように感じたりする（回避・麻痺症状）。強いストレス状態におちいって、ちょっとしたことにも過敏に反応したり、眠れなかったりする（過覚醒症状）。さらに、それまで興味や関心をもっていたことに興味・関心がもてなくなったり、周囲から孤立しているように感じたり、幸福感や優しさの感情がもてなくなったりする（認知と気分の陰性変化）。

また、犯罪被害者の**遺族**には、悲嘆反応が生じることがある。親しい人が突然亡くなると、最初はその事実が受け入れられなかったり、感情が麻痺して悲しいと思わなかったりするけれども、少しずつ死の事実を受け入れるにつれて、悲しみ、怒り、自分のせいで死んだのではないかという罪悪感や自責感、心の支えを失ったことへの不安感といった、様々な感情にとらわれる。

悲嘆反応は、犯罪被害者の遺族に限らず、遺族には誰にでもみられ、時間が経過するとともに落ち着いていくものだが、なかには**遷延性悲嘆症**におちいる者がいる。これは悲嘆反応が通常六か月以上続き、社会生活や日常生活に支障をきたしている状態をいう。

これらには心理学的立場からの専門的なカウンセリングが必要である。そこで、犯罪被害者等がみずから選んだ精神科医、臨床心理士等を受診した際の診察料やカウンセリング料を、初診日から原則として上限三年間、公費により負担する制度が都道府県警察で運用されている。

犯罪被害者からの立ち直りの支援(2)

加害者と被害者のあいだで示談（民事上の争いについての合意）が成立している場合、このことは量刑にあたって被告人の有利に考慮される。にもかかわらず、加害者が合意を誠実に履行しないときには、被害者は加害者に強制執行をかけるところ、そのために改めて民事訴訟を提起しなければならないというのは、被害者にとっては無用の負担である。

そこで、犯罪被害者保護法一九条は、被告人と被害者等が共同して、当該被告事件の係属する第一審裁判所または控訴裁判所に対し、当該合意の公判調書への記載を求める申立てをすることができるという制度を設けた。合意が記載された公判調書には、民事裁判で裁判上の和解が成立したのと同じ効力があたえられる。これを**刑事和解**という。

また、刑事手続と民事手続が分離されるからといって、被告人に有罪判決が言い渡された後に、被害者が民事訴訟を提起して損害賠償を請求しなければならないというのも、被害者にとって無用の負担である。

そこで、犯罪被害者保護法二三条以下に**損害賠償命令制度**が設けられた。ただし、対象となる犯罪は、殺人罪、傷害罪、不同意性交等・不同意わいせつ罪、逮捕・監禁罪等に限られる。なお、危険運転致死傷罪や自動車運転過失致死傷罪が含まれないのは、自動車損害賠償保障法で手当て済みだからである。

被害者等は、刑事裁判の起訴状に記載された犯罪事実にもとづいて、その犯罪によって生じた損害の賠償を請求する。申立てを受けた刑事裁判所は、刑事事件について有罪の判決があった後、刑事裁判の訴訟記録を証拠として取り調べ、原則として四回以内の審理期日で審理を終わらせて損害賠償命令の決定をする。当事者のいずれかから異議の申立てがあったときは、通常の民事訴訟の手続に移る。

犯罪被害からの立ち直りの支援(3)

刑事和解および損害賠償命令は、加害者に被害者の損害を回復するのに十分な資力があってはじめて意味のある制度だが、実際は、加害者側に財産がないことのほうが多い。そこで設けられたのが、**犯罪被害者等給付金**だ。給付金は遺族給付金、重傷病給付金、障害給付金の三つに分かれる。

犯罪被害者等給付金は、あなたが火災にあったときに火災保険金が下りるのと似たようなものだと考えられる。犯罪被害者等給付金と保険の違いは、前者の場合に保険料にあたるのが税金だというだけである。

地域間で犯罪発生率が高い、低いという違いはあるにせよ、犯罪被害にあうリスクをゼロにはできない。それに、そもそも、犯罪が絶対に起こらない社会がよい社会かどうかは疑わしい。なぜなら、そのような社会は、人々の行動を国家が徹底的に監視することで実現されるからだ。

なので、圧倒的多数の人々が犯罪被害にあわずにすんでいるのは、偶々《たまたま》そうなだけであって、私たちは犯罪被害にあうリスクを背負いながら生活している。で、犯罪被害にあった人は自力で立ち直りができないほど深刻な打撃を受けることがある。

そのようなリスクをカバーするために人類が生み出した知恵が、保険だ。みんなでそれぞれ少額の保険料を支払って、万が一、自分が事故にあったときの経済的破滅を回避するのである。事故にあわなければそれに越したことはないのだから、保険金が下りた人に対して「大金をもらってずるい」とやっかむ人はいない。

犯罪被害者等給付金は、かつては犯罪被害者等への見舞い金的なものだとされていたため、支給額も低かったけれども、現在では、被害者等が経済面で立ち直ることができるよう支援するためのものだと解されている。

❖罪を犯した、または罪にあたる行為をした精神障害者の処遇

刑務所の現状

罪を犯して刑務所に入所した人による刑務所体験記にしばしば出てくるのは、軽度の知的障がい者である。「精神上の疾病《しっぺい》又は障害を有するため医療を主として行う刑事施設等に収容する必要があると認められる者」はMの符号で分類されるが、Mに分類される受刑者は、精神疾患をかかえた受刑者のうちのごく一部にすぎない。

もちろん、MやP（「身体上の疾病又は障害を有するため医療を主として行う刑事施設等に収容する必要があると認められる者」）に分類されていなくても、障がいをかかえる受刑者には、必要に応じて福祉的なケアがおこなわれなければならない。そこで、精神疾患、認知症、視覚、聴覚その他の身体障害等の障がいをかかえる受刑者は、集団に編成の上、専用の収容棟に収容される。

従来、そこでは、それらの受刑者が、紙袋に手提げひもを取り付けるといった、簡単かつ生産性のきわめて低い作業に従事してきた。「懲役」である以上、刑務作業をさせないわけにいかなかったからである。すでに述べたとおり、このことは拘禁刑への一本化の理由の一つになった。

なお、近年深刻な問題になっているのが、受刑者の総数は減少傾向にある一方で、受刑者に占める、高齢者や障がい者の割合は大きくなっているということだ。平成の三〇年間で六五歳以上の高齢者率は一・三パーセントから一二・二パーセントに上昇している。いまや、刑務所が半ば福祉施設化しているとまでいわれるようになった。

では、障がい者福祉と刑事司法はどのように連携するのだろうか。以下では、罪にあたる行為をしたが責任無能力のため不起訴または無罪となった場合（**触法精神障害者**）を含む、精神障害者の取扱いについて述べる。

精神保健福祉法による措置入院

「精神保健及び精神障害者福祉に関する法律」（**精神保健福祉法**）には、自傷他害のおそれがあると認められる精神障害者を精神病院に強制的に入院させる**措置入院**の制度が定められている。

ある者が精神障害者だと知った、または、精神障害者ではないかと疑いをもったときには、誰でも、都道府県知事に、その者について指定医の診察および必要な保護を申請することができる（精神保健福祉法二二条）。申請窓口は、最寄りの保健所である。

また、警察官が、職務を執行するにあたり、異常な挙動その他周囲の事情から判断して、精神障害のために自傷他害のおそれがあると認められる者を発見したときは、直ちにその旨を、最寄りの保健所経由で都道府県知事に通報しなければならない（精神保健福祉法二三条）。検察官が、精神障害者またはその疑いのある被疑者について不起訴処分をしたとき、または、同様の被告人について、刑事施設に拘置されないという内容の裁判が確定したときも、すみやかに、その旨を都道府県知事に通報しなければならない（同法二四条）。

拘置所、刑務所、少年院、少年鑑別所等の矯正施設から精神障害者またはその疑いのある者を釈放、退院または退所させようとするときには、矯正施設の長は、あらかじめ、本人の帰住地の都道府県知事に通報しなければならない。

申請、通報等をうけた都道府県知事は、調査のため必要な場合には、精神保健指定医に申請等のあった者を診察させ（精神保健福祉法二七条）、診察の結果、この者が精神障害者であり、かつ、国等が設置した精神科病院または指定病院に入院させなければ、その精神障害のために自傷他害のおそれがあると認めたときには、入院の措置をとる。措置入院には、二人以上の指定医に診察させ、各指定医の診察の結果が一致する必要がある（同法二九条）。

措置入院制度の限界　精神保健福祉法の目的からして、措置入院の制度は精神障害者自身を保護するためのものだけれども、これを保安処分的な制度として運用することも考えられなくはない。

保安処分とは、広い意味では、他人に危害をあたえたり、公共の安全や秩序を乱したりするリスクのある者に対してなされる予防的な行政処分をいう。少年に対する保護処分や、執行猶予中の保護観察も、広い意味での保安処分にあたる。戦前は、反体制的な思想の持ち主や、その疑いのある者を警察（特別高等課。通称、特高）が監視していたが、これも保安処分だ。狭い意味での保安処分は、危険な性格を有する者、とりわけ精神障害者を強制的に隔離することをいう。

現時点で罪にあたる行為をしていなくても、いつか自傷他害におよばないともかぎらない、その意味で「危険な精神障害者」は、治るまで精神病院に入院させる必要がある。現実に罪を犯した、または罪にあたる行為をしたならなおさらだ、と。そのように考える人は、今も少なくないように思われる。

しかし、そもそも、「精神病が治るまで精神病院に入院させる」という考え方は、もはや時代遅れだといっていい。患者を閉鎖病棟に拘禁することで回復が遅れたり、場合によっては病状が悪化したりするからだ。入院が必要なのは、本来は、自傷他害のおそれが具体的に認められる場合だけであって、そのおそれがなければ退院させるべきだ、というのが世界標準である。退院後の生活環境の調整が困難な場合には入院治療はやむをえないとしても、その場合は病棟への出入りが自由の、開放病棟が望ましい。ちなみに、わが国の精神科のベッド数は人口一〇〇〇人あたり二・六床で、この数は断トツ世界一位である。

ともかく、措置入院にいう「自傷他害のおそれ」は具体的なものでなければならない。このため、触法精神障害者が措置入院となっても、急性症状が収まったところで退院し、その後、十分な治療を受けないまま症状を悪化させ、再び罪にあたる行為におよぶリスクがあった。

医療観察法

そしてついに、平成一三（二〇〇一）年、大阪大学教育学部附属池田小学校に男が侵入して児童らを次々と包丁で刺し、児童八名が死亡したという「附属池田小事件」が発生した。犯人は事件の二年前に傷害事件を起こしたものの、責任無能力だったとして不起訴処分となり、措置入院の後、精神病院への入退院をくり返していた。

これを決定的な契機として平成一五（二〇〇三）年に制定されたのが「心神喪失等の状態で重大な他害行為を行った者の医療及び観察等に関する法律」（**医療観察法**）である。

医療観察制度の対象となるのは、殺人、放火、強盗、不同意わいせつ・不同意性交等、傷害にあたる行為である（医療観察法二条一項）。それらにあたる行為をした者が逮捕・送検されたけれども、検察官が不起訴処分とした、または、心神喪失等を理由に裁判所が無罪を言い渡し、もしくは刑を減軽するとした判決が確定した場合、検察官は、医療観察法による処遇の要否および内容を決定するよう、地方裁判所に申し立てなければならない（同法三三条一項）。

この場合、裁判所は審判期日を開かなければならない（医療観察法三九条一項）。審判期日における審判には、原則として、対象者の出席が必要である（同法三七条七項、八項）。対象者および保護者は、弁護士を**付添人**に選任することができるところ（同法三〇条一項）、医療観察法三三条一項の申立てがあった場合において対象者に付添人がないときは、裁判所は付添人を付さなければならない（同法三五条。必要的付添人）。

終局決定は、医療観察法による医療を受けさせるために入院をさせるか（入院決定）、入院によらない医療を受けさせるか（通院決定）、または、同法による医療をおこなわないか（不処遇の決定）のいずれかでなければならない（医療観察法四二条一項）。この決定は、一名の裁判官と一名の精神保健審判員の合議体による（同法一一条一項）。**精神保健審判員**は、厚生労働大臣が毎年、政令で定めるところにより最高裁判所に送付する、精神保健判定医（＝精神保健審判員の職務をおこなうのに必要な学識経験を有する医師）の名簿から、あらかじめ、地方裁判所によって毎年選任される。

終局決定の基礎とすべく、裁判所は、精神保健判定医（またはこれと同等以上の学識経験を有すると認める医師）による鑑定を命じなければならない（医療観察法三七条一項）。この鑑定を円滑におこなうために、終局決定があるまでの間、対象者は病院に入院させられる。入院期間は原則として二か月を超えることができないが、必要があると認めるときは、通じて一か月を超えない範囲で延長をすることができる（同法三四条）。これを**鑑定入院**という。

鑑定を命じられた医師は、当該鑑定の結果に、当該対象者の病状にもとづき、医療観察法による入院の必要性に関する意見を付さなければならない（医療観察法三七条三項）。この意見および対象者の生活環境を考慮して、入院決定等の決定がなされる。

地域社会における処遇

入院による医療は、厚生労働大臣が定める指定入院医療機関によっておこなわれる。**指定入院医療機関**は、一定の基準に適合する国、都道府県または特定地方独立行政法人が開設する病院から指定される。民間の病院では、医療水準にばらつきが生じやすいためである。

医療観察法にもとづく入院患者について、入院を継続させて医療観察法による治療をおこなう必要がなくなったと認められる場合、指定入院医療機関の管理者はただちに地方裁判所に対して退院許可の申立てをしなければならない（医療観察法四九条一項）。入院継続の必要があると認める場合は、原則として六か月ごとに、地方裁判所に対して入院継続の確認の申立てをしなければならない（同条二項）。これらの申立てについての決定も、一名の裁判官と一名の精神保健審判員の合議体による。なお、入院期間の上限は定められていないが、厚生労働省の「入院処遇ガイドライン」によれば、一八か月以内での退院を目指すものとされている。

入院によらない医療を受けさせる決定がなされた、または、入院後、退院を許可された場合、対象者は指定通院医療機関に通院して、入院によらない医療を受ける。**指定通院医療機関**は、基準を満たせば、民間の病院からも指定される。通院期間は原則として三年間で、裁判所は、通じて二年を超えない範囲で、通院期間を延長することができる（医療観察法四四条）。

医療観察法のポイントの一つは、触法精神障害者にただ必要な医療を受けさせるだけでなく、地域社会における処遇を盛り込んだことである。入院によらない医療がおこなわれる場合、保護観察所では処遇実施計画が作成される。**処遇実施計画**には、触法精神障害者の病状や生活環境に応じて、必要となる医療、精神保健観察、援助の内容等が記載される。

このうち**精神保健観察**とは、保護観察所の社会復帰調整官が、指定通院医療機関や自治体に報告を求めるなどして、対象者が必要な医療を受けているか否か、および、対象者の生活状況を見守り、継続的な医療を受けさせるために必要な指導その他の措置を講じるものである。

さらに、地域社会における処遇を進める過程では、保護観察所と指定通院医療機関、精神保健福祉関係の諸機関の各担当者による**ケア会議**が開催されて、処遇を実施する上で必要となる情報を共有するとともに、処遇方針の統一がはかられる。ケア会議には、場合によっては触法精神障害者本人やその家族等も参加することがある。

MEMO 11 医療観察法

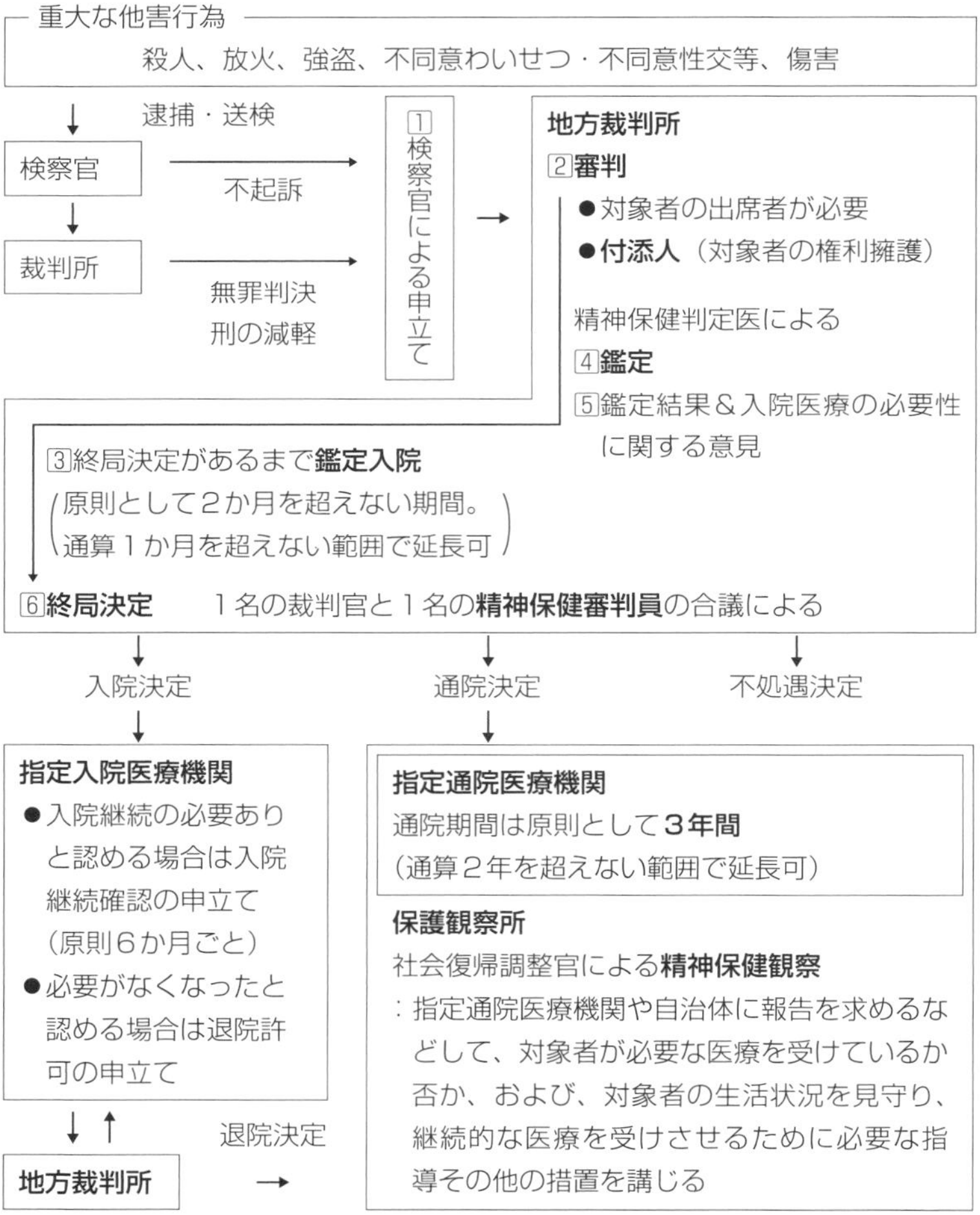

更生支援コーディネーター

医療観察制度の対象は、殺人、放火、強盗、不同意わいせつ・不同意性交等、傷害にあたる行為をしたけれども、不起訴処分になったり、心神喪失等を理由に無罪を言い渡された、または刑を減軽された場合に限られる。したがって、精神障害者がそれらの罪にあたらない行為をした場合、および、それらにあたる行為をしても、起訴されて、かつ、裁判で心神喪失等が認められなかった場合には、医療観察制度は適用されない。

医療観察制度の対象者が限定されるのは、本人にとって利益であるとはいえ、対象者は必要な治療を受けることを強制されるからである。とりわけ入院による治療は、人身の自由の重大な制限にあたる。だから、医療観察法は適用対象者を一定の犯罪に限定したのである。

でも、医療観察制度の対象であろうとなかろうと、罪を犯した、または罪にあたる行為をしたのが精神障害者であることに変わりはない。そこで、医療観察制度の対象にならない精神障害者についても、刑事司法と障がい者福祉の連携が模索される。

医療観察法手続を含め、刑事司法と障がい者福祉の連携に大きな役割をはたすことが期待されるのが、**更生支援コーディネーター**だ。罪を犯したとされる者に精神の障害がある、またはその疑いがある場合、担当弁護士は更生支援コーディネーターに**更生支援計画書**の作成を依頼する。

依頼された更生支援コーディネーターは、勾留中の被疑者・被告人と接見したり、家族等から事情を聞いたりして得た情報をもとに、精神障害の有無ないしその程度や障害の特性、ならびに、再犯可能性および犯罪からの立ち直りの観点から必要な支援についての**アセスメント**をおこなう。その上で、具体的な支援計画案を検討するとともに、受入れ先を確保する等、支援体制を構築する。そうして作成されるのが更生支援計画書だ。

更生支援計画書は、起訴前の段階では担当弁護士から検察官に、起訴後は弁護人から裁判所に提出される。後者の場合、裁判所はこれを情状証拠（量刑判断に用いられる証拠のこと）として取り調べる。更生支援コーディネーターが出廷し、更生支援計画書の内容について証人尋問を受けることもある。

第２編

刑法総論

第9講　なぜ、あるいは何のために国家は刑罰を科すのか

刑法解釈の出発点

現行刑法において、刑罰とはどのような制度であるか、犯罪者がどのように処遇されるのかは先に概説したが、そもそもの問題として、どうして刑罰という制度が存在するのだろうか。あるいは、何のために刑罰という制度が存在するのだろうか。これを議論するのが、**刑罰理論**である。

考えてみると不思議ではないだろうか。刑罰は大昔から、また洋の東西を問わず、内容は違えど、いつでも、また、どこでも存在してきた。刑罰というものがどこかで発明されて、それが世界中に伝播していったとは考えにくい。刑罰はどの民族・集団にでもあらわれて、しかも、私たちはその存在を当たり前であるかのように受け止めるものなのだ。

けれども、刑罰は、それ自体としては、あるがままに受け止めるのにあまりにも厳しい制度である。大昔の刑罰はもちろんのこと、現行刑法においても、財産、自由、さらには（苦痛をあたえないようにするとはいえ）生命までも奪うのだから、「刑罰は刑罰だ。死刑は死刑だ。それで何がいけないのだ」などとは、とてもいえないだろう。

生命、財産、自由は、個人が幸せに生きるためになくてはならないものといってよく、現に、憲法はこれらについての権利を基本的人権として保障している。では、刑罰だったらどうして国

家は個人の生命、財産、自由を奪えるのだろうか。この点ですでに、刑法を学ぶ者にとって刑罰理論を避けては通れない。

それだけでなく、刑罰理論は「刑法学の基幹である」といっても過言ではない。というのも、刑法解釈の基本は、制度趣旨、すなわち、「どうして、そのような制度が設けられたのか」に立ち返ることにあるからだ。

例えば、ある行為が殺人にあたるかどうかは、「刑法一九九条にいう『人を殺した』とはどういうことか」の解釈によるが、その答えは国語辞典を引いても出てこない。刑法は、殺人を犯罪として処罰するところ、この社会には処罰されるべき殺人と処罰されるべきでない殺人とが存在する。そうだとすれば、刑法一九九条にいう「殺人」には後者が含まれないように解釈する必要がある。刑法学ではこのように考える。

では、「処罰する」とはどういうことなのだろうか。犯罪者を刑務所に入れることに何の意味があるのだろうか。この問いへの答えによって「処罰されるべき行為」のとらえ方は違ってくる。刑法学が「どんなときに犯罪は成立するのか」を議論するとき、その根底には、「国家はなぜ、あるいは何のために刑罰を科すのか」という究極の問いが横たわっているのである。

応報刑論と教育刑論

日本の民話に「花咲かじいさん」というのがある。拾ってきた犬を大切に育てていた老夫婦が、「ここ掘れワンワン」とその犬が吠えるので畑を掘ってみたら、そこには大判小判が埋まっていた。これを見た隣の欲深い老夫婦はその犬を無理やり引き取り、ろくに面倒もみないで財宝探しに犬を連れ出したが、大判小判どころかガラクタばかり。要するに、犬を大事にした老夫婦は利益を得て、犬を粗末に扱い、あげく殺してしまった隣の老夫婦には害悪がもたらされたという話である。

応報とは、「善をなせば利益をもって報いられ、悪をなせば害悪をもって報いられる」ということだが、ここにいう善と悪の区別は道徳の問題である。道徳の世界では、人間には誰にでも、**良心**という心の働きがそなわっていて、したがって、誰もが、自らの良心に従って「人として正しいこと」と「人として間違っていること」を区別することができるものだとされる。

嘘をついたり、あるいは人を傷つけたりしたとき、血のかよった人間だったら、かならず良心の呵責《かしゃく》を感じるはずだ、と。小・中学校で教わる「道徳」の教科書で、良心の呵責に悩む生徒の話を読んだことがあるかもしれない。

応報の思想にもとづいて、「犯罪という過去の悪行に対し、それに相応する害悪をもって報いるために、国家は刑罰を科す」と考えるのが、**応報刑論**だ。応報刑論によれば、善いことをすれば、それに相応する利益をもって報いられ、反対に、悪いことをすれば、それに相応する害悪をもって報いられるのが正義であり、したがって、刑罰とは正義の実現なのだとされる。刑法によって処罰される行為をみてみると、たしかに、殺人、傷害、窃盗に詐欺と、道徳的にみて間違った行為ばかりなので、これはこれで一つの考えではある。この応報刑論が伝統的見解とされる。

ところが、応報刑論に対しては、ヨーロッパではとくに十九世紀後半から強い疑問が向けられるようになった。「害悪」といっても、この時代にはもう、腕を切り落としたり、鼻を削《そ》いだりするようなことはおこなわれなくなっており、犯罪者の多くは監獄に収容されるようになっていた。で、刑期を終えて監獄から出てきた人が再び犯罪をして監獄に逆戻りをすると、「ただ自由を奪うだけの刑罰は無意味なのではないか」という疑問が出てくる。

しかも、当時のヨーロッパは貧富の差が激しい上に、家計に余裕がなければまともな教育を受けられなかった。その結果、監獄に収容されていた犯罪者は、字もろくに読めない貧困層ばかりだったのである。このため、社会政策の貧弱さが犯罪者を生み出し、治安を悪化させているという批判が強くなった。

こうして応報刑論への有力な反対説となったのが、**教育刑論**である。教育刑論は、「犯罪者を改善・教育して、再び犯罪をしないようにするために、国家は刑罰を科す」と考える。人間が犯罪をするのは、自堕落な生活をおくっているうちに社会に適応できなくなったためだから、刑務所内で健全な生活をおくらせて、社会に適応できるようにして社会に帰してやれば、再び罪を犯すことはないだろう。そのために、国家は個人に刑罰を科すのだ、と。

旧刑法

現行刑法が制定されたのは、明治四〇（一九〇七）年のことであるが、現行刑法は、結論からいえば、基本的には応報刑論に立ちながらも、当時ヨーロッパの「新派《しんぱ》」とされていた教育刑論からの主張を随所に取り入れている。

先代の刑法は、現行刑法が制定された今では**旧刑法**とよばれる太政官布告である。

維新後、明治新政府は、徳川幕府が欧米列強と結んだ不平等条約の改正に取り組んだ。大問題だったのが、自国の産業を保護するために外国製品に関税をかけることができる関税自主権がなかったことと、**領事裁判権**といって、日本国内で例えばアメリカ人が犯罪をした場合に、日本の裁判所ではなくアメリカ領事が裁判をするということだった。

領事裁判権の撤廃のためには、ヨーロッパ諸国の刑法に劣らない「文明化された」刑法がなければならない。というわけで、明治政府はフランスから**ボアソナード**という法学者を招き、わが国最初の西欧型近代刑法をこしらえた。旧刑法が公布されたのは明治一三（一八八〇）年である。

ところが、わが国で旧刑法は制定当時から評判がよくなかった。まず、「国家が刑罰権を濫用しないように法律によって制限する」という西欧近代刑法の理念自体を理解できない人が少なからずいた。お上が悪者を懲らしめるのをどうして制限されなければならないのか、と。これはともかくとして、旧刑法が寛刑《かんけい》主義、すなわち、軽い処罰にとどめる方針だったことに対しても、当時治安が悪化していたこともあって、「犯罪者に甘いのではないか」との懸念をもたれた。もちろん、新派を自称する人たちからは時代遅れだと批判された。

教育刑論の現行刑法への影響

その後、条約改正交渉がようやく実を結び、明治二七（一八九四）年の日英通商航海条約を皮切りに、列強各国の領事裁判権が撤廃されていった。旧刑法はその施行直後からすでに改正作業が進められていたが、条約改正後に作業が一気に本格化する。

現行刑法が新派刑法学の主張を取り入れたのは、例えば次の点である。

第一、法定刑の幅を広くしたこと。例えば、刑法一九九条の殺人罪の法定刑は、死刑から無期拘禁刑、五年以上二〇年以下の拘禁刑まである。これは、行為者の性格によって、同じ行為でも、改善・教育に必要なだけ刑務所に長く入れたり、あるいは死刑にしたりすることもできるよう、逆に、改善・教育の必要が少なければ、そんなに長くは刑務所に入れないという選択もできるようにするためである。

第二、執行猶予や仮釈放の制度を設けたこと。新派刑法学が問題にしたのは、「**短期自由刑の弊害**」とよばれるものである。犯罪者を改善・教育するには、ある程度の期間刑務所に入れることを要する。一年くらい刑務所に入ったところで改善・教育には不十分などころか、雑居房で他の犯罪者と一緒にいるうちに感化されて、犯罪傾向が逆に進んでしまうことさえある。だから、短期の自由刑は避けたほうがいい、と。刑の全部の執行猶予制度はこの主張を受け入れたものである。また、刑務所に入っている者でも、もうこれ以上改善・教育する必要がなければ、刑務所から出してもいいのではないか。というわけで、仮釈放制度が設けられた。

第三、累犯《るいはん》加重や常習犯の規定を設けたこと。刑法五六条一項には、「拘禁刑に処せられた者がその執行を終わった日又はその執行の免除を得た日から五年以内に更に罪を犯した場合において、その者を有期拘禁刑に処するときは、再犯とする。」、五七条には「再犯の刑は、その罪について定めた拘禁刑の長期の二倍以下とする。」、さらに、五九条には、「三犯以上の者についても、再犯の例による。」と書いてある。罪を犯して拘禁刑に処せられた者が一定期間内に再び犯罪をした場合を**再犯**、再犯として拘禁刑に処せられた者が一定期間内にまた犯罪をした場合、以下くり返し、の場合を**累犯**という。

常習犯とは、特定の犯罪行為をくり返しておこなう習癖（**常習性**）のある者がその発現として特定の犯罪をした場合である。例えば、ばくち癖のある者が賭博《とばく》をした場合、常習賭博罪（刑法一八六条一項）により三年以下の拘禁刑と、通常賭博罪（五〇万円以下の罰金または科料。刑法一八五条）よりも重く処罰される。

同じことをしても、かつて拘禁刑に処せられただとか、常習性があるだとかという理由で刑務所に入れられる期間が長くなるのは、改善・教育にかける期間を長くするためである。

その後、令和四（二〇二二）年の改正により、これまで監獄法、およびその後の刑事収容施設法には規定されていた矯正指導が、刑務作業とならぶ拘禁刑における施設内処遇であることが、刑法一二条三項によって規定された。同条では、刑務作業も矯正指導も犯罪者の「改善更生を図るため」のものだとされている。

抑止刑論　応報刑論とも教育刑論とも異なる刑罰理論が、**抑止刑論**である。抑止刑論は、「社会一般の人々に犯罪をさせないようにするために、国家は刑罰を科す」と考える。

特別予防と一般予防という言葉があるが、**特別予防**は、犯罪者に対して再び犯罪をさせないようにすること、**一般予防**は、社会一般の人々に対して、同様の犯罪行為をさせないようにすることである。教育刑論が刑罰の特別予防効果に着目するのに対して、抑止刑論は、刑罰の一般予防効果に着目する。

教育刑論、抑止刑論とも、刑罰は犯罪のない社会をつくるための手段だと考える点で、正義のために刑罰が科されなければならないと考える応報刑論と根本的に違う。教育刑論と抑止刑論にとっては、「何のために刑罰を科すのか」が重要なのであって、犯罪のない社会をつくるために必要でなければ、刑罰を科すのはむしろやめておいたほうがいいとされる。この考え方を**目的刑主義**という。

さて、抑止刑論のポイントは、「放っておくと人間は犯罪をするものだ」という前提に立つところにある。応報刑論からはそのように考えることはない。なぜなら、人間には誰でも良心があって、良心の働きに従えば、犯罪、すなわち悪を避けることは可能だからである。実際、犯罪をするような人はごく少数である。圧倒的多数の人は、せいぜい万引きをしたことがあるというくらいで、大きな犯罪をすることない人生をおくる。応報刑論にとっては自然なことだけれども、抑止刑論にとっては、それは国家刑罰権が存在するおかげでもあるとされる。

抑止刑論の右前提を受け入れるとして、ではどうして人間は放っておくと犯罪をするのだろうか。人はなぜ犯罪をするのかを探究する学問は**犯罪学**といって、いろいろな犯罪学説がとなえられているが、刑法学の世界では、大きく分けて二つの仮説が立てられる。

威嚇刑論

第一の仮説は、人間は損得勘定で動くというものだ。例えば、いま喉がかわいているところ、コンビニエンスストアに行けば一〇〇円で水が買えるとする。このとき、喉のかわきを水で潤すことによって得られる利益（快）と、一〇〇円を失うという不利益（苦）を天秤にかけて、快のほうが上回れば、水を買うという選択をする。

さて、ここでもう一つの選択肢がある。万引きをすることだ。この場合、一〇〇円を失うという苦がなくなって、快の丸儲けだ。だから万引きをしよう。というふうに、人間は、快が苦を上回れば、たとえ犯罪であろうとも、それを選択するものだという仮説を立てる。

この仮説の下で「犯罪のない社会をつくる」には、犯罪行為を選択することによって得られる快を上回る、あるいは、せめて快が帳消しになる苦があればいい。刑法二三五条によれば、万引きをしたら、一〇年以下の拘禁刑または五〇万円以下の罰金が科せられる。万引きは明らかに割にあわない。このようにして、犯罪行為をしないようにすることが可能だというわけである。

このように考えるのが、威嚇《いかく》刑論だ。**威嚇刑論**は、犯罪行為により得られる利益（快）を上回る不利益（苦）をもって、社会一般の人々に犯罪行為をしたいと思わなくさせるために、刑罰を科すべきだと考える。
威嚇刑論は、近世が終わりにさしかかった頃のヨーロッパにおいて、刑罰制度の合理化の思想として有力に主張された。わが国がそうだったように、中・近世のヨーロッパでも犯罪は過酷《かこく》なほど重く処罰されていた。例えば、羊を盗めば死刑に処せられた。これに対して、威嚇刑論はその必要はないと批判する。羊を盗むことによって得られる快を少し上回る苦をあたえるだけでも十分ではないか。死刑にするのは必要以上の刑罰である、と。

ただ、万引きをするかどうかの意思決定をおこなう際に快と苦の天秤にかけるのだとしても、この時点では刑罰はまだ科されていない。刑法二三五条に「処罰する」と定められているのを知って、万引きは割に合わないと判断しているにすぎないのだ。

そこで、威嚇刑論には次の疑問が向けられる。威嚇刑論が語っているのは、刑罰そのものというよりかは、刑罰を科すぞと予告している刑罰法規の心理的作用ではないのか。刑罰を科すぞと脅しておきながら実際には処罰しないのだとすれば、「なんだ、こけおどしじゃないか」とみくびられるから、そうならないように刑罰を科すのだとの主張にとどまるのではないか、と。

積極的一般予防論

第二の仮説は、人間は規範意識によって逸脱行動を選択しないようになっているというものだ。規範意識という言葉はいろいろな意味で使われるけれども、ここでは便宜上、良心とは別ものとして用いることにする。

例えば、横断歩道が赤信号なので、別に何の気なく立ち止まり、青信号になるのを待っている。周りの人も同じで、中には、急いでいるのか、いらいらしながら待っている者もいる。左右を見渡したところ、こちらにやってくる車は一台もない。車がやってこないのにどうして私たちは信号無視をしないのだろうか。これに一つの説明をあたえるのが、規範意識だ。

この社会では、子どもは親によって育てられるし、小学校・中学校にも通う。学校では勉強だけでなく、先生との関係、生徒同士の付き合いもある。子どもは、親や学校の先生に叱られたり、クラスで仲間外れにならないように気をつかったりしながら、何をやってはいけないかをおぼえていく。「しつけ」という言葉は、犬や猫を飼いならすときに使う言葉だろうが、「子どもをしつける」のも犬や猫のそれと同じで、しくじるたびに叱られていると、やがて子どもは叱られるようなことをしなくなる。

このようにして、人間は集団生活に順応していく中で、皆がやらないことは自分もやろうとは思わなくなる。これが**規範意識**である。

規範意識は良心と似て非なるものだ。私たちが「人間には良心がある」と信じているのはある種の幻想であって、単に集団生活に順応しているにすぎないのを自分が道徳人であるかのように思いなし、逸脱行動をとった人に対して「お前は人として間違っている」と人格否定しているだけなのではないか。と、このように冷めた目でながめる。

規範意識は、集団の成員が逸脱行動をとることで動揺する。さっきの例で、信号待ちをしているときに横断する人が出ると、他の人がそれに釣られて信号無視をすることがある。

　集団生活への順応とは、要するに、他の人たちのまねをするということだ。深層心理において「信号を渡りたい」という欲求が規範意識によって抑えつけられていたため、この欲求を意識さえしなかった。ところが、深層心理における「渡りたい」という欲求を実行に移した人がいると、「自分も渡っていいのではないか」と思うようになる。「渡らない」のが他人のまねなら、「渡る」のも他人のまねなので、そっちの方向に傾いてもおかしくない。渡るのをまねする人が出てきたらなおさらだ。

　そこで刑罰の出番である。逸脱行動について、それを「やってはいけない」と思っている人々は、相応する害悪がくわえられることを「当然の報いだ」とも思っている。この、素朴な応報感情を利用して、犯罪に見合った刑罰を科す。そのことを知った人々は「やっぱりやってはいけないのだ」と、問題の行為を禁止する規範が妥当していることを改めて確信する。

　以上が**積極的一般予防論**である。まとめると、「犯罪行為に相応する害悪を犯罪者にくわえることによって規範意識の動揺を鎮め、そうすることで社会一般の人々に犯罪行為をしたいと思わなくさせるために、刑罰が存在する」との主張になる。

戦後刑法学の対立軸　戦後の刑法学は、応報刑論をとるのか、それとも抑止刑論をとるのかで二分されるようになった。教育刑論はどうかというと、そもそも現行刑法は教育刑論の主張も取り入れているのだから、これを排除するわけにはいかない。そこで、応報刑論からも抑止刑論からも、教育刑論との統合が試みられる。

応報刑論からは、過去の悪行としての犯罪に相応する刑罰といっても、「何年の拘禁刑」というようにピンポイントで定まるわけではなく、何年から何年と幅をもって定められて、その範囲内で犯罪者の改善・教育がはかられるのだとされる。これを**相対的応報刑論**という。

他方、抑止刑論はそもそも刑罰の特別予防効果を否定するものではないから、一般予防効果と特別予防効果の双方を考慮しながら、自由刑だったら何年の刑が適切かを考えればよいだけのことだ。

正義を実現するために国家は個人に刑罰を科さなければならないという応報刑論の考え方は、一九六〇年代後半くらいから厳しい批判を浴びるようになる。

応報刑論は、国家が道徳的な意味での正義を体現する存在であるという国家観、すなわち、**道義国家観**を前提とする。そうでないと、国家が行為者を処罰しても正義の実現にならない。では、何が善で、何が悪かを国家は正しく判断できるのだろうか。そのような存在であることを信じて疑わないのならば、国家のすることはすべて正しいことになるが、ほんとうにそれでよいのか。むしろ、国家は道徳とは無縁の、単なる権力機構としてとらえるべきではないか、と。

応報刑論に対する批判の原動力となったのが、リベラリズムだ。**リベラリズム**とは「何が善かは、その人自身が自ら合理的に判断して決めることであって、他の誰かが押しつけてはならない」という倫理思想が政治原理へと展開したもので、個人が幸せに生きるためには、「他者の干渉を受けない」という意味での自由領域が最大限確保される社会が望ましいとする。

ちなみに、紛らわしい言葉遣いだけれども、いわゆる「リベラル」とリベラリズムは区別される。リベラルというのは、価値観の多様性を認める態度を意味し、現代では、とくに体制側の政治信条（保守主義）に対抗する人たちを「リベラル陣営」とかといったりする。ところが、この陣営も一定の価値観には立っており、中には、リベラルを自称しながら自らの信条を押しつけてくる人もいる。そうすると、「リベラルって何なの」という話になる。

ともかく、刑法は最低限のモラルを強制するものだとする応報刑論の認識に、リベラリズムを掲げる人たちは反対した。それによれば、モラルなどというものは伝統的な価値観にすぎず、応報刑論は、国家による伝統的な価値観の押しつけを肯定する考え方にほかならない。リベラリズムの下では、刑法は「他者に危害をくわえてはならない」という**危害原理**にもとづき、他者に著しい迷惑をかける行為だけを処罰すべきだ、というのである。

MEMO 12 **刑罰理論**

刑罰理論　国家刑罰権の存在理由をめぐる議論

応報としての刑罰には幅があり、その範囲内で犯罪者の改善教育がはかられる（**相対的応報刑論**）

1．応報刑論

犯罪という過去の悪行に対して、それに相応する害悪をもって報いるために、国家は刑罰を科す

2．教育刑論

犯罪者を改善・教育して、再び犯罪をしないようにするために、国家は刑罰を科す

＊教育刑論の主張が取り入れられたもの

（a）法定刑の幅を広くしたこと

（b）執行猶予や仮釈放

（c）累犯加重や常習犯の規定

刑 12③　拘禁刑に処せられた者には、改善更生を図るため、必要な作業を行わせ、又は必要な指導を行うことができる

3．抑止刑論

社会一般の人々に犯罪行為をしたいと思わなくさせるために、国家は刑罰を科す

（1）威嚇刑論　犯罪行為によって得られる利益を上回る不利益を犯罪者に科す

（2）積極的一般予防論

犯罪行為に相応する害悪を犯罪者にくわえることで、規範意識の動揺を鎮める

刑罰の一般予防効果と特別予防効果の双方を考慮（**予防型の統合説**）

相対主義のすすめ

「モラルなんて保守派の価値観でしかない」と断言していいかどうかはともかく、犯罪者を道徳的に非難するということが強い意味をもつのは確かである。先に述べたように、道徳は「人間には、人として何が正しいかを判断する心の働きが備わっている」という前提に立つので、道徳的判断を間違えた人に対する非難は「お前は人として間違っている」という人格否定になりやすい。自分は偉いと思っている人ほど、道徳を振りかざして他人の間違いを頭ごなしに責め立てるものだ。モラルハラスメントはこうして起こる。

応報刑論を支持するにしても、罪を犯した人に対する不寛容に陥ってはならない。寛容の欠如は、「彼らもまた自分たちと同じ血のかよった人間である」という真実をたやすく見失わせるものだからだ。

他方で、応報刑論には道義国家観に立つがゆえの説得力がある。抑止刑論からの批判は「国家が道義を体現するというのはおかしい」とするものだが、これは応報刑論の前提とは異なる。道義国家観によれば、良心をもった存在である国民一人一人によって市民社会が、そして国家は成り立っている。国家に従わなければならないのは、個人が自らの良心に照らして正しいと判断せざるをえない場合だけであり、その場合は人として正しい選択なのだから、むしろ従わないほうがおかしいことになる。

なので、リベラリズムによって基礎づけられた抑止刑論に対しては、応報刑論からは次の批判が向けられる。人々が道徳問題を棚上げにして、国家の命じるままに行動させられるような社会が、真に「自由な社会」といえるのか。国家の言いなりになる代わりにプライベートは自由にしていいのだとしても、それでほんとうに幸せなのか、と。

要するに、どちらかが絶対的に正しくて、どちらかが絶対的に間違っているというわけではないのだ。戦後になって道義国家観は過去のものになっただとか、応報刑論はリベラルな社会では維持できないという認識があるとすれば、その認識は不当ではないかと思う。

物事のこういう見方を**相対主義**というが、さしあたっては相対主義的に、自分と異なる意見の人と向き合い、どうしてお互いの意見が異なるのかを考えてみてはどうだろうか。そうすることで、自分が何を信じているのかがはっきりしてくるとともに、相手の立場もそれなりに正しいことがわかる。お互いを尊重することはそこから始まるのであって、だからこそ、立場の異なる人同士で議論することに意味があるのだ。

応報刑論からの理論的帰結

さて、応報刑論からは犯罪の成立要件はどのようにとらえられるのだろうか。応報刑論は、犯罪を過去の悪行とみるが、ここでいう「悪」とは、道徳的に正しくないことをあらわす。それに対する報いとして刑罰が行為者に科されなければならない、ということだった。

したがって、国家は問題の行為がどういう点で「間違っている」として刑罰を科すのか、難しくいえば、問題の行為の何が国家刑罰権の発生を積極的に基礎づけるのかという問いに対しては、「その行為は道徳的に間違っているからだ」という答えになる（**行為の反道徳性**）。

すなわち、行為の時点で行為者に向けて「やってはいけない」という行為規範が定立されるところ、その行為規範は、「人を殺してはいけない」とか、「人の物を盗んではいけない」といった、人として当たり前のことによって基礎づけられる。なので、従わないという選択が正しいわけがない。

有責性について、応報刑論からは**他行為可能性**、すなわち、問題の行為をしないという選択が可能だったことが、有責性の本質だとされる。

これも道徳というキーワードから導き出される。先に述べたように、自らの良心に従い、「人として正しいこと」と「人として間違っていること」を区別することは誰でもできる、というのが道徳の前提だ。

問題の行為が道徳的に間違った行為である以上、自分が何をやっているのかを正しく認識しさえすれば、「やってはいけないから、やめておこう」と、適法行為を選択できるはずである。したがって、他行為可能性があったにもかかわらず道徳に反する行為をした者は道徳的判断を間違えたことになる。なので、刑罰を科されてもやむをえないという事情が行為者の側に存するというわけである。

抑止刑論からの理論的帰結

これに対して、抑止刑論からは犯罪の成立要件はどのようにとらえられるのだろうか。抑止刑論は、刑法を道徳の問題から切り離してとらえる。すなわち、犯罪とは、法的に保護された財や利益である法益を侵害することだというのである。もっと端的に、社会で取り決められた基本的ルールに違反することだという人もいる。刑罰は、人々にそのような行為を「したい」と思わせなくするための手段である、ということだった。

国家は問題の行為がどういう点で「間違っている」として刑罰を科すのか、問題の行為の何が国家刑罰権の発生を積極的に基礎づけるのかという問いに対しては、「その行為によって法益が侵害されたり、危険にさらされたりしたことだ」という答えになる（**行為の法益侵害性**）。しかも、「今後、同様の行為をさせないため」に刑罰を科すのだから、裁判の時点で人々に対して行為規範をあたえるべきかどうかの問題になる。

ところが、応報刑論からも、国家刑罰権の発生を積極的に基礎づけるにあたって問題の行為の法益侵害性を考慮することは可能である。なぜなら、「人を殺すな」とか「人の物を盗んではいけない」といった、刑法によって強制される諸々の道徳規範は、「法益を侵害したり危険にさらしたりするな」という抽象的な道徳規範を法益ごとに具体化したものであると解されるからだ。

したがって、ここでの実質的な対立点は、法益侵害またはその危険の惹起を禁止する行為規範が行為者にあたえられるのか、それとも、裁判時における一般人にあたえられるのかに帰着することになる。

有責性については、抑止刑論からは**規範的動機づけ可能性**、すなわち、問題の行為を「しない」という適法行為が法によって動機づけられえたことが、有責性の本質だとされる。「動機づけられえた」ということに注意してほしい。というのも、損得勘定によるにせよ、規範意識によるにせよ、それらが正常にはたらけば、人は犯罪をしない。犯罪をしたということは、損得勘定や規範意識が、行為者には少なくとも正常に働かなかったということなのだ。

積極的一般予防論からは、行為者に普通の人と同様に規範意識がはたらきえたのならば、刑罰を科さないとまねする人が出てくることが懸念される。逆に、例えば統合失調症の患者が人を殺したとしても、多くの場合、人々の規範意識は動揺しないだろう。なぜなら、「この人は自分たちとは違う」と思うからである。

したがって、積極的一般予防論にとって有責性は、「普通の人だったら問題の行為をしようとは思わないかどうか」によって判断される。「普通の人」というのは、正常に規範意識がはたらく人のことで、これを**法的に誠実な人**といったりする。法的に誠実な人だったら正常に規範意識がはたらくという場合に、同様の条件下にある行為者にも規範意識は正常にはたらきえたのだから、刑罰を科されてもやむをえないというわけである。

第10講　罪刑法定主義

罪刑法定主義とは　何をしたら犯罪が成立して、犯罪が成立したらどのような刑罰が科されるのかは、行為の時点ですでに、法律で定められていなければならない。これが、**罪刑法定主義**という刑法の大原則だ。

罪刑法定主義は、次の二つの原則に分かれる。

第一、何をしたら犯罪が成立して、犯罪が成立したらどのような刑罰が科されるのかのルールは「法律」という形式で存在していなければならない。この原則を**法律主義**という。もう少し難しく表現すれば、「犯罪と刑罰に関する法の法源は法律に限られる」というものである。

法の存在形式を**法源**という。私たちの身の回りにはいろいろなルールがある。例えば、朝起きたら家族に、また、学校で先生に会ったら「おはようございます」と挨拶をしましょう。これも一種のルールだ。嘘をついてはいけないとか、他人《ひと》様に迷惑をかけてはいけない、というのは、道徳的なルールでもある。でも、これらのルールは「法」ではない。

法とは何かを定義するのは難しいが、少なくともそれは、裁判所が任意のルールを適用して紛争を処理するに際し、当該ルールについて「これは法だ」といえるものでなければならない。そこで、次のことが問題になる。すなわち、あるルールが「法」として存在するには、それがどういう形で存在していなければならないのか。法律学では、これを「○○法の法源は何か」と表現する。

第二、何をしたら犯罪が成立して、犯罪が成立したらどのような刑罰が科されるのかのルールは行為の時点ですでに定められていなければならない。したがって、問題の行為を処罰する法律が行為後に制定されても（**事後法**）、さかのぼって適用されることはない。この原則を**遡及処罰の禁止**という。

遡及処罰の禁止については、憲法三九条前段に、「何人も、実行の時に適法であつた行為（中略）については、刑事上の責任を問はれない。」と書いてあるので、これが根拠条文になる。

法律主義について直接規定した条文は憲法にないが、憲法三一条を根拠条文とするのが刑法学では一般的である。憲法三一条は、刑罰を科すには「法律の定める手続」をふまなければならないと定めているところ、刑事手続法が法律の形式で定められていなければならないのだったら、どういう場合に刑罰権が発生するのかという実体法も、なおのこと法律の形式で定められていなければならないと解釈するのだ。

近代市民革命

罪刑法定主義は近代刑法の出発点だといわれる。もっとも、書かれていない法や公布されていない法によって判決をしてはいけないということは、中・近世のヨーロッパでもいわれていた。つまり、罪刑法定主義は、近代ヨーロッパ人にとっての

「刑法はこうあるべきだ」という理想と強く結びついた原則なのだ。

ヨーロッパにおける近世から近代への転換点は、フランス革命（一七八九年）である。

ヨーロッパはもともと厳しい階級社会だった。諸侯（貴族）が領地をもち、国王を王と認める代わりに、国王は諸侯が領地を支配することにお墨付きをあたえた。これがヨーロッパの封建体制である。また、ローマ・カトリック教会や修道院も各地で領地を有した。これらの領地には農民がいて、国王・諸侯や教会は農民から税を徴収した。農民は、自らの土地をもたない小作人であり、土地に縛られた存在であった。

やがて、国王が力をつけて、諸侯や教会が太刀打ちできなくなるようになると、近代的な意味での「国家」が形づくられていく。近代的国家は「主権」の概念、つまり、「この国を支配するのは誰か。（それはローマ教皇ではなく国王だ）」ということに結びついていた。

他方、国家という概念と並行して、「市民」という概念も出てくる。商品経済の発展にともない都市に富が集中すると、都市は多くの職人、しかも、これといった財産をもたない人々をかかえるようになる。彼らは自分たちのことを「市民」と称した。

フランスでは、国家財政が行き詰まったため国王の威信が地に堕ち、パリ市民の暴動が革命にまで発展した。なお、フランス革命には市民だけでなく貴族も参加している。革命後、貴族の特権は廃止されたけれど、一部の貴族は地方地主として残った。

啓蒙と罪刑法定主義　罪刑法定主義は、市民革命に間接的に影響をおよぼした、かの知的運動と結びついている。**啓蒙**だ。啓蒙には、イギリス（スコットランド）やフランスで流行したものと、ドイツの哲学者たちがそれらを一つの認識論として論じたものの二系統がある。フランスの啓蒙は、「照らす」という意味の単語の複数形であるリュミエール（lumière）という原語からも分かるように、それまで「昔からそう言われてきた」とか、「聖書にそう書いてある」というだけで、確かめもせずに信じられてきた諸々のことについて、「よく見てみる」ということを意味していた。

啓蒙の社会思想家たちは、国家というものが成立することを社会理論的に説明した。それによれば、自然状態の人間は動物と同様、誰にも束縛されなかったけれど、文明化（civilization）の過程で国家を創設し、そのために自由を一部放棄したとされる。国家は主権者の存在を前提にするところ、啓蒙の社会思想家は、主権者を王と説く者と、人民と説く者に分かれる。どちらの側からも、国家とは、個人の自由を制限する権力機構であった。

主権者による統治は、個人の本来的な自由領域、とくに個人の内面、したがって良心に立ち入るものであってはならない。「何人も思想のゆえに罰せられない」という格言は、啓蒙の社会思想にとって、国家のあり方を的確にいいあらわしたものなのである。

当時のヨーロッパでは、カトリックの教説に批判的な人たちがローマ・カトリックと決別した（プロテスタント）ことによって生じた、キリスト教の信仰をめぐる深刻な対立が、各国で少数派に対する不寛容な仕打ちをもたらしていた。

フランスで起きたカラス事件（一七六一年）がその例である。ジャン・カラスという人が、プロテスタントからカトリックに改宗した息子を殺害したとして、裁判にかけられた。糾問手続の下、裁判官が十分な証拠もなく有罪を確信してカラスを苛烈な拷問にかけたため、彼は自白をし、車裂きの上、遺体を火で焼かれた。その後、誤判であったことが判明し、大陸法の国では糾問手続が非文明的な制度としていっそう恥じられるとともに、何より、信仰の問題を法に持ち込むことの愚かしさの例として、カラス事件は人々の記憶にとどめられた。

罪刑法定主義は、大陸法の国で法律が「書かれた法」として特権化されることと結びついていた。カラス事件が当時のヨーロッパでセンセーションを生んだもう一つの背景には、大陸法の国で裁判所が信用されていなかったということがある。裁判官に恣意的な（＝思うがままの）判断をさせるのがそもそもの間違いなのであって、裁判所を法律で拘束しなければならない。法律は主権者によって制定される法であり、その意味で、裁判官は「法律を語る口」でなければならないのだ、と。

法律主義の憲法論的基礎

以上の歴史をたどって、法律主義は**民主主義**によって基礎づけられるようになる。

刑罰は個人の自由や財産、場合によっては生命までを奪う国家作用なのだから、「全国民を代表する選挙された議員」（憲法四三条）で構成される国会が「法律」という形式で制定した法によってしか、刑罰を科すことはできない、というわけである。

ここで、わが国で法律が制定されるまでを簡単に述べておく。

法律案は、国会議員がこれを発議《ほつぎ》することもあれば、憲法七二条により、内閣総理大臣が内閣を代表して国会に提出することもある。法律案が発議または提出されたとき、発議・提出先の議院の議長は、適当な委員会に付託し、その審査を経て本会議に付するということが、国会法五六条一項に定められている。


委員会とは、本会議でおこなわれるべき議案の検討をするところである。国会法四六条一項には、各会派の所属議員数の比率により、これを各会派に割り当てると定められている。政党に属していない国会議員も集まって会派をつくるし、複数の政党が議院内で「統一会派」を結成することもある。これらは委員会で実質審議がおこなわれることに関係している。

法律案について、憲法五九条には、一項で、法律案は両議院で可決したとき法律になること、二項で**衆議院の優越**、すなわち、衆議院で可決したのと異なる議決を参議院でしても、衆議院で三分の二以上の多数で再可決したときには法律となると定められている。法律が成立すると、最後の議決があった院の議長から、内閣を経由して天皇に奏上する（国会法六五条一項）。

憲法七条一号によれば、法律の**公布**は天皇の**国事行為**である。憲法七四条により、公布される法律には、その末尾に主任の国務大臣が署名し、内閣総理大臣が連署する。法律には「○○法を公布する。」との公布文、御名御璽《じ》（天皇の親署《しんしょ》と「天皇御璽」という印）、年月日、内閣総理大臣の副署が記された公布書が付けられる。国会法六六条には、法律の公布は奏上の日から三〇日以内と定められている。

法律を制定しただけで終わりにはならない。法律が制定されると、次はそれが施行される。**施行**とは、制定法が効力をもつようになることをいい、ふつうは公布日から任意の期間を挟んで施行される。

命令と法律主義　法律を制定しただけで終わらないようにするためには、法律の実効性が確保される、すなわち、現実に法律に従って社会が動くように、具体的な措置が講じられなければならない。これを**エンフォースメント**（enforcement）という。「法執行」と訳されることもあるが、行政機関だけでなく私人によるエンフォースメントも存在するので、その訳はやや不正確である。

行政府は法律のエンフォースメントの役割を担う。憲法六五条には「行政権は、内閣に属する。」と書いてあるところ、憲法七三条六号本文によれば、内閣がおこなう事務の一つに、「憲法及び法律の規定を実施するために、政令を制定すること」がある。政令で法律の施行にあたって必要なルールを定めたものは、「〇〇法施行令」という名前で出される。

内閣ほか行政機関によって制定される法を**命令**というが、**政令**とは内閣によって制定される命令だ。中央省庁が制定する命令に関しては、各省大臣は**省令**を、各委員会および各庁の長官は規則その他の命令を発する。省令制定権、および規則その他の命令制定権については、国家行政組織法一二条一項、一三条一項に規定がある。

ただし、法律主義の下では、命令で罰則を設けることはできない。憲法七三条六号但書には、「但し、政令には、特にその法律の委任がある場合を除いては、罰則を設けることができない。」と書いてある。省令と規則その他の命令についても、国家行政組織法一二条三項、一三条二項に同様の規定がある。命令に完全にお任せの白紙委任だと意味がないから、法律の委任は、何を委任するのかについて具体的でなければならない。

例えば、覚醒剤取締法は、覚醒剤を所持したり使用したりすることを禁止するとともに、違反した者を処罰するので、この法律は犯罪と刑罰に関する法律でもある。では、どういう薬物が「覚醒剤」にあたるのか。覚醒剤取締法二条一項は覚醒剤の定義規定だが、一号には「フェニルアミノプロパン、フェニルメチルアミノプロパン及び各その塩類」、二号には「前号に掲げる物と同種の覚醒作用を有する物であって政令で指定するもの」と書いてある。したがって、何が覚醒剤にあたるのかは、覚醒剤取締法だけでなく政令も調べなければ、その全容を知ることができない。

罰則の委任がおこなわれるのは、法律の制定には時間がかかるからである。違法薬物の取締りは脱法行為とのいたちごっこにならざるをえないところ、似た作用の薬物が出回るたびに法律を改正するよりも、政令のほうが迅速な対応ができる。

条例と法律主義　地方公共団体の自主法のうち、地方議会によって制定される法である**条例**は、命令と違って、罰則を定めるのに「法律の委任」を必要としない。地方自治法一四条三項には次のとおりに書かれている。「普通地方公共団体は、法令に特別の定めがあるものを除くほか、その条例中に、条例に違反した者に対し、二年以下の拘禁刑、百万円以下の罰金、拘留、科料若しくは没収の刑又は五万円以下の過料を科する旨の規定を設けることができる。」

このことが法律主義に反しないのかが問題になるところ、最高裁は、地方自治法一四条三項は憲法に違反しないと判断した。それは次の考え方にもとづく。住民の代表として選挙で選ばれた地方議員によって地方議会は構成されるという点で、地方議会が制定する条例は、国会の議決を経て制定される法律と類似している。ゆえに、命令と違って、法律の委任はさほど具体的でなくてよい、というのである。当時の地方自治法は二条二項で地方公共団体に国が委任した事務（機関委任事務）を例示列挙しており、最高裁は、その程度の委任で十分だと判示した。

ところが、機関委任事務の規定は平成一二（二〇〇〇）年のいわゆる地方分権一括法によって削除された。では、地方自治法一四条三項は違憲になるのかというと、そうはならないだろう。

先の判示内容を修正するとしたら、次の二つの案が考えられる。第一案は、条例への罰則の委任は、地方自治法一四条三項による包括的委任でもよかったのだとすること、第二案は、もともと法律の委任は必要なく、地方自治法一四条三項は地方公共団体に罰則制定権があるということを確認しているだけだとすること、がそれである。

刑罰法規の内容的適正

犯罪と刑罰に関する法の法源が、国会で法律という形式で制定されたルールに限定されるとして、では、国会で法律という形式で制定しさえすればどんなルールであってもかまわないかというと、もちろんそうではない。犯罪と刑罰に関する法は憲法からみて、内容的に適正でなければならないのだ。

内容的に不適正な刑罰法規であることに問題がないのは、①禁止の内容が基本的人権の侵害にあたる場合、②処罰することに合理的な理由が認められない場合である。あと、③法定刑があまりに重すぎるという場合もそうだ。②がどうして内容的に不適正かというと、刑罰は個人の生命、自由、財産を制限するものである以上、合理的な理由なくそれらに制限をくわえることも基本的人権の侵害になるからである。

問題は、処罰に合理的な理由は認められるけれども、書いてあるとおりに条文を適用した場合には、基本的人権の侵害になるという場合だ。

これが問題になった判例が、昭和六〇年の福岡県青少年保護育成条例事件である。同種の条例は全国にあって、青少年保護育成条例は、一八歳未満の者を「青少年」と定義した上で、青少年との「淫行」を処罰する。令和四年の改正まで民法七三一条の女子の婚姻適齢が一六歳だったため、一六歳の妻との性交が処罰されてしまわないように、すでに婚姻した青少年には適用されないという規定も置いていた。ところが、これでも一八歳未満の婚約者との婚前交渉が処罰されることにならないのか。そうだとすれば、青少年保護育成条例は性的結合の自由の侵害にあたり、憲法違反だということになる。

そのような場合に裁判所がおこなうのが、合憲限定解釈だ。**合憲限定解釈**とは、規制趣旨に照らして刑罰法規の内容を限定的に解釈するというものである。「淫行」とは、辞書的意味では、「性的欲求を刺激すること」であって、いかに真剣な交際であっても、この意味での淫行なしにおよそ性交渉は不可能だ。けれども、青少年保護育成条例は青少年に健全に育ってもらうために制定されたものだから、そこに合理性が認められるかぎり、条例にいう「淫行」は、性的欲求を刺激すること一般ではなく、青少年の人格形成にとって有害な性的欲求の刺激であると解釈される。だから、同条例は憲法に違反しない、というわけである。

実体的デュープロセス理論

ところで、刑罰法規が内容的に適正なものでなければならないことの根拠規定を憲法三一条（法定手続の保障）に求める見解も主張されている。憲法三一条にいう「法律の定める手続」は適正な手続でなければならないところ、「適正手続」とは単に手続が適正であればそれでよいというだけではない。それは、適正な内容の実体法が適用されたものでもなければならないのだ、と。これを**実体的デュープロセス理論**という。

実体的デュープロセス理論はアメリカで唱えられた理論であり、その背景にはアメリカ法に固有の事情がある。

アメリカにおける立法・行政・司法の三権の分立は、厳格な**抑制と均衡**（チェック・アンド・バランス）の仕組みをとる。例えば、連邦議会が可決した法案に大統領が署名を拒否することができたり、逆に、政府の予算を議会が承認しなければ予算を執行できなかったりすることで、三権のいずれもが単独で自らの権限を行使できないようにしながら、他方で、各自の権限自体に他の機関を立ち入らせないようにしている。大統領が法律案を議会に提出できないのがその例である。暴走しないよう他が歯止めをかけられるようにした上で、持ち場は担当者に一任する。そういうシステムなのだ。

司法権もまた同様である。議会との関係では、裁判所は違憲審査権を有し、憲法に違反する法律を無効とすることができるけれども、それをこえて、法律の内容が合理的かどうかまで判断する立場にはない。他方で、裁判所は、法令ではなくコモンローに依拠して司法権を行使する。

コモンロー（common law）とは、制定法のかたちでは存在していない、したがって、不文法のかたちで人々のあいだで法として妥当している規範である。イギリスでは、マグナ・カルタ（一二一五年）において、イングランド王ジョンがコモンローを尊重することを諸侯らに約束させられた。イギリス、そしてアメリカの裁判所はコモンローによって紛争を解決するところ、コモンローはどこかに書いてあるというものではないから、裁判所の判断（判例）を集めることでその体系が構築される。英米法が**判例法主義**だというのは、このことをあらわす。

もっとも、コモンローの国でも、裁判所が制定法を解釈・適用することによって紛争を解決していることに変わりはない。「裁判所による法形成」といっても、制定法を離れて裁判所が独自法を形成するわけではないのである。

さて、法律の内容が合理的かどうかに裁判所が踏み込むための理論として考え出されたのが、実体的デュープロセス理論である。すなわち、アメリカ合衆国憲法第五修正は、「何人も、法の適正な手続（due process of law）によらないで、生命、自由または財産を奪われることはない」と定め、第一四修正第一節は、州に対し、法の適正な手続によらないで生命、自由または財産を奪うことを禁止している。この「適正な手続」には、適正な内容の法律を適用することも含まれる。よって、内容が合理的でない法律は、第五修正または第一四修正第一節違反として違憲無効にできる、というのだ。

憲法の最高法規性　この点、わが国の三権分立はアメリカのそれとは大きく異なる。憲法四一条が国会を「国権の最高機関」と位置づけていることは、わが国における抑制と均衡の仕組みがアメリカのようなかたちではないことを意味している。

さらに、憲法六七条一項には、国会議員の中から内閣総理大臣が国会の議決によって指名されると定められていて、同六九条によれば、内閣が衆議院で不信任の決議案が可決されたり、信任決議案が否決されたりした場合には、内閣は総辞職をしなければならない。国会、とくに衆議院の信任なしには、内閣は存立しえないのだ。また、「内閣は、行政権の行使について、国会に対し連帯して責任を負ふ。」と、憲法六六条三項にはそう書いてある。わが国は**議院内閣制**をとる。この議院内閣制の下で、衆議院の多数派が政権与党となり、立法権だけでなく行政権をも手中に収める。「抑制と均衡」とはいいながらも、集権的な性格をもっているのだ。

他方、裁判所は、アメリカと違って法令に依拠して司法権を行使する。たしかにわが国の裁判所も違憲審査権を有するが、これは、裁判所が国家機関として法令を解釈する権限をもつことを前提に、憲法に違反する法令を無効とするものだ。したがって、アメリカの裁判所のように、法令の内容が合理的かどうかの判断にまで踏み込める立場にないのかというと、必ずしもそうではないだろう。

憲法九八条一項には、「この憲法は、国の最高法規であつて、その条規に反する法律、命令、詔勅及び国務に関するその他の行為の全部又は一部は、その効力を有しない。」と書いてある。これを憲法の**最高法規性**という。わが国のように、法の体系が制定法によって構築される**制定法主義**の国では、最高法規である憲法に適合するように法令は解釈される。

なので、刑罰法規の内容的適正の根拠条文は、さしあたっては憲法九八条一項で足りるだろう。ただ、法律は「全国民を代表する選挙された議員」（憲法四三条一項）で組織された国会によって制定されるものである。だから、法律には相応の重みがあって、裁判所がやみくもに法律の内容に口出しをするのはやはり望ましくない。他方で、裁判所には「基本的人権を擁護する」

という大事な使命がある。政治部門の民主主義的正統性を尊重しながら、いかにこの使命をはたすか。わが国の裁判所も、この問題を避けてはとおれない。

明確性の原則

後で述べる拡張解釈との関係でも問題になるが、刑罰法規は一般人にとって何が処罰対象なのかが明確になるよう規定されていなければならない。これを**明確性の原則**という。自分の行為が処罰されるかどうかは起訴されてみないとわからないというのでは、たとえ処罰されない行為であっても、それをしようと思う人はいないだろう。「不利益に扱われないともかぎらない」という意味でのリスクをおそれて行動選択の余地が狭められることを**萎縮効果**という。

明確性の原則は、刑罰法規による萎縮効果を避けるためだと説明されることがある。なお、明確性の原則は、法規上の言葉が指し示す対象が広すぎる場合と、法規上の言葉がいかようにも解釈できる場合とに分かれる。アメリカ法では、前者を「過度の広汎性」（overbreadth）、後者を「過度の漠然性」（vagueness）という。

そもそも、明確性の原則は、アメリカで、表現の自由を保障する合衆国憲法第一修正との関係で確立された法理である。法律に物言いをつけるときにアメリカの裁判所は周到な理論武装をする。明確性の原則は法律の文面審査によって違憲無効の判断をするために、たとえ具体的に表現の自由が侵害されたのでなくとも、「法律の存在自体が、その萎縮効果ゆえ、表現の自由に対する重大な脅威になる」とするものだ。それは表現の自由の価値を重視してのことなのである。
なので、明確性の原則が刑罰法規にそのままあてはまるかどうかは微妙なところがある。例えば、青少年保護育成条例で問題になっていたのは、青少年とのあいだでも性的結合の自由として認められるべき場合はあるということだったが、では、青少年との性的結合をためらうべきではないのかというと、そうではないだろう。グレーゾーン領域で萎縮効果が生じることは、はじめから意図していたかどうかはともかく、この条例のむしろ望むところだとさえいいうる。

とはいえ、刑罰法規は社会一般の人々に対して向けられたルールで、しかも、違反すると刑罰が科せられるものだから、どういう行為が間違いなく処罰されるのかが一般人に理解可能でなければならないということには相違ない。だから、一般人に理解困難な解釈によって処罰範囲を限定できるような刑罰法規は、そもそも不明確ゆえ無効だということになる。その意味で、合憲限定解釈は明確性の原則に反しないかぎりでおこなわれることを要する。

類推の禁止　罪刑法定主義から直接導き出されるわけではないけれども、刑法学では禁じ手とされるのが、類推である。**類推**とは、ある規定が適用できるかどうかが問題になっている事実関係につき、要件にあてはまらないため直接適用はできないけれども、規定の趣旨に照らせば同様の扱いをしてしかるべきだという場合に、当該規定を適用したのと同様の結論を導くことをいう。

民法九四条二項の類推を例にとる。例えば、ＡとＢが協議して、ＡがＢに土地甲を売ったことにしても、民法九四条一項は「相手方と通じてした虚偽の意思表示は、無効とする。」と書いてあるので、Ａの債権者は、ＡＢ間の契約は無効だとして、甲を差し押さえることができる。ところが、その前に、Ｂが甲をＣに売ったとする。この場合、民法九四条二項には「前項の規定による意思表示の無効は、善意の第三者に対抗することができない。」と書いてあるので、Ｃが事情を知らなかったときには、ＡＢ間の売買契約は無効だと主張できない。

この規定が適用できるのは、ＡＢ間の意思表示があるときだ。なので、例えば、Ａの知らないところでＢが登記名義人になっていて、Ｂがそのことを利用してＣと売買契約を結んだという場合には、民法九四条二項は適用できない。

でも、民法九四条二項は、他人が権利者であるかのような、真実と異なる外観があって、そのような外観が作り出されたことに本人の帰責性が認められるときに、外観を信頼した第三者を本人の犠牲の下に保護すべきだ、という原理にもとづく。この原理は「権利外観法理」とか、「表見法理」とよばれる。

民法九四条二項の趣旨に照らせば、Ｂが権利者であるかのような外観が作り出されたことについて、「Ｂに甲を売ったことにした」というのに等しい事情がＡの側に認められるときには、Ｂは無権利者だとＡが主張するのを認めるべきでないことになる。そこで、民法九四条二項を類推するのである。

さて、刑罰法規の類推が禁止されることの理由は民主主義に求められる。法律主義の基礎には民主主義が横たわっている。問題の行為について犯罪と刑罰に関する法律が存在しないのならば、国会で法律を制定すべきだというのが、民主主義の要請である。刑罰法規の類推は裁判所がおこなうものなので、民主主義の建前上、裁判所が国会をさしおいて類推によって法律がないのを解消することは好ましくないのだ。

類推と拡張解釈　とはいえ、類推にあたるかどうかの区別は微妙である。ここでは、「言葉が何を指し示すのか」（外延）の問題と「言葉がどういう意義に表現されるのか」（内包）の問題を区別しなければならない。条文の解釈は後者の問題で、条文へのあてはめは前者の問題である。

例えば、刑法一二五条の往来危険罪は「汽車又は電車の往来の危険を生じさせた」と書いてあるところ、汽車といえば線路の上を蒸気機関を動力として走る列車で、電車は、線路の上を電力を動力として走る列車だとの意義に表現されるのが通例である。ところが、列車の中にはガソリンを燃料にして走る、ディーゼルカー（ガソリンカー）というものがある。これは「電車」にも「汽車」にもあたらないかというと、「汽車」にあたるというのが判例だ。

判例のこの解釈は後づけが可能である。まず、刑法一二五条以下は鉄道等の公共大量輸送機関を攻撃することで、不特定または多数の人の生命、身体、財産を危険にさらすことを処罰するための規定である。この趣旨に照らせば、刑法一二五条以下の「汽車」は、「蒸気機関で走る」という要素を取り除いて、「線路の上を走る列車で、かつ、電車でないもの」という意義に表現される。だから、刑法一二五条の「汽車」という言葉がディーゼルカーを指し示しても類推にはならない。このように、私たちが普段その言葉で指し示しているところよりも広い範囲を指し示すように、法律上の言葉を解釈することを**拡張解釈**という。

類推か拡張解釈かの判断は人によって分かれることがある。あまりにも日常感覚とずれる拡張解釈がほどこせるような刑罰法規は明確性の原則に反する。なので、合憲限定解釈と同様、拡張解釈にも許容限度はある。ところが、言葉によって指し示される対象の範囲を狭めるときよりも広げるときのほうが、人は違和感を感じやすいのだ。ディーゼルカーが汽車にあたるとする判例を刑罰法規の類推だと批判する人がいるのは、このためである。

この点、日常生活上、列車が何を動力機関として線路の上を走っているのかはさほど気にならない。ディーゼルカーは電化されていない区間でいまも運行しているけれども、「××から電車で来ました」というのを「いや、あなたが乗ったのはディーゼルカーですよ」と（相手が鉄道マニアでもないのに）いちいち訂正しなければ気が済まない人はちょっと変な人だろう。そうだとすれば、ディーゼルカーが汽車にあたるとした判例の解釈は拡張解釈として許容される。

遡及処罰の禁止の憲法論的基礎

罪刑法定主義のもう一本の柱、遡及処罰の禁止は、以下のように説明されることがある。「それをしたら処罰するぞ」と刑罰によって威嚇されていたら、人々は問題の行為をさしひかえざるをえない。それだけでなく、行為後に制定された刑罰法規によって処罰される可能性があったら、そのことによっても人々は萎縮して、現行法上処罰の対象とされていなくても問題の行為をさしひかえるだろう。そこで、憲法は遡及処罰を禁止したのだ、と。

この説明の前提にあるのは**リベラリズム**、すなわち、「国家は個人の自由領域をできるだけ確保することが望ましい」という考え方だ。もっとも、リベラリズムにとっての自由とは、「するかしないかは、個人の良心に委ねられる」という意味である。逆にいえば、個人が自らの良心に照らして「これは善い」と判断した行為を実践すること（善）は、自らの人生をいかに充実させるかに関わり、法、したがって、この社会を良くしていくことには結びつかない。

リベラリズムは一つの考え方であって、これと別の考え方をしてもかまわない。前に述べたように、個人の道徳的な行為実践の積み重ねの上に善き社会が、そして善き国家が築かれるという**道義国家観**に立つことも可能だ。この考え方からは、問題の行為を処罰する刑罰法規がないからといって、「やっていい」ということにはならない。道徳的にやってはいけないことは、法律があろうとなかろうとやってはいけない、というわけである。では、道義国家観からは、遡及処罰の禁止の原則はどのように説明されるのだろうか。

一つの説明として、法治国家の理念を持ち出すことが考えられる。**法治国家**とは、国家権力が法律にもとづいて行使される国家であり、憲法三九条前段前半はこの法治国家の理念を宣言するものだと解される。この国が法治国家である以上、問題の行為がたとえ道徳的にやってはいけないことであろうとも、行為時に刑罰法規が存在しないかぎり、人々は「自分は処罰されない」と期待してもいいのだ、と。

判例の不利益変更の取扱い

では、次のような場合はどうだろうか。刑罰法規自体は行為の時点で存在するけれども、行為時の判例によれば、問題の行為は適法とされていた。ところが、その後判例が変更されて、当該行為も処罰されることになった。したがって、裁判時の判例によれば、問題の行為も違法になった。この場合も、「実行の時に適法であった行為」にあたるのだろうか。

遡及処罰の禁止は、問題の行為を処罰することを定めた法は行為時に存在していなければならないという原則だから、判例が犯罪と刑罰に関する法にあたるか、すなわち、判例の法源性を認めるかどうかという問いが立てられる。わが国では裁判所は法令に依拠して司法権を行使するというのが建前になっているので、正面から、「判例も法だ」と主張するのは困難である。なので、憲法三九条を直接適用することは難しい。だが、問題はそこでは終わらない。

というのも、憲法三九条を類推する余地があるからだ。禁止されるのは刑罰法規が存在しないのを類推によってカバーすることであって、被告人に有利な取扱いについてまで類推が禁止されるいわれはない。そこで、次の問いが立てられる。すなわち、判例変更があったときに、裁判所は憲法三九条の趣旨を及ぼし、変更前の判例に従って無罪判決を言い渡すことができるだろうか。

さっき述べたように、憲法三九条の趣旨については、これをリベラリズムに求めるものと、法治国家の理念に求めるものとに見解が分かれている。どちらの立場をとるのかによって、判例の不利益変更の取扱いが違ってくる。

遡及処罰の禁止の憲法論的基礎をリベラリズムに求める立場からは、判例の不利益変更にも憲法三九条の趣旨を及ぼすべきだという結論になる。なぜなら、刑罰法規も、最高裁の法令解釈によって形成される判例も、それによって人々の行動が左右されるという点では変わらないからだ。行為後に判例が変更されて処罰される可能性があったら、そのことによっても人々は萎縮して、現在の判例では処罰の対象とされていない行為でもこれをさしひかえるだろう。だったら、判例の不利益変更にも憲法三九条の趣旨を及ぼして、旧判例を適用すべきだ、というわけである。

これに対して、遡及処罰の禁止の憲法論的基礎を法治国家の理念に求める立場からは、判例の不利益変更に憲法三九条の趣旨を及ぼすことには理由がない。行為の時点ですでに刑罰法規が存在しているからだ。

なので、この立場からは新判例が適用されるけれども、だからといって有罪判決が言い渡されるとはかぎらない。行為の当時は、問題の行為をしても処罰されないと他でもない最高裁が判断していたのだから、これを信じた行為者が自分の行為をやっていいものと勘違いするのは無理もないことだ。正しい、間違っているの話だったら、当時は最高裁も判断を間違えていたのであり、それを棚にあげて行為者を罪責に問うのは不当ではないのか。そこで、行為者には違法性の意識の可能性がなかったとして、問題の行為の有責性を否定する余地が残る。

刑罰法規が	(a) 基本的人権を侵害する (b) 処罰の合理的根拠を欠く (c) 刑罰があまりに重すぎる	場合は、違憲

処罰目的は合理的なのに、文字どおりに解せば基本的人権の侵害になるという場合には、**合憲限定解釈**（規制の趣旨に照らして縮小解釈）
例）青少年保護育成条例事件

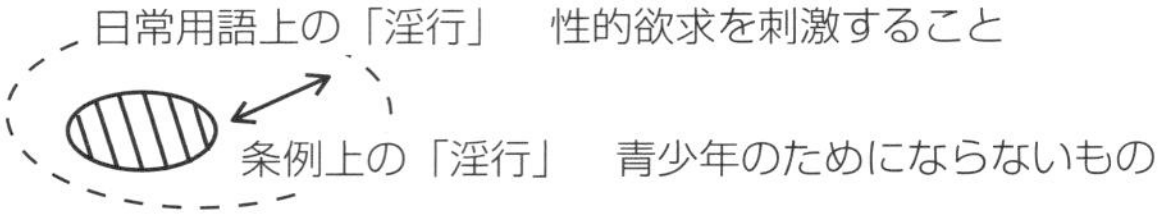

3．**遡及処罰の禁止**　　憲 39

：刑罰法規は、その制定前になされた行為に遡及適用されない

＊判例の不利益変更と憲法 39 条
法律自体は行為時から存在するけれども、判例変更により、裁判時では処罰対象（可罰的）になった場合

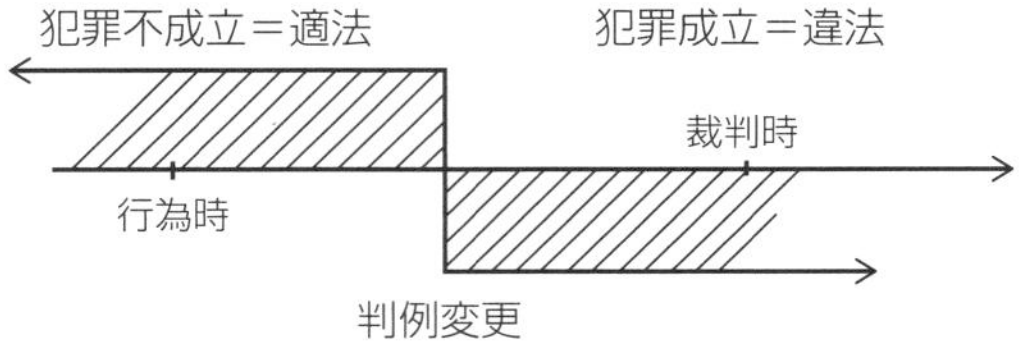

ｉ）不遡及説
人々の行動選択を左右する以上、憲 39 の趣旨を及ぼすべき

ⅱ）遡及説
違法か適法かはともかく、問題の刑罰法規が行為時に存在していたことに相違はない

MEMO 13 罪刑法定主義

1．**法律主義**

憲 31　　刑事手続法は法律の形式で定められていなければならない
ならば
刑事実体法も、法律の形式で定められていなければならない

命令：行政機関が定める制定法　　⇒「**法律の委任**」が必要
⇕
条例：地方議会によって制定される法　　**一般的許容**
地方自治 14 ③　条例中に２年以下の拘禁刑、100 万円以下の罰金、拘留、科料を科する旨の規定を設けることができる
∵法律主義の根拠　　民主主義（国民が自ら決める）
‖
条例制定権の根拠　　住民自治（住民が自ら決める）

2．刑罰法規の内容的適正

憲 98 ①　　憲法の**最高法規性**

＊実体的デュープロセス理論
憲 31 は、内容適正な実体法が適用されることを含む、適正手続を基本的人権として保障する規定であると解する

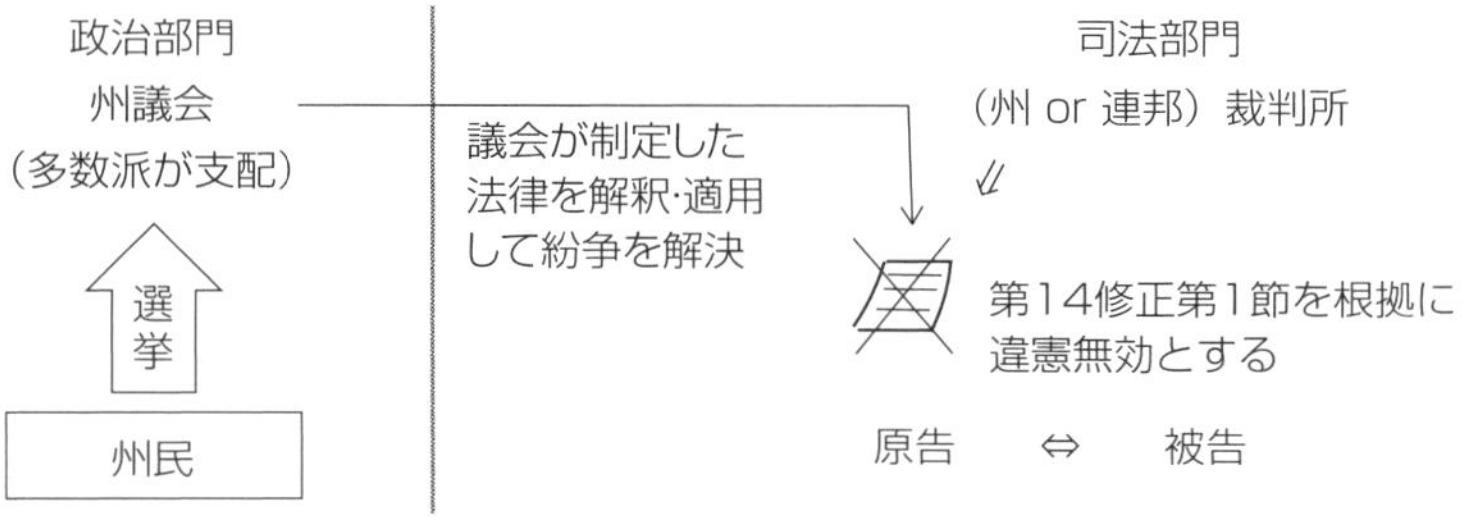

第11講　刑法の適用範囲

❖刑罰法規の時間的適用範囲

刑が廃止されたとき

刑事訴訟法三三七条二号によれば、「犯罪後の法令により刑が廃止されたとき」、すなわち、行為後に刑罰法規が改廃されたために当該行為が処罰されなくなったときには、判決で**免訴**が言い渡される。裁判時に存在していない刑罰法規は適用のしようがないからである。有罪無罪の実体判断をすることなしに手続を打ち切る裁判を**形式裁判**というが、免訴は**管轄違い**、**公訴棄却**と並ぶ、形式裁判の一つである。

ちなみに、刑の廃止による免訴が再審で問題になったのが**横浜事件**だ。アジア・太平洋戦争中に、政治評論家の細川嘉六が、さらに、アメリカから帰国した研究者が細川とは無関係に、それぞれ治安維持法違反容疑で逮捕された。後者の事件に関係して検挙された者の自宅を特高が捜索し、一枚の写真を押収した。その写真には、細川と六人の若者が浴衣姿で写っていた。

特高はこの写真を、当時厳しい弾圧によって壊滅状態にあった日本共産党の再建準備会の記念写真だと決めつけて、細川が旅館に招待した出版関係者ら三四名全員を逮捕した。未決勾留中の拷問によって四名が死亡し（うち一名は病気を理由とする保釈直後に死亡）、虚偽の自白によって約三〇名に執行猶予付きの有罪判決が、昭和二〇（一九四五）年の八月から九月にかけて次々と言い渡された。その後、治安維持法は同年一〇月に廃止された。

昭和六一（一九八六）年の第一次再審請求を皮切りに、四次にわたる再審請求が裁判所に申し立てられたけれども、ようやく再審開始の決定がなされたのは、第三次請求に関して平成一七（二〇〇五）年、第四次請求に関して平成二〇（二〇〇八）年であった。

いずれの再審公判とも、言い渡されたのは無罪判決ではなく、治安維持法の廃止を「刑の廃止」とする免訴判決だった。被害者ないしその遺族は横浜事件が冤《えん》罪事件であったこと、したがって、再審で無罪判決を言い渡されることを望んでいたため、彼らにとって免訴判決は著しく不満が残るものだった。

刑の変更があったとき

問題の刑罰法規は行為時にも（**行為時法**）、裁判時にも（**裁判時法**）、存在するけれども、行為後に法改正があって、行為時法よりも裁判時法のほうが法定刑が重くなった、あるいは、軽くなったという場合はどうか。

法改正によって法定刑が重くなった場合は、いずれにせよ憲法三九条が適用される。条文は「実行の時に適法であつた行為」だけれども、これは「裁判時よりも行為時のほうが有利だった行為」という意味で、したがって、「実行の時に軽く処罰されていた行為」も含まれる。よって、法定刑が重くなった場合は行為時法が適用される。

逆に、法改正によって法定刑が軽くなった場合は、刑法六条に「犯罪後の法律によって刑の変更があったときは、その軽いものによる。」と書いてあるので、裁判時法が適用される。

補充規範の改廃

問題の行為が処罰されるかどうかが、当該刑罰法規以外の法規範を調べないとわからないことがある。例えば、覚醒剤取締法によってその所持等が処罰されるところの「覚醒剤」が何かは、覚醒剤取締法二条二号により、政令も調べないとわからない（罰則の委任）。このように、刑罰法規の内容を補充する規範を（**白地**《しらじ》）**補充規範**という。

問題の刑罰法規は行為時にも裁判時にも存在するけれども、法改正により補充規範が改廃されて、問題の行為が処罰されなくなったという場合、刑事訴訟法三三七条二号にいう「刑の廃止」があったとして免訴判決を言い渡すべきだろうか。

判例は、確立しているとはいいがたいものの、問題の補充規範がその時々の必要に応じて適宜変更されうるものであれば、刑の廃止を認めないようである。

例えば、次の事件では刑の廃止にあたるとされた。戦後、奄美群島がアメリカ軍の軍政下におかれていたため、当時は外国とみなされていた奄美大島から黒砂糖を持ち込んだとして、関税法違反（密輸入）で起訴されたところ、起訴後に奄美群島が本土復帰したことにともない、政令が改正されて、奄美群島が本邦の地域とされるに至った。この事件で、最高裁は大法廷を開き免訴判決を言い渡した。法廷意見によれば、いまや奄美大島から砂糖を本土に持ち込んでも処罰されなくなったのだから、本件政令改正は、刑の廃止にあたるというのである。

これには六名の裁判官による反対意見がある。それによれば、関税法は、外国または外国とみなされる地域と本邦とのあいだで、税関の免許を受けることなく貨物を輸出または輸入することを禁じているのであって、当該地域がその後本邦になっても、本件行為が税関の免許を受けることなく貨物を輸出または輸入する行為であったということに変わりはない、と。

この判例に対して、最高裁が大法廷にて刑の廃止にあたらないとの判断を下したのは次の事案である。被告人は、新潟県内で原付二種（＝小型バイク）を二人乗りしたとして起訴された。バイクの二人乗りに関しては、当時道路交通取締法二三条一項が罰則を政令に委任し、これを受けて制定された政令である道路交通取締法施行令が、さらに乗車制限について都道府県公安委員会規則に再委任していた。新潟県公安委員会規則は行為時には原付二種の二人乗りを規制対象にしていたところ、行為後に同規則が改正されて、原付二種の二人乗りは規制対象から外された。

法廷意見は次のように述べる。都道府県公安委員会規則に罰則の再委任がなされたのは、都道府県公安委員会の判断で、地方の交通事情に応じて規制を強化したり緩和したりするためである。行為時には都道府県公安委員会は規制の必要があると判断していた以上、後で規制の対象外になったとしても、問題の行為が処罰対象であることに変わりはない、と。

なお、道路交通取締法は昭和三五（一九六〇）年に廃止となり、新たに道路交通法が制定されて現在に至る。バイクの二人乗りに関しては、同法七一条の四第三項以下に規定が置かれており、もはや行政機関への罰則の委任はなされていない。

補充規範の二つの機能

補充規範には、制度的事実を定めるものと規制対象の範囲を定めるものとがある。刑法学説では、問題の補充規範がどちらの機能を果たしているかによって刑の廃止にあたるかどうかが違ってくるという見解も有力である。

制度的事実とは、一定の制度を前提にしてはじめて、それが何を指し示しているのかがわかるという事実だ。「本邦」とか「日本国内」とだけいわれても、どこまでが日本で、どこからが外国だかわからない。行為時に奄美大島が「外国」だったのは、当時の政令にそう定められていたからである。

有力説によれば、補充規範が制度的事実を定めるものである場合、判例とは反対に、補充規範の改廃は刑の廃止にあたらないとされる。人々に対しては、その時々の制度を前提に何をやってはいけないかが指し示されるところ、どうして規制されるのかは、補充規範ではなく刑罰法規から十分に理解できる、というか、この場合の補充規範は、問題の行為を処罰すべきだとの判断から制定されたのではない。かの政令が定められたのは、奄美大島から本土に貨物を持ち込んではいけないからではなく、戦争に負けて日本の主権が制限されたからである。

これに対して、補充規範によって規制対象の範囲が定められることもある。バイクの二人乗りは、原付一種（いわゆる原チャリ）の二人乗りと違って、それ自体が危険なわけではなく、「運転者によっては、運転技術が未熟である等のために交通事故が発生するかもしれない」という意味で、抽象的な危険にとどまる。そこで、二人乗り運転をしても大丈夫な人も含め、一律に禁止するかどうかの判断を各都道府県公安委員会に委ねる、というのも一つの方策だろう。

有力説からは、こちらも判例とは反対に、規制対象の範囲を定める補充規範の改廃は刑の廃止にあたるとされる。新潟県公安委員会が「やっぱり処罰しなくていい」と判断を改めたために処罰されなくなった行為を、「それでも、行為時は禁止されていたのだから」という理由で処罰するべきではない、というのだ。

限時法の理論

有力説が主張していることには相応の説得力があるけれども、これとは別の観点からみれば、判例にもそれなりに正しいものが含まれている。結論が正反対なのだから、判例と有力説のどちらか一方が正しくて、他方が間違っている、と思いきや、そうではない。どちらも、それぞれの立っている前提の下では正しいだけなのだ。

新潟県公安委員会規則の事件では、限時法の理論を参考にするかをめぐって最高裁判所裁判官のあいだで意見が分かれた。**限時法**とは、○○年○月○日から××年×月×日と有効期間が定められている法令である。限時法に**追及効**を認め、当該法令がまだ有効だった当時におこなわれた行為には有効期限経過後も限時法を適用してよいと主張するのが、**限時法の理論**だ。

これは次のような理由にもとづく。もしも有効期間の経過後には有効期間中の違反行為が処罰を免れるのだとすれば、有効期間が終わる直前に違反行為が横行するだろう。これでは秩序を維持するのが困難になる、と。

限時法の理論に対しては、**附則**（法令の一部で、本体部分（**本則**）に付属して、本則に定められた事項について重要なことを定めた規定が置かれる部分）に、「この法律の失効前にした行為に対する罰則の適用については、この法律は、なおその効力を有する」という規定を置いておけばすむのだから、追及効を認める必要はないとの批判がある。でも、これは、限時法に追及効が生じること自体を争ってはおらず、本質的な批判とはいいがたい。

限時法の理論をめぐって活発に議論がなされた時期は、戦時中および敗戦直後の、価格統制が敷かれていた時期と重なる。当時のわが国は、物資の窮乏によって供給が需要に追いつかない上に、戦後は通貨が市場に過剰供給されて、物価上昇に歯止めがかからなくなっていた。そこで、政府は品目ごとに価格を定め、統制価格よりも高い値段で売買する者を処罰したのである。それでも売りたい、買いたい人たちは戦時中はこっそりと、敗戦後の混乱期になるとヤミ市で半ば公然と、統制価格を大きく上回る高値で取引をした。

統制価格を上回る価格で取引してどうしていけないのだろうか。これは難しい質問だ。自由主義経済を否定するのでないのなら、本来、価格の決定は市場に委ねられるべきである。お金を出しても買いたいという人に高く売って何が悪い、と。こう開き直られたら、「いまは非常時なので、とりあえず規制に従ってくれ」としか答えられないのではないか。

このように、刑罰法規には、どうして処罰されるのかと問われても、「規制当局の命令に従わなかったからだ」としか答えようがないものがあるのかもしれない。これを**警察犯**という。そうだとすれば、限時法の追及効は当時の規制を守らなかったということ自体によって基礎づけられる。もちろん、これに対して、「『お上の言うとおりにしなかった』というだけの理由で処罰する刑罰法規などあってはならない」と、反対の立場をとる人がいてもいい。

新潟県公安委員会規則の事件では行為時における規制を守らなかったということが決定的だったのだとすれば、当該条例の廃止は刑の廃止にはあたらないことになる。

限時法の理論に反対するとしたら

話はこれに尽きない。限時法においては、ある時点までは「やってはいけない」とされていた行為がその時点を過ぎると、一転、「やっていい」とされる。犯罪には、殺人や窃盗のように、いついかなる時でもやってはいけないものと、その時々の情勢によってやってよかったり、よくなかったりするものとがある。

後者の場合にしばしば出てくるのが警察だ。警察作用は、司法警察作用と行政警察作用に分かれる。**司法警察作用**は、犯人の身柄を確保し、または証拠を収集・保全するために、警察という公的機関が私人に対して及ぼす国家作用である。これに対して、**行政警察作用**とは、公共の安全と秩序に対するリスクを制御する目的で、警察が私人に対して及ぼす国家作用である。

戦中・戦後の価格統制においては、物資の安定供給やインフレーションの抑制という、マクロレベル、すなわち、国全体でみたときの政策目的を実現するべく、個人の、本来は自由であるべき経済活動を警察が取り締まった。

取締りの中には、違反した者への制裁（サンクション）として不利益を科すものがある。これを**行政罰**という。行政罰のうち、とくに拘禁刑や罰金といった刑罰が行政罰として科せられる場合を**行政刑罰**という。ややこしいが、用語の区別をおぼえておこう。

限時法の理論に反対するとすれば、次の点に着目することが考えられる。すなわち、限時法において罰則が設けられるのは、有効期間中、警察などの行政機関が違反行為を犯罪として厳しく取り締まることができるようにするためだ、という点である。

たしかに、殺人や窃盗を犯しておきながら処罰を免れる者が出てきてはならないけれども、価格統制法令違反行為もそれらと同じでなければならないのだろうか。物資の安定供給やインフレーションの抑制が達成されるまではともかく、取締りの必要がなくなった後にまで、警察が草の根分けてもかつての違反者を見つけ出さなければならない、というわけでもないだろう。このように考えたら、限時法に追及効を認めるのは行き過ぎであるようにも思われてくる。

新潟県公安委員会規則の事件では、行為時、バイクの二人乗りによる事故の頻発をおそれた新潟県公安委員会が、道路交通の安全と秩序に対するリスクを制御する目的で規制をかけたところ、もはや取締りの必要がなくなった。なので、限時法の理論に反対するのと同様の理由で、当該規則の廃止は刑の廃止にあたるという主張も可能である。

くり返しになるけれども、以上の二つの立場のどちらをとってもいい。大事なのは、どれが答えなのかではなく、自分の支持する答えをどのように理由づけられるかだ。「判例がそうだから」で終わる人は、自分の頭で考えていませんといっているのに等しい。

MEMO 14 補充規範の改廃の取扱い

刑訴 337- 二　「刑の廃止」があった場合の**免訴判決**

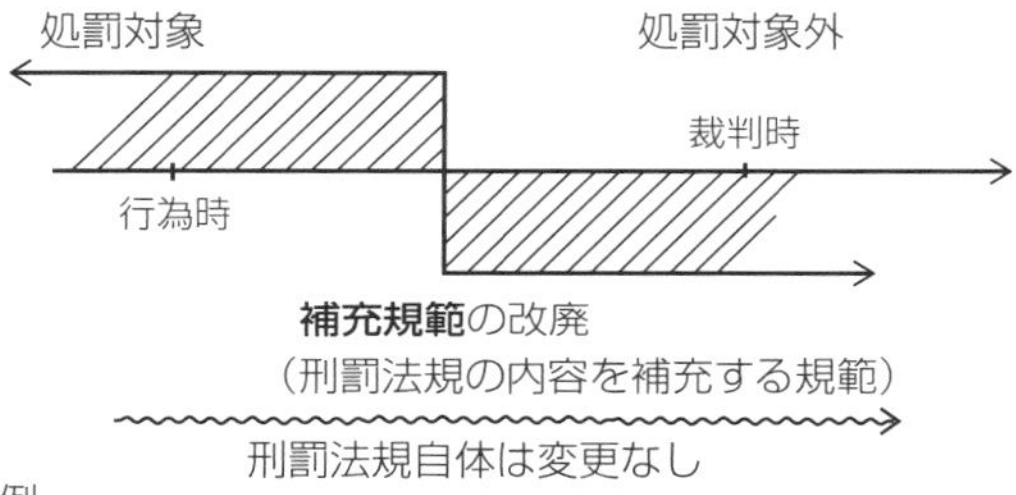

ⅰ）判例

①行為時に国外だった奄美大島が、本土復帰にともなう政令改正により、裁判時には国内になった
→刑の廃止にあたる

②行為時には禁止されていた原付二種の二人乗りが、新潟県公安委員会規則の改正により、許容されるようになった
→刑の廃止にあたらない

⇕

ⅱ）有力説

①**制度的事実**（一定の制度を前提にしてはじめて、何を指し示しているのかがわかる）を定める補充規範
→刑の廃止にあたらない

②規制対象の範囲を定める補充規範
→刑の廃止にあたらない

取締りにおいて、違反者への制裁に**行政刑罰**が用いられる場合

❖刑罰法規の場所的適用範囲（国際刑法）

属地主義　刑法には次のとおりに書かれている。

> **（国内犯）**
> **第一条**　この法律は、日本国内において罪を犯したすべての者に適用する。
> 2　日本国外にある日本船舶又は日本航空機内において罪を犯した者についても、前項と同様とする。

犯罪がどこでおこなわれたかによって刑法を適用する考え方を**属地主義**というが、刑法一条によって刑法を適用するためには、**犯罪地**、すなわち、犯罪がおこなわれた場所が日本国内でなければならない。

例えば、Ａが中国で毒入り菓子をＢに届けたが、Ｂはその菓子を日本に持ち込んで、日本で食べた後、アメリカへと旅立った。毒は遅効性で、Ｂはアメリカに到着後死亡したとする。Ａが毒入り菓子を届ける行為をした場所（**行為地**）は中国、Ｂの死亡という結果が発生した場所（**結果地**）はアメリカである。行為から結果が発生するに至る因果経過の一コマが起こった場所を**中間影響地**という。毒入り菓子を食べた場所である日本がこれにあたる。

学説の多数は、犯罪地を行為地・結果地・中間影響地を含むものととらえる。これを**偏在説**という。例えば、インターネット上のアダルトサイトで無修正のアダルト動画を配信する行為は、その種の動画が合法とされるアメリカで制作されていても、日本から不特定または多数の人がアクセスすることができるのならば、刑法一七五条一項後段（わいせつ電磁的記録頒布罪）が適用可能である。

このように、偏在説からは、一つの犯罪が複数の国で「国内犯」として扱われ、それぞれの国の刑法が適用されることになる。

国外犯処罰規定　国外でおこなわれた犯罪を**国外犯**という。現行刑法には、国外犯を処罰する規定がいくつか置かれている。刑法の国外犯処罰規定は、犯罪地とは別の犯罪事実がわが国に関係がある場合と、問題の犯罪行為自体はわが国と関係がないにもかかわらずわが国の刑法が適用される場合とに分かれる。条文は次のとおりである。

（すべての者の国外犯）
第二条　この法律は、日本国外において次に掲げる罪を犯したすべての者に適用する。
一　削除
二　第七十七条から第七十九条まで（内乱、予備及び陰謀、内乱等幇助）の罪
三〜八　（略）
（国民の国外犯）

第三条　この法律は、日本国外において次に掲げる罪を犯した日本国民に適用する。
一　第百八条（現住建造物等放火）及び第百九条第一項（非現住建造物等放火）の罪、これらの規定の例により処断すべき罪並びにこれらの罪の未遂罪
二〜十七　（略）

（国民以外の者の国外犯）
第三条の二　この法律は、日本国外において日本国民に対して次に掲げる罪を犯した日本国民以外の者に適用する。
一　第百七十六条から第百八十一条まで（強制わいせつ、強制性交等、準強制わいせつ及び準強制性交等、監護者わいせつ及び監護者性交等、未遂罪、強制わいせつ等致死傷）の罪
二〜六　（略）

（公務員の国外犯）
第四条　この法律は、日本国外において次に掲げる罪を犯した日本国の公務員に適用する。
一　第百一条（看守者等による逃走援助）の罪及びその未遂罪
二　第百五十六条（虚偽公文書作成等）の罪
三　第百九十三条（公務員職権濫用）、第百九十五条第二項（特別公務員暴行陵虐）及び第百九十七条から第百九十七条の四まで（収賄、受託収賄及び事前収賄、第三者供賄、加重収賄及び事後収賄、あっせん収賄）の罪並びに第百九十五条第二項の罪に係る第百九十六条（特別公務員職権濫用等致死傷）の罪

属地主義に関して偏在説をとり、かつ、国外犯にわが国の刑法が適用されることがあるので、同一の犯罪について複数の国の刑法が適用される場合が出てくる。外国で処罰されて日本に帰国した者をどうするかについて定めるのが、刑法五条だ。

（外国判決の効力）
第五条　外国において確定裁判を受けた者であっても、同一の行為について更に処罰することを妨げない。ただし、犯人が既に外国において言い渡された刑の全部又は一部の執行を受けたときは、刑の執行を減軽し、又は免除する。

但書に定められているのは、刑の減免ではなく、刑の執行の減免なので、裁判所は、例えば「〇年の拘禁刑に処する。」と刑をまず言い渡した上で、外国で執行を受けた期間を差し引き、「右刑の執行を×年×月に減軽する。」と付け加える。

保護主義と属人主義

刑法二条により「すべての者の国外犯」に適用される犯罪は、①国家の存立に対する罪である内乱に関する罪、外患に関する罪、②通貨偽造の罪や公文書偽造の罪、有価証券偽造の罪といった国内の取引の安全に対する罪であり、これらの犯罪は国家が重大な利害関心を有するものだといってよい。これを**国家保護主義**という。

刑法三条の二は、「日本国民以外の者」が、日本国外で、日本国民に対して①不同意わいせつや不同意性交の罪、②殺人罪（未遂を含む）や傷害罪・傷害致死罪、③逮捕監禁の罪、④誘拐の罪、⑤強盗の罪を犯した場合に、わが国の刑法が適用されると定める。これは、外国にいる自国民を保護する義務を国家が負っていることにもとづく。これを**国民保護主義**という。「消極的属人主義」とよぶこともある。

刑法三条には、日本国外で日本国民がおかした罪で日本の刑法が適用されるものが列挙されている。現住建造物等放火罪、私文書偽造罪、殺人罪・傷害罪、強制わいせつ罪・強制性交罪、名誉毀損罪に窃盗・強盗罪、横領罪、背任罪等、その数は多い。

罪を犯した者（行為主体）に着目して自国の刑法を適用する考え方を**（積極的）属人主義**という。属人主義は、「たとえ国外にいようとも、日本国民としての道義に反する行為をしてはいけないからだ」と説明されることがある。

刑法四条は、国外で「日本国の公務員」が法令により拘禁中の者を逃走させたり、虚偽公文書を作成したり、賄賂を受け取ったりした場合に、わが国の刑法が適用されることを定めたものだが、これらの公務員犯罪が国家への忠誠義務に違反することに処罰の根拠があるのだとすれば、刑法四条も属人主義を定めるものだということになる。

自国民不引渡しの原則　属人主義に関しては、上記の法的モラリズムにもとづくのとは異なる説明も試みられている。その足がかりになるのは、逃亡犯人引渡法だ。

（引渡に関する制限）

第二条　左の各号の一に該当する場合には、逃亡犯罪人を引き渡してはならない。但し、第三号、第四号、第八号又は第九号に該当する場合において、引渡条約に別段の定があるときは、この限りでない。

一　引渡犯罪が政治犯罪であるとき。

二　（略）

三　引渡犯罪が請求国の法令により死刑又は無期若しくは長期三年以上の拘禁刑にあたるものでないとき。

四　引渡犯罪に係る行為が日本国内において行なわれたとした場合において、当該行為が日本国の法令により死刑又は無期若しくは長期三年以上の拘禁刑に処すべき罪にあたるものでないとき。

五～八　（略）

九　逃亡犯罪人が日本国民であるとき。

例えば、Aが中国で中国国民を殺害して日本に帰ってきたとする。属地主義の下では、中国の刑法が適用されるところ、中国政府がAを引き渡すようにわが国政府に請求しても、わが国政府は犯罪人引渡し条約を結んでいない国には逃亡犯罪人を引き渡してはならない。これを**自国民不引渡しの原則**という。

このような原則がどこの国にでもあるのはなぜかというと、何を犯罪とするか、どのような刑罰を科すのかは国によって様々だからだ。場合によっては、（わが国の感覚からは）過酷な刑を科すおそれのある国が引渡しを請求してくることもある。例えば、中国では麻薬の密売は死刑になる可能性がある。わが国が犯罪人引渡し条約を結んでいるのは、アメリカと韓国のたった二国だけだ。ヨーロッパ諸国と条約を結んでいないのは、わが国が死刑存置国だからだろう。

自国民不引渡しの原則に従って、逃亡犯罪人を引き渡さないにしても、Ａが何の刑罰も科されないでいたら、中国との関係が悪くなるので、わが国の刑法を適用してわが国で処罰する。このように、他国が処罰することができない代わりに自国が処罰することを**代理処罰主義**という。

属人主義を自国民不引渡しの原則から説明した場合、刑法四条は属人主義ではなく、国家保護主義を定めたものと解される。例えば、日本の公務員が日本の公務員としての職務に関して中国で賄賂を受け取ったところで、中国は困らないからである。これに関して、刑法三条六号は、日本国民が国外で贈賄罪（刑法一九八条）を犯した場合もわが国の刑法が適用されると定めている。若干浮き気味のこの規定は、国家保護主義を定めたものだということになる。

国際犯罪　国外犯処罰規定は、自国の利害関心に従って置かれるだけではない。国際犯罪の中には、世界各国が、自国の利害に関わりなく、国際社会の一員として対処しなければならないものがある。

例えば、**ジェノサイド**（**集団殺害**）がそうだ。第二次世界大戦後のニュルンベルク裁判で、ドイツの戦争犯罪人は、戦争を起こしたことそれ自体だけでなく（**平和に対する罪**）、ユダヤ人の大量虐殺（**ホロコースト**）をはじめとする数々の非人道的行為についても、**人道に対する罪**として断罪された。一九四八年、集団殺害罪の防止および処罰に関する条約（ジェノサイド条約）を国連総会が採択し、ジェノサイドは**国際犯罪**として確立した。

ルワンダでは、一九九四年、多数派部族（フツ族）と少数派部族（ツチ族）の対立をあおる**ヘイトスピーチ**（**憎悪表現**）がマスメディアによって増幅されるうちに、フツ族過激派がツチ族を襲撃し、内戦になった。この**ルワンダ内戦**では、一〇〇日間で、ツチ族を中心に八〇万人以上もの人々が殺害されたといわれる。内戦終結後、ルワンダに「ルワンダ国際刑事裁判所」が設置されて、フツ族指導者らに有罪判決が言い渡された。

一九九八年に設立された**国際刑事裁判所**（ＩＣＣ）は、集団殺害罪、人道に対する犯罪、戦争犯罪、侵略犯罪をした個人を国際法にもとづいて訴追し、処罰するために設けられた常設の裁判所である。ただし、ＩＣＣが捜査ないし訴追をおこなうのは、関係国に捜査・訴追をおこなう能力や意思がない場合に限られる。

国際テロへの対処

二〇〇一年九月一一日、アメリカ国内の旅客機四機がハイジャックされて、うち二機がニューヨークの世界貿易センター、一機がアメリカ国防総省本部庁舎に突入し、全世界に衝撃をあたえた。なお、残りの一機はコロンビア特別区（ワシントンDC）へ進路変更後、墜落した。**アメリカ同時多発テロ**である。

ジョージ・W・ブッシュ米政権によってアメリカ同時多発テロはイスラム過激派組織「アル・カーイダ」の犯行と断定されて、指導者オサマ・ビン・ラーディンを庇《ひ》護していたアフガニスタンに、アメリカ軍を中心とする多国籍軍が侵攻した。これによる第一次タリバーン政権崩壊後、アメリカの「テロとの戦い」の標的はイラクの独裁者サダム・フセインに移り、二〇〇三年にイラク戦争が勃発する。フセイン政権も崩壊し、アフガニスタン、イラクに多国籍軍が駐留した。

その後、イラクでは、もとはアル・カーイダ系組織だった、「イラク・レバントのイスラム国」（ＩＳＩＬ）が台頭し、二〇一五年までにはイラク北西部からシリア中部にかけて武力制圧するに至った。二〇一四年以降のアメリカ軍等による空爆、および、米特殊部隊によるＩＳＩＬ幹部の殺害が功を奏してＩＳＩＬは弱体化し、二〇一九年頃にはイラク・シリアにおけるすべての支配地域を喪失したが、それでもなお中東でのテロ活動を続けている。

国際テロリズムは、テロ組織が世界中にネットワークを密かに構築していき、機会をとらえては、政府関連施設を襲撃したり、ビルを爆破したりして、民間人を含む多数を無差別に殺傷する。それによって社会を混乱させ、その混乱に乗じて自分たちの勢力を拡大するのが目的である。標的はアメリカやイギリス、フランス、ドイツだけとはかぎらない。わが国が国際テロの被害にあってもそんなに不思議ではないのだ。

しかも、インターネットの普及にともない、国内で生まれ育った者が国外の過激派思想に感化されて、自国内でテロを、しかも自前でおこなう例までみられるようになった。これを**ホームグロウンテロリズム**という。ホームグロウンテロは、「誰が誰と会ったのか」、「どこに何が持ち込まれたのか」を追うだけでは国際テロを防ぐのに不十分であることを、国際社会に思い知らせた。

国際テロリズムは国際刑事裁判所に訴追されるという意味での国際犯罪ではないけれども、世界各国が、テロ防止に関する条約を締結することで共同してこれに対処している。サイバー犯罪、人身売買といった国際的におこなわれる組織的犯罪も同様だ。それらの犯罪は、広い意味で、国際犯罪だということができる。

世界主義　広い意味でのものを含む国際犯罪に対処するために、問題の犯罪行為自体は自国に関係がないにもかかわらず処罰することを**世界主義**という。国際犯罪への対処といっても、わが国の捜査・訴追権を国外にいる人に行使するということではない。

ここで問題になっているのは、国外で罪を犯した者がわが国内に潜伏しているときにわが国の捜査権を行使できるようにすることだ。そのためには、問題の行為がわが国でも犯罪でなければならない。

例えば、アメリカでAがBを人質にして、フランス政府に対し、収監中の仲間を解放するように要求したとする。Aが日本国民であれば属人主義、Bが日本国民であれば国民保護主義の規定をおくことで国外犯に対応できる。問題は、Aがドイツ人、Bがフランス人のときだ。
こういう場合に備えて、各国は国際条約を結び、自国の刑罰法規に国外犯処罰規定を設けるのだが、問題の行為が刑法典に規定されている犯罪であれば、次の規定に従ってわが国の刑法が適用される。

（条約による国外犯）
第四条の二　第二条から前条までに規定するもののほか、この法律は、日本国外において、第二編の罪であって条約により日本国外において犯したときであっても罰すべきものとされているものを犯したすべての者に適用する。

さて、わが国では、人質をとる行為に関する国際条約（人質行為防止条約）にもとづき、「人質による強要行為等の処罰に関する法律」（人質強要行為処罰法）が制定されている。Aの行為には人質による強要罪（人質強要行為処罰法一条）が成立するところ、国外犯に関して、人質強要行為処罰法五条には、「第一条の罪は刑法（中略）第三条、第三条の二及び第四条の二の例に、前三条の罪は同法第二条の例に従う。」と書いてある。
「例に従う」とは、ここでは、「刑法三条（日本国外において本罪を犯した日本国民に適用）、三条の二（日本国外において日本国民に対して本罪を犯した日本国民以外の者に適用）、四条の二（人質行為防止条約により日本国外において犯したときであっても罰すべきものとされている罪を、日本国外で犯したすべての者に適用）と同じ扱いをする」という意味だ。

なお、刑法「第二条の例に従う」と定められているのは、次の事情による。人質強要行為処罰法三条は、ハイジャック犯が乗客を人質にして、第三者に強要をする行為を重く処罰する規定であるところ、この行為は人質行為防止条約に「日本国外において犯したときであっても罰すべきもの」としては明記されていない。人質強要行為処罰法二条（加重人質強要罪）、四条（人質殺害罪）も同様である。

このような場合に、それでも世界主義の下で国外犯処罰規定を設けるため、国家保護主義の規定である刑法二条を借りてきて、「刑法第二条の例に従う」と規定する。

自国の刑法を「適用する」の意味

ところで、刑法一条～四条の二には、「この法律は、～に適用する」と定められているが、「適用する」とはどういうことなのだろうか。これを文字どおりに解すれば、刑法一条～四条の二は**準拠法**についての規定で、わが国の刑法が「適用」されない場合には、犯罪が成立しないことになる。

例えば、Aが旅行先のアメリカでBを殴ったとする。日本で人を殴れば、被害者が日本人であろうが外国人であろうが、暴行罪（刑法二〇八条）が成立する。ところが、刑法二条以下には国外で犯された暴行につき、日本の刑法を「適用する」とは定められていない。では、刑法二〇八条は適用されないので、Aの行為は犯罪ではないというのだろうか。これは変ではないか。

そこで、学説では、あらゆる罪についてわが国の刑法は適用されるけれども、国外犯は刑法二条以下の規定に該当する場合にのみ処罰するという意味に解されてきた。刑法二条～四条の二は、国外犯についての客観的処罰条件を定めた規定だというのである。

伝統的な刑法理論によれば、犯罪が成立することによって国家刑罰権は発生するものの、国家がこれを行使するかどうかが一定の条件にかからせられていることがある。問題の条件が満たされているときだけ国家刑罰権を行使するという場合を**客観的処罰条件**という。

法と道徳を結びつける立場からは、準拠法説よりも客観的処罰条件説のほうがとりやすい。なぜなら、人として間違っている行為が犯罪である以上、誰がいつ、どこでしようとも、それが犯罪であることに変わりはないはずだからだ。逆にいえば、そのような前提をとらなければ、準拠法説をとることも可能である。

法と道徳を区別すべきだとする立場からは、同じ行為が犯罪とされたりされなかったりするのは、そんなに変でない。なぜなら、自国の刑法を適用することは、法益を保護するための一つの手段でしかないからだ。外国の刑法が適用されることで問題の法益は十分に保護されるだろうという場合にまで、わが国の刑法を適用する必要はない。だから犯罪は成立しないのだ、と。これも一つの考え方である。

MEMO 15 国際刑法の諸原則

1．国内犯

□1**属地主義**　犯罪がどこでおこなわれたか（**犯罪地**）に着目して、自国の刑法を適用するかどうかを決める

刑1①　日本国内

中国で、毒入りの菓子を発送 → 日本国内で食べて → アメリカで中毒死

行為地　**中間影響地**　**結果地**

犯罪事実の一部でも日本国内でおこなわれていれば、刑1①適用（**偏在説**）

2．国外犯

□2**保護主義**

刑2　国家が重大な利害関心を有するもの（**国家保護主義**）

刑3の2　日本国外で日本国民に対して人身犯罪がおこなわれた場合（**国民保護主義**）

□3**積極的属人主義**　行為主体に着目して自国の刑法を適用する

刑3　外国で罪を犯した日本人が日本に帰国した場合

刑4　公務員による国外犯

□4**世界主義**　問題の犯罪行為自体は自国に関係がないにもかかわらず処罰する

刑4の2　条約により、国外犯であっても処罰すべきものとされている場合

第12講　構成要件該当性

構成要件と構成要件要素

構成要件とは、処罰の対象となる行為を、「殺人」とか「窃盗」とかというように、抽象的な概念であらわしたもの、**構成要件要素**とは、構成要件を要素に分解したものである。さしあたっては、問題の行為が構成要件に該当するかどうかを判断するときのチェック項目のようなものが構成要件要素だと理解しておけば、現在の刑法学の議論には大体ついていけるだろう。

構成要件は「誰が何してどうなった」というように分解される。ちなみに、警察官が事件処理に際して関係書類に犯罪事実を記載するときには、**八何《はっか》の原則**に従う。すなわち、①誰が（主体）、②誰と（共犯関係）、③なぜ（原因、動機）、④いつ（犯行日時）、⑤どこで（犯行の場所）、⑥何に／何を／誰に対し（客体）、⑦どのような方法で（手段）、⑧何をしたか（犯罪の行為と結果）の八つである。②と③を書く必要がないときは、**六何の原則**に従う。これと少し似ているが、構成要件要素の基本セットは、行為主体、行為客体、実行行為、構成要件的結果、（相当）因果関係である。

法人処罰

行為主体（「誰が」）は、ふつうは、**自然人**である。ただし、構成要件によっては、一定の範囲の自然人に行為主体が限定されることがある。例えば、刑法一九七条一項前段には、「公務員が、その職務に関し、賄賂《わいろ》を収受し、又はその要求若しくは約束をしたときは、五年以下の拘禁刑に処する。」と書いてある。このように特定の身分を有することが構成要件要素となっている場合を**身分犯**という。身分犯については、刑法六五条との関係で解釈問題が出てくる。

自然人だけでなく法人も処罰されることがある。**法人**とは、自然人以外で、法律上独立の取引または事業主体と認められたものである。法人は、人の集団である社団法人と、財産の集合体である財団法人に分かれる。民法三三条一項には、「法人は、この法律その他の法律の規定によらなければ、成立しない。」と書いてある。例えば、会社法は二条一号で、「会社」を「株式会社、合名会社、合資会社又は合同会社」と定義した上で、三条に「会社は、法人とする」と定めて、株式会社に法人としての地位（**法人格**）をあたえている。

法人が処罰されるといっても、それは殺人罪とか窃盗罪とかの刑法犯ではなく、**業務主処罰規定**が置かれている場合である。現行の業務主処罰規定は、従業者が違反行為をおこなった場合に、違反行為をした従業者を罰するとともに、業務主もあわせて刑事責任に問う。これを**両罰規定**という。両罰規定には、自然人業務主だけでなく法人業務主も処罰対象に含むものとされてい

MEMO16 法人処罰

法人：自然人以外で、法律上独立の取引または事業主体と認められたもの

両罰規定により処罰される業務主に法人を含むことで法人を処罰

［要件］　1）人または**法人**

2）選任監督上の過失　**⇐過失推定説**

3）違反行為

a）従業者が

b）業務に関して

c）法規違反

（業務主の側が注意を尽くしたことを立証しないかぎり、選任監督上の過失が認定）

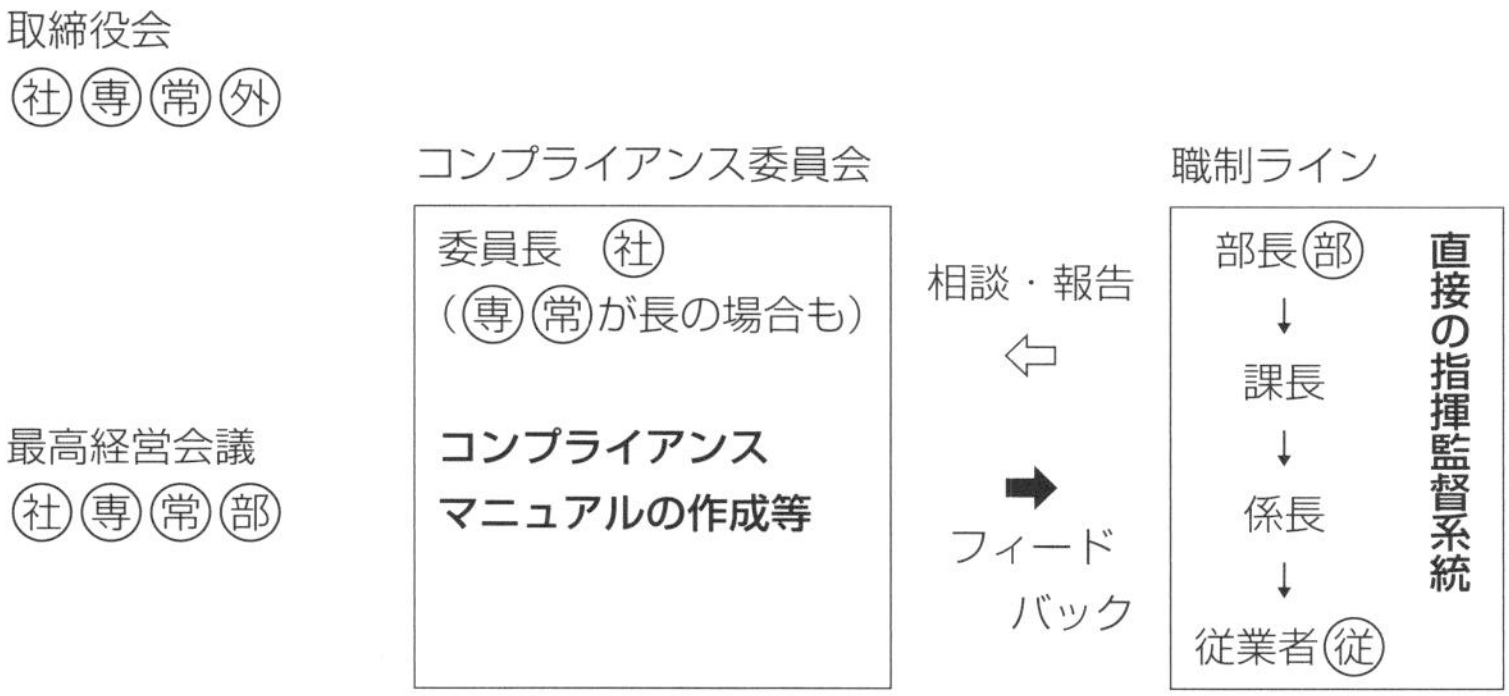

問題は、「法人の行為」をどのようにとらえるか

㊓：社長　専：専務取締役　常：常務取締役　外：社外取締役

i）**同一視理論**

法人の代表者の行為が法人の行為

ii）**組織体モデル**

法人の組織的活動とされるあらゆる行為が法人の行為

るので、これによって法人が処罰されるのだ。

例えば、X県にある○○株式会社××工場が廃液を処理しないでそのまま海に垂れ流していたところ、近隣の住民に健康被害の危険が生じたとする。廃液を捨てていた従業員は、「人の健康に係る公害犯罪の処罰に関する法律」で拘禁刑または罰金に処せられる（二条、三条）。○○株式会社の社長個人も同様だ。

さらに、同法四条には、「両罰」という見出しとともに「法人の代表者又は法人若しくは人の代理人、使用人その他の従業者が、その法人又は人の業務に関して前二条の罪を犯したときは、行為者を罰するほか、その法人又は人に対して各本条の罰金刑を科する。」と書いてある。この規定により、○○株式会社にも罰金刑が科される。

法人処罰の二つの論点

法人が犯罪の主体として処罰されるのはなぜかを現行法を前提に考えるときには、次の二点から議論をする必要がある。

第一、自然人業務主も含めて、業務主はどうして従業者の違法行為に対して刑事責任を問われるのか。両罰規定によって業務主は罰金という刑罰を科されるのだから、刑罰を科される業務主の側にそうされてもやむをえない事情がなければならない。だから、業務主において「従業者の選任監督上の注意を怠った」という過失が、業務主処罰の要件になる。ただし、判例によれば、起訴された業務主の側が注意を尽くしたことを立証しないかぎり、選任監督上の過失が認められる（**過失推定説**）。

第二、自然人だけでなく法人も処罰されるのはどうしてか。法人は業務主としての選任監督上の注意を怠った過失があるとして処罰されるのだから、法人も何らかの行為をしているということになる。自然人と違って、法人は肉体も精神ももたない。そこで、自然人である「法人の代表者又は法人若しくは人の代理人、使用人その他の従業者」のうちの誰かの行為をとらえて、「これが法人の行為だ」と構成しなければならない。

一方で、法人処罰は、従業者による違反行為を抑止するための手段だと解することができる。この立場からは、法人の経営や組織運営にたずさわる者の行為、したがって、社長、専務、常務といった役員だけでなく、部長・課長クラスの者の行為までも、「法人の代表者」による行為として、法人の行為と同一視される。これを**同一視理論**という。

なぜなら、役員や中・上級管理職は、法人が事業活動によって成果をあげたことに対する報酬を受け取る立場にあるからだ。逆に、法人が事業活動に失敗すればその責任をとらなければならない。なので、彼らにとっては、法人処罰の存在は、従業者に違反行為をさせないように働きかけることの動機（インセンティブ）になるのである。

他方で、法人処罰を、従業者の違反行為につき法人に対して向けられる社会的非難をかたちにしたものだと解することもできる。この立場からは、法人の組織的活動とされるあらゆる行為が法人のものとされることになる。したがって、従業者に違反行為をさせないための組織的な取組みであるコンプライアンス体制に不備があったことだけでなく、従業者による違反行為自体も法人の行為にあたる。これを**組織体モデル**という。

実行行為

実行行為とは、構成要件に該当する行為だ。この定義は、一見したところでは変に思われる。構成要件要素とは問題の行為が構成要件に該当するかどうかを判断するためのチェック項目であって、チェック項目をすべて満たしたら問題の行為が構成要件に該当する、ということだった。それなのに、チェック項目の一つに「構成要件に該当する行為であること」が入っているのだから、変だと思って当然である。

伝統的な刑法学説は、実行行為を「定型的に構成要件に該当する行為」と解する。これを**定型説**という。例えば、「AがBを包丁で刺した」という話を聞くと、ふつう、「それでBは大丈夫だったのですか。もしかして、死んだのではないですか」と聞き返したくなるだろう。このように「包丁で刺す」とか、「首を絞める」とか、「銃撃する」といった行為は、一般的に人の死の結果と結びつけられる。そういう行為が実行行為だというのである。

伝統的学説は、もともと、「構成要件に該当する」という言葉を、「構成要件要素をすべて満たしている」ということをこえた意味で使っていた。それによれば、殺人とか、窃盗とかという概念は一つの全体であって、その全体を、行為と結果、両者のあいだの因果関係といった要素に分解するにしても、何も考えないで分解したら、その言葉のもっていた意味が損なわれる。

たとえるならば、青りんご。ふつう「青い」という言葉によって指し示される色と、「りんご」という言葉によって指し示されるモノをくっつけると、青りんごとはまったく別のモノになる。私たちが「青りんご」という言葉を使うときの「青」が（果肉ではなく）皮の色が緑、どころか、より黄味がかってもはや黄色にしか見えない色まで指し示すのは、大昔の日本人には「緑」という色表現がなく、緑色も「青い」と表現していたことに由来する。

構成要件もそんな感じで、殺人とか、窃盗とかは、日本人がそれらの言葉をどう使ってきたのか、それらの言葉によって何を指し示してきたのかを考える必要があるのだ。ちなみに、現在の学説にいう意味での構成要件該当性は、伝統的学説では**構成要件充足**と言い換えられていた。

つまり、伝統的学説は、個別の「行為」にはそれぞれ固有の意味があって、その意味によってはじめて、出来事を殺人だとか、窃盗だとかといった言葉で指し示すことが可能になると解していた。それが実行行為性なのである。だから、犯罪一般について「実行行為とは何かを定義せよ」といわれても、「定型的に構成要件に該当する行為」という不要領なものにならざるをえない。実行行為概念は多くの刑法学者にとって難解極まりなかったのか、現在、この概念に対しては不要論さえ主張されている。

構成要件的結果

構成要件的結果とは、構成要件に該当する「行為と結果」から「行為」と「因果関係」の要素を取り除いたもので、行為によって引き起こされた外界変動それ自体をいう。オーソドックスな理解によれば、犯罪が処罰されるのは法益を侵害したり、危険にさらしたりしたからなので、構成要件的結果は、法益侵害またはその危険とほぼ重なる。ただし、法益侵害またはその危険とは別の外界変動が構成要件的結果に加わる犯罪もある。例えば、刑法一〇八条以下の放火罪は、公共危険に加えて、客体が「焼損」したことも構成要件要素になっているものとされている。

構成要件的結果としての法益侵害または危険を構成要件要素とする犯罪を**結果犯**という。正確には、結果犯の用語は挙動犯との区別のために用いられる。**挙動犯**とは、構成要件的結果を構成要件要素にもたない犯罪だとされる。けれども、挙動犯は、行為と別個の外界変動がもたらされないだけで、行為それ自体において法益侵害またはその危険という外界変動がもたらされているとも解される。その意味では、「犯罪はすべて結果犯だ」といってもかまわない。

例えば、刑法一三〇条前段（住居侵入罪）は、「正当な理由がないのに、人の住居若しくは人の看守する邸宅、建造物若しくは艦船に侵入し」と書いてあって、人の住居等に「侵入する」としか書いていないけれども、それによって何らかの法益が侵害され、または危険にさらされているのだと解される。その上で、刑法一三〇条前段によって保護される法益は何かという問いが立てられる。

実害犯と危険犯

結果犯は、法益侵害を構成要件的結果とする**実害犯**と、法益侵害の危険を構成要件的結果とする**危険犯**に分かれる。

さらに、危険犯は、「危険」という言葉が条文に書いてある場合と、条文には「危険」という言葉は書いていないけれども、危険犯であることに相違はないという場合とに分かれる。例えば、刑法一〇八条の現住建造物等放火罪も、刑法一一〇条の建造物等以外放火罪も、大火事になって不特定または多数の人の生命・身体・財産が危険にさらされるから処罰されるので、これらは危険犯である。ところが、刑法一一〇条には、刑法一〇八条、一〇九条の物「以外の物を焼損し、よって公共の危険を生じさせた者は」と書いてあるのに対して、刑法一〇八条には「焼損した者は」と書いてあって、「公共の危険」という言葉が出てこない。

このように、「危険」という言葉が条文に書いてある場合を**具体的危険犯**、書いていない場合を**抽象的危険犯**という。必ずしもそう単純に区別できるわけではないという学者もいるけれど、出発点としては、この定義で十分であろう。

抽象的危険犯の特徴は、危険が発生したことを裁判所が具体的に認定しなくていい点にある。例えば、放火犯がゴミ捨て場に放火したとする。この場合、ゴミ捨て場のごみは刑法一〇九条の建造物等以外の物にあたるので、刑法一〇九条の罪で有罪を言い渡すためには、周囲に火が燃え移って大火事になる可能性があったとかといった事実が認定されなければならない。これに対して、人が住んでいる家に放火した場合は、家が「焼損」したという事実が認定されるだけで有罪が言い渡されるのだ。

この点、伝統的学説によれば、抽象的危険犯では危険の発生が擬制《ぎせい》されるのだと説明されてきた。「危険を擬制する」というのは、文字どおりの意味では、危険がないのに、あるものとして扱うということだが、法益侵害の「危険が発生しなくても処罰される」というのはいかにも不当である。実際、伝統的学説においても、「行為それ自体の危険性」が「擬制」の根拠になっており、その意味での危険は認められる。

つまり、「危険」のとらえ方が具体的危険犯にいう危険とは違っているのだ。抽象的危険犯とは、正確には、「具体的危険犯にいう危険が発生していなくても処罰される」場合である。そこで、抽象的危険犯における「危険」はどのように判断されるのかが問題になる。

リスクマネジメントの視点から

「危険」という言葉はいろいろな意味で用いられるが、リスクマネジメントにおいては、危険をリスクという意味で用いる。危険犯の処罰が国家によるリスクマネジメントの一つなのだとすれば、「危険とは（リスクマネジメントでいうところの）リスクだ」ととらえることが、危険犯について考えるための出発点になる。

リスクマネジメントの基本中の基本は、リスクとハザード（危険源）を区別せよということである。例えば、自動車は一トン前後の重さの金属の塊が、時速五〇キロ、高速道路だったら一〇〇キロ以上の高速度で走るものなので、それ自体としてはきわめて危険だ。このように、それ自体として危険なものを**危険源**という。でも、危険源から事故が発生するかどうかは、危険源がどのような状況におかれているかによる。**リスク**とは、問題になっている状況下で、危険源から「事故が発生するとも、発生しないとも、どちらともいえない」という不確実性を意味する。

どうしてこのように問題をとらえるのかといえば、リスクを管理することでも安全は実現されるからだ。いくらそれ自体として危険だからといって、自動車をなくしてしまったら、私たちの生活は立ち行かなくなる。そこで、私たちは可能なかぎり事故のリスクを減らすべく、交通安全対策を講じ、その上で、自動車という危険源を許容する。これが**許された危険**の出発点になる。

さて、リスクは蓋然性、すなわち、事故発生を見込むべき事情があるかどうかによって区別される。例えば、住宅地で家に放火しても、その時雨が降っていれば、隣に消防署があれば、大火事にはたぶんならない。けれども、逆に、からっ風がびゅうびゅう吹いていれば、火を消してくれる人が近くにいなければ、大火事になるリスクは高い。

そこで、まず考えられるのは、行為時にどういう事情があって実害が発生しなかったのかを解明した上で、当該事情による実害発生の阻止がどの程度確実だったかを問うというアプローチである。消防署が隣にあっても、消防隊員が消火に失敗することが絶対にないとはいえないのだとすれば、大火事になる抽象的危険はあったといえる。このように、抽象的危険犯においては、

MEMO17 抽象的危険犯

構成要件的結果：行為によって引き起こされた外界変動それ自体

1．**実害犯**　法益侵害を構成要件的結果とする犯罪

2．**危険犯**　法益侵害の危険を構成要件的結果とする犯罪

（1）**具体的危険犯**　「危険」という言葉が条文に書いてある場合

（2）**抽象的危険犯**　「危険」という言葉が条文に書いていない場合

└▶危険が発生したことを裁判所が具体的に**認定しなくていい**

ただし、

危険が全くない場合には犯罪不成立

＝抽象的危険犯においても、何らかの危険はある

ⅰ）量的相違説

判断資料は同じだが、**具体的危険よりも程度が低くてもいい**のが、抽象的危険

ⅱ）質的相違説

具体的危険と違って、**判断資料に操作がくわえられる**のが、抽象的危険

⇐立法者が想定する状況に引き寄せて、危険かどうかを判断

例）隣に消防署があるので　ボヤで済むだろう ＝ 具体的危険なし

ⅰ）説は、近くに消防署があっても消火に失敗する可能性がゼロでないことに注目

ⅱ）説は、「近くに消防署がある」という事情を取り除いて考える

「実害発生の蓋然性がまったくない（＝ゼロリスク）わけではない」という意味で危険かどうかが判断される、との見解が一方で主張される。

もちろん、そのように危険を判断するのが唯一のアプローチではない。放火した家の隣に消防署があった、雨が降っていたという事情は、今回はたまたまそうだっただけではないのか。それらの場合にも、「実害の発生を阻止した事情を捨象して考えたら」という意味で、大火事が発生する抽象的危険は認められるのだ、と。そんな立場もあっていい。

この立場からは、危険源の取扱いにつき、その種の行為を一律に禁止することに経験上合理的な根拠があるという場合に、抽象的危険犯の処罰が用いられる。これはこれで、リスクマネジメントの一つのやり方だ。このように、抽象的危険犯においては、個別具体的な状況から離れて、立法者が想定する状況に引き寄せて危険かどうかが判断される、との見解が他方で主張されている。

因果関係

さて、結果犯が成立するには、（実行行為にあたる）行為と構成要件的結果とのあいだに因果関係がなければならない。**因果関係**とは、原因と結果の関係である。問題の行為と法益侵害またはその危険とのあいだに原因と結果の関係が成り立たなければ、結果犯は成立しない。これが構成要件要素としての因果関係である。

そもそも因果関係とは何か。これに答えるのは哲学の問題だ。例えば、スコットランド啓蒙を代表する哲学者の一人であるヒュームは、因果関係とは「AならばBになるだろう」という推論が成り立つことであり、この推論は帰納によっておこなわれると説いた。

例えば、ふぐを食べたAが死んだ。その後、ふぐを食べたBも同じだった。Cも、そしてDも。そうすると、人間は「ふぐを食べた者は死ぬ」という一般法則を立てたくなる。A、B、C、Dといくら個別事例を数え上げても、論理的には、次も同じだとはかぎらない。でも、だからといって「自分は大丈夫だ」と思ってふぐを食べるのは賢くない。このように、一般法則を立てることで人類は賢く生きられるのだ、と。

条件関係　刑法学では、さしあたり、「そもそも因果関係とは何なのか」についての哲学論議に付き合う必要はなく、「刑法の世界で『因果関係がある』と判断されるのはどういう場合か」を考えることで足りる。刑法上の因果関係は次の二つのステップで判断される。

第一のステップは、行為と結果とのあいだに**条件関係**が認められるかどうか。伝統的に、「問題の行為がなかったら、結果は発生しなかっただろう」といえる場合に、条件関係は認められる。これを**必要条件公式**とよぶ。ラテン語で「あれなければこれなし」という意味のコンディツィオ・シネ・クワ・ノン (conditio sine qua non) から、この公式は**コンディツィオ公式**とよばれることもある。

例えば、AがBに毒を飲ませたが、中毒死する前にBがCによって射殺されたとする。「Bが死んだこと」と抽象的に結果を規定すると、Aの行為がなくてもBは死んだからAの行為と結果とのあいだの条件関係は否定される。

ここまではいいけれども、Cの行為を取り去って考えるとどうなるだろうか。Cに撃たれなくても、Aの毒でBは死んだだろうから、Cの行為と結果とのあいだの条件関係も否定される。だから、Cの行為は殺人未遂罪（刑法二〇三条）が成立するにとどまる。この結論は明らかに不当である。

そこで、必要条件公式を適用するに際して、結果は、構成要件的結果発生に至る因果経過を含めて具体的に規定される。先の例では、「Cの発射した銃弾がBに当たって死亡した」という具合に結果を規定すれば、Cの行為を取り去って考えたときに発生する具体的結果は「Aの飲ませた毒が回ってBが死亡した」になるので、Cの行為と結果とのあいだの条件関係は肯定される。

相当因果関係

条件関係が肯定されたとして、第二のステップは、**相当因果関係**が認められるかどうかである。相当因果関係は、構成要件的結果発生に至る因果経過を含む具体的結果が、客観的に予測可能である場合に認められる。因果関係の相当性ともいう。

例えば、AがBに暴行をくわえたところ、Bは負傷して病院に入院したが（生命に別状なし）、入院中に病院がCに放火されて、Bは焼死したとする。「病院火災事例」とよばれる、この設例では、Aの行為がなければ、Bが負傷することもなかったし、搬送先の病院に入院することも、入院先の病院で火災に巻き込まれることもなかったのだから、Aの行為と結果とのあいだの条件関係は肯定される。

けれども、Aの行為につき傷害致死罪（刑法二〇五条）の成立を認めて、死の結果について刑責を負わせるのは酷であろう。そこで、「入院先の病院が火災にあって焼死する」という具体的結果はAの行為からは客観的に予測不可能だったとして、刑法上の因果関係を否定するのだ。

問題は、客観的予測可能性の判断が、行為時に存在する事情をどこまで考慮するかである。というのも、それによって客観的予測可能性の判断が左右されるからだ。

例えば、「老女布団むし事件」とよばれる事件がある。おばあさんを夏布団でくるんで押さえつけるという、それ自体としては軽度の暴行をくわえたところ、おばあさんがなぜか心不全を起こして死亡した。実はおばあさんは心臓に重度の疾患《しっかん》をかかえていて、ちょっとしたことでも心臓発作を起こしかねない状態だったのだが、このことは裁判の時点ではじめて判明したことであり、したがって、行為の時点では誰も認識しえなかった。

本件では、「おばあさんが心臓に重い疾患をかかえていたこと」を判断資料として考慮すれば、因果関係の相当性は肯定される。これに対して、当該事情を判断資料から取り除けば、反対の結論になる。

相当因果関係の判断資料に関しては、裁判の時点で判明した事情を含む、行為時に存在する全事情とするか（**客観説**）、それとも、行為者が認識し、または認識しえた事情、および、行為者が認識できなくても、一般人ならば認識できただろうという事情を判断資料とするか（**折衷説**）で見解が分かれる。

大阪南港事件

相当因果関係によって刑法上の因果関係を判断する相当因果関係説に対しては、近年、同説からは妥当な結論が導くことができない場合があるという批判が向けられるようになった。その代表例とされるのが「大阪南港事件」である。

被告人が被害者に洗面器で殴る等の暴行をくわえていたところ（第一暴行）、被害者が意識を失って倒れたので、被告人は被害者を大阪南港にある資材置き場に運び、同人をそこに放置した。翌朝被害者は遺体で発見されたが、頭部には何者かによって角材か何かで殴打された（第二暴行）痕《あと》があった。

裁判では、被害者の死因について、被害者は高血圧症のため脳血管が破れやすかったところにきて、第一暴行への極度の恐怖心により血圧が急上昇したために、内因性の脳出血を起こしたものと認定された。第二暴行は被害者の死因とは関係がなかったものの、第二暴行が脳出血に外力による作用を及ぼして出血を拡大させ、死期を幾分か早める影響をあたえた疑いは残った。

この事件で最高裁は次のように判断した。犯人の暴行によって被害者の死因が形成されている以上、たとえ第三者による暴行がその後介在して被害者の死期が早められたとしても、犯人の暴行と被害者の死亡とのあいだの因果関係を認めることができる、と。

相当因果関係説に向けられた批判は、第一暴行と死の結果とのあいだの因果関係の相当性は否定されるのではないかということであった。意識を失って倒れている被害者の頭部を第三者が角材で殴打することは客観的に予測不可能だからである。

そこで、新たな因果関係の判断枠組として提案されているのが、行為の「危険が結果に直接実現した」場合には、予測不可能な経過をたどったとしても刑法上の因果関係は否定されない、という**危険実現論**である。大阪南港事件では、第一暴行によって被害者の死因が形成されているので、危険は結果に直接実現している。だから、刑法上の因果関係は否定されないというのだ。

この説の、相当因果関係説との決定的な相違点は、結果に対して刑責を負わせるかどうかを結果論で判断する点にある。大阪南港事件では、仮に資材置き場で倒れている被害者を第三者が射殺したとすれば、いくら深刻な脳出血だったとしても、第一暴行によって被害者の死因は形成されなかったことになる。つまり、問題の行為によって「死因が形成されたかどうか」は、行為後にどういう経過をたどったかによって決まる。それが結果について「おまえのせいだ」と、行為者に帰責する理由になるというのだから、これは結果論にほかならない。

構成要件の存在意義

では、どのように考えればよいだろうか。法益保護主義の観点からは、構成要件は「法益が侵害または危険にさらされるという結果を惹起すること」という意義に表現される。そうだとして、法益侵害または危険を惹起することを、刑法はどう扱っているのだろうか。刑法にとって構成要件は何のために存在するのだろうか。刑法には「○○した者は××に処する」としか書いていないので、これは解釈の問題になる。

第一の解釈は、一定の行為を禁止するために構成要件は存在するというものである。人を殺したら刑務所に入れるとか、死刑にすると規定しているのは、刑法一九九条が「人を殺すな」という規範を定立していることをあらわすのだ、と。これがオーソドックスな理解である。

この規範は誰に対して向けられるのだろうか。規範が向けられている人のことを「規範の名宛《なあて》人《にん》」という。これに関しては、規範の名宛人は行為者だとする立場と、裁判の時点での一般の人々だとする立場の二つに学説は分かれる。

そのように学説が分かれる背景にあるのは、刑罰理論をめぐる見解の相違だ。オーソドックスな刑法の理論によれば、国家刑罰権の発生は、問題の行為が構成要件に該当することによって基礎づけられる。応報刑論からは、行為者にとって問題の行為が道徳的に間違っているといえなければならないので、規範の名宛人は行為者になる。抑止刑論からは、社会一般の人々に今後同様の行為をさせないために刑罰を科すのだから、規範の名宛人は裁判時の人々になる。

さて、「結果を惹起するな」という規範は、名宛人（行為者または、裁判時の人々）が行為をする時点で、したがって、結果が発生する前の時点で定立される。だから、正確には、「結果を発生させうる行為をするな」という規範だ。

とはいえ、刑法は結果発生の論理的可能性のあるあらゆる行為を禁止するのではなく、結果発生の蓋然性（プロバビリティ）のある行為のみを禁止する。結果発生の蓋然性とは、結果が発生するだろうと見込むべき具体的事情が行為の時点で存在するということだ。言い換えれば、行為時に存在する具体的事情をもとに結果発生が客観的に予測可能であることが、問題の行為を禁止する理由になるのである。

なので、行為後に起こったことを理由に、「だからやってはいけなかったのだ」とする結果論は、刑法のオーソドックスな理解になじまない。

大阪南港事件の解決　予測判断という相当因果関係説の枠組自体は動かさないとして、どうすれば大阪南港事件は解決されるか。大阪南港事件で相当因果関係説がうまく機能しないとされたのは、「第三者が被害者の頭部を角材で殴打したこと」を具体的結果に含めたからだ。ここを見なおせばよい。というか、この方法しかない。

誰かが死んだ、けがをした、誰かの物が壊れた、等々の損失は、それ自体では、人々のあいだに紛争（コンフリクト）をもたらさない。例えば、自然死ではなく他殺だと判明したときに捜査は始まる。このように、損失が発生した後にその原因を分析し、損失が人為的に引き起こされたということが判明してはじめて、それは「事件」になる。

そこで、相当性判断の対象をどのように規定するかは、「現実に起こったこと」をどう記述するかの問題であるところ、どのようにして構成要件的結果が発生したのかを具体的に説明するのに必要のない、余剰《よじょう》な条件は具体的結果から取り除かれる。と、そのように考えてはどうだろうか。「結果を具体的に規定する」とは、起こったことをそのまま記述することではなく、構成要件的結果が発生したことの因果的な説明として必要十分な記述をおこなうことだ、というわけである。

大阪南港事件では、「第二暴行が脳出血に外力による作用を及ぼして出血を拡大させ、死期を幾分か早める影響をあたえた疑いは残った」といっても、その疑いは抽象的な可能性にとどまる。脳の組織内で出血するとそこに血の塊（血腫《けっしゅ》）ができる。血腫が大きくなるにつれて脳へのダメージが大きくなり、最終的にヒトは死に至る。だから、血液量が増えれば死の結果に向けて作用したことにはなるけれども、脳内の出血量と死亡のあいだの関係は「だいたい何ミリリットルたまれば死ぬ」というものでしかない。よって、第二暴行による出血量が少なく、誤差の範囲内にとどまるのならば、第一暴行だけでも被害者が死に至る経過を説明するのに十分である。大阪南港事件はそのような事件だった。

「被害者が内因性の脳出血を起こして死亡したこと」と具体的結果が規定されるならば、第一暴行と死の結果とのあいだの相当因果関係は問題なく認められる。

刑法学説の新たな潮流

構成要件の存在意義についての第二の解釈は、悪いことをした者に結果責任を負わせるために構成要件は存在する、というものである。中世ヨーロッパの教会法には、「不正な状態におかれている者には、その犯罪から生じるすべての事柄が帰せられる」(versanti in re illicita imputantur omnia quae sequuntur ex delicto) という原則があった。これは**ヴェルサリ法理**とよばれる。

ヴェルサリ法理を刑法の世界に持ち込めば、問題の行為がそれ自体として義務に反するということから、行為者は「不正な状態におかれている者」ととらえられる。だから、その後起こったことに対して彼は責任を負わなければならない、というわけである。

この立場からは、刑法上の因果関係は行為者に結果責任としての刑責を割り当てるための要件となるので、「危険が直接実現した」という行為後の事情が行為者を重い刑責に問う理由になっても差し支えはない。

大阪南港事件以来、この第二の解釈がわが国で(おそらく無自覚的に)有力化しているように思われる。中・近世から近代、そして第二次世界大戦後の現代へと、時代が下るとともに人類は洗練されていったと考える人には「ヴェルサリ法理の復活」は耐えがたいものだろうが、「前近代=間違っている」という思考にとらわれないで、どうしてヴェルサリ法理でいいのか、あるいは、反対の立場からも、どうしてヴェルサリ法理はダメなのかを、改めて考えてみる必要がある。

MEMO 18 因果関係論

因果関係：原因と結果の関係

①**条件関係**　「問題の行為がなかったら、結果は発生しなかっただろう」といえること（**必要条件公式**）

②**相当因果関係**　構成要件的結果発生に至る因果経過を含む具体的結果が客観的に予測可能であること

⇒**判断資料**によって左右

例）老女布団むし事件

軽い暴行をくわえただけで ショック死

心臓に重度の疾患があったので

そこで、**行為時に存する事情をどこまで考慮するか**が問題になる

ⅰ）**客観説**　全事情

ⅱ）**折衷説**　行為者が認識し、または認識しえた事情、および、一般人ならば認識できたであろうという事情

＊大阪南港事件

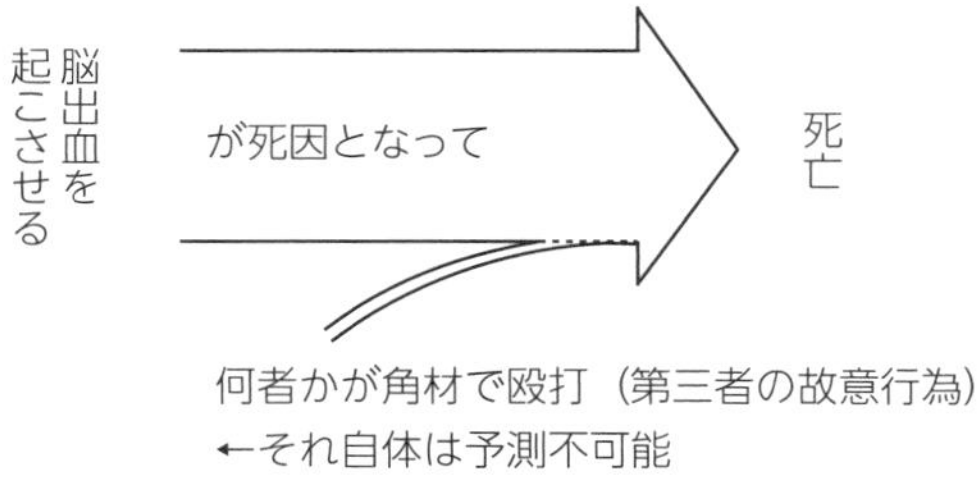

そこで、

危険実現論（近時の多数説）

：「行為の危険が結果に直接実現した」場合には、予測不可能な経過をたどったとしても、刑法上の因果関係は否定されないとする

不作為犯

Aが池の側を通りがかったところ、Bが溺れていた。助けようと思ったら、泳いで行って助けてやることはできる。でも、服が濡れるのはいやだ。やめておこう。というわけで救助しなかったところ、そのままBは溺死した。日常表現では、AはBを見殺しにしたわけであるが、では、Aの行為は刑法一九九条の殺人構成要件に該当するか。結論から先に述べれば、「助けなかった」というだけでは殺人構成要件に該当しない。

不作為とは、法的に期待される積極的行動をとらないことをいう。右の例では、人が溺れて死にそうになっているのだから、期待される積極的行動は「Bを救助する」ということである。これをしなかったことが不作為にあたる。

構成要件が不作為のかたちで規定されている場合の不作為犯を**真正**《しんせい》**不作為犯**という。例えば、刑法一三〇条後段の不退去罪は、人の住居等から、出ていけと要求を受けたにもかかわらず「退去しなかった」行為を処罰すると定められている。真正不作為犯においては、どういう状況でどういう積極的行動が法的に期待されるのかが条文に書いてある。

これに対して、構成要件は文言上、作為のかたちで規定されているけれど、これには不作為による遂行も含まれると解釈される場合にも、不作為は処罰される。刑法一九九条の殺人構成要件は、「人を殺した者は」と、「〜した」というかたちで規定されている。それでも、「助けない」という不作為が殺人罪で処罰されることがある。このような場合を**不真正不作為犯**という。

条文に作為のかたちで書いてある刑罰法規を不作為に適用しても、類推にはあたらない。これが一般的な理解である。先にも述べたように、法益保護主義の観点からは、構成要件は「法益侵害またはその危険を惹起すること」という意義に表現される。例えば、殺人構成要件は「人の死を惹起すること」と解釈されるところ、人の死の結果を惹起する手段について、刑法一九九条はとくに限定していない。だから、「助けない」という不作為によって死の結果を惹起することも殺人構成要件に該当する、というわけである。

作為義務の要件

さて、不真正不作為犯が処罰されるには、法的に期待される積極的行動をとることを、行為者が刑法上義務づけられてもいなければならない。この義務を**作為義務**という。作為義務を負う者を**保障人**とよぶこともある。作為義務を負う者の不作為だけが処罰されるとは条文に書いていないから、そのような、「書かれざる構成要件要素」としての作為義務は、解釈によって導き出される。では、どうして作為義務を負う者の不作為だけが処罰されるのだろうか。

一つの解釈は、不作為が処罰される範囲を限定する必要があるからだとするものである。不作為は誰でもできる。さっきの例で、池の側を通りがかった人が一〇〇人いて、ひどい話、誰も助けようとしなかったとする。一〇〇人を全員殺人罪で刑務所送りにする、というのはやりすぎなので、とくに助けなければならないという特別の事情がある者に限定する必要がある。そこで、作為義務が書かれざる構成要件要素になるのだ、と。

もう一つの解釈は、憲法一三条前段（「すべて国民は、個人として尊重される。」）を出発点とする。現行法秩序は**個人主義**を基本原理としている。個人主義とは何かについては、いろいろな考えがあるけれども、少なくとも、個人の自己実現、したがって、社会の成員がそれぞれ自分の人生を生きられる、そういう社会を理想とするものであることは間違いないだろう。

あなたの人生は他の誰のものでもなく、あなたのものなのだとすれば、どう生きるかは、あなた自身の問題だということになる。すなわち、個人主義からは、「他人から干渉されない」という意味での自由――この意味での個人の自由を最大限確保することで、個人の自己実現はよりよく達成されると説くのがリベラリズムである――だけでなく、「自分のことは自分で面倒をみるべきだ」という**自己責任の原則**も導かれる。

なので、自分の利益や財を保護してもらうべく、他人に積極的措置をとるよう請求することができるのは、当の他人にそれをすべき特別の事情がなければならない。だから、作為義務が書かれざる構成要件要素になるのだ、と。

二つのアプローチ　不真正不作為犯を処罰するには作為義務が必要だということはわかったとして、次の問題は、作為義務がどういう場合に、なぜ発生するかである。Bが溺れているのをAが助けなければならないのは、例えば、Bがまだ子どもで、AはBの父親だったとか、親子関係はないけれども、まだ子どものBをピクニックに連れ出していて、Aが目を離したすきにBが池に落ちただとかといった事情がある場合に限られる。では、そういった事情があればどうして作為義務が発生するのか。

かつては、作為義務の発生根拠は法令・契約・条理の三つに分けられていた。これを、**形式的三分説**という。例えば、親が溺れている自分の子を助けなければならないのは、民法八二〇条に、親権者は子を監護する義務を負うことが定められているからだと説明するのである。「条理」にもとづくというのは、後で述べる先行行為によって行為者が自ら危険を作り出していた場合で、この場合に結果が発生しないように積極的行動をとるのは「人として当たり前」だとされていた。けれども、これらは刑法外の規範であって、少なくとも、処罰を直接根拠づけるものではない。だから、それらの規範が存在する場合に作為義務が発生するのだとしても、どうして発生するのかを明らかにする必要がある。

作為義務の発生根拠をめぐる学説は次の二つのアプローチに大きく分かれる。

第一のアプローチは、作為義務が発生するかどうかは、不作為と構成要件的結果とのあいだの（刑法上の）因果関係が成立しうるかどうかの問題だと解する。不作為自体によっては結果発生の物理的危険は発生しない（「**無からは何も生じない**」）。そこで、行為者が結果発生の物理的危険に対して何らかの責任を負うべき事情があるという場合に、不作為と構成要件的結果とのあいだの（刑法上の）因果関係が認められることになる。

例えば、①行為者以外に誰も被害者を救助することができない状況を作り出した等、**排他的支配**を自ら設定しただとか、②不作為に先行する作為（**先行行為**）によって行為者が自ら危険を作り出していただとか、③**事実上の引受け**によって、法益擁護のための積極的行動をとり続けることを自ら引き受けていたといった事情が考えられる。

これらは、具体的状況下で行為者が積極的行動をとるべきかどうかを、当該状況への行為者の積極的な関与（コミットメント）から導き出している点で共通している。

第二のアプローチは、作為義務が発生するかどうかは、行為者が積極的行動をとることを期待される立場にあるかの問題だと解する。例えば、お父さんだったらわが子が池で溺れていたら救助すべきだとか、犬の飼い主だったら飼い犬が人を襲わないように積極的措置をとるべきだというように、行為者に対する**社会的期待**が作為義務の発生根拠になるというわけである。

第二のアプローチは、すでに克服された、過去の学説だと片づけられることがあるけれども、その認識は正しくない。第二のアプローチは、行為者と被害者とのあいだ、あるいは、行為者と危険の発生源（危険源）とのあいだに密接な関係があることから作為義務を導き出している。それはそれで一つの考え方であって、第一のアプローチだけが正しいわけではない。

MEMO19 不作為犯論

不作為：法的に期待される積極的行動をとらないこと

真正不作為犯　構成要件が不作為のかたちで規定されている場合

不真正不作為犯　構成要件は作為のかたちで規定されているけれど、
（法益侵害またはその危険の**惹起の手段について**
刑法はとくに限定していないとして）
不作為による遂行も含まれると解釈される場合

不真正不作為犯の処罰には、作為が刑法上義務づけられていること（**作為義務**）が必要

【根拠】　処罰範囲を限定する必要性　or　自己責任の原則

（伝統的見解）　作為義務の発生原因を
a．法令
b．契約
c．条理（先行行為による危険創出）　　に求める

でも、これらの規範に違反したからといって当然処罰されるわけではないので、作為義務がどういう場合に、なぜ発生するのかを明らかにする必要がある
（**作為義務の発生根拠**）

ⅰ）行為者による具体的状況への**関与**に着目するアプローチ

①**先行行為**
結果発生の物理的危険が、行為者によって創出されたものであること

②**事実上の引受け**
法益擁護のための積極的行動を自ら開始し、これを反復継続していた

③**排他的支配の設定**
行為者以外の者が被害者を救助することができない状況を自ら作り出していたこと

ⅱ）行為者と被害者、または、行為者と危険源とのあいだの**関係**に着目するアプローチ

第13講　故意・過失

故意

刑法には次のとおりに書いてある。

（故意）
第三十八条　罪を犯す意思がない行為は、罰しない。ただし、法律に特別の規定がある場合は、この限りでない。
2　重い罪に当たるべき行為をしたのに、行為の時にその重い罪に当たることとなる事実を知らなかった者は、その重い罪によって処断することはできない。
3　法律を知らなかったとしても、そのことによって、罪を犯す意思がなかったとすることはできない。ただし、情状により、その刑を減軽することができる。

故意とは「罪を犯す意思」である。刑法三八条一項によれば、問題の行為が（客観的）構成要件に該当しても、故意がなければ、「法律に特別の規定」がないかぎり犯罪は成立しない。これを**故意犯処罰の原則**という。第一編の総則規定は、特別の規定がないかぎり他の法令の罪についても適用されるので（刑法八条）、通例、刑罰法規に「罪を犯す意思により」と書いてなくても、故意が犯罪の成立要件になる。

故意は責任要素だというのが、オーソドックスな犯罪論の体系である。それによれば、行為者が何をしたのか（構成要件該当性）、それが全体的法秩序に違反するかどうか（違法性）は、客観的に、わかりやすくいえば、裁判官の目から判断される。その上で、故意・過失が、「行為者の側の事情」として、彼が刑罰を科されてもやむをえないことを基礎づける。

例えば、AがBをクマと間違えて撃ち殺した場合、Aの認識では「人を殺した」ではないけれども、客観的事実としては人が死んでいるので、問題の行為は殺人構成要件に該当する。殺人の「罪を犯す意思」がなかった者には「死刑又は無期若しくは五年以上の拘禁刑」に処せられてもやむをえない事情があったとはいえないとして、殺人罪の成立が否定される。

これに対して、故意・過失を「主観的構成要件要素」と位置づける見解は、行為者の心理も観察しなければ、彼が何をしたのかを規定することはできないと説く。人間をクマと間違えて銃で撃った者は客観的にも人を殺したとはいえないのではないかというのだが、少し難しい話になっていくので、これ以上は深入りしない。

確定的故意　故意が成立するためには、少なくとも構成要件該当事実の認識がなければならない。問題の行為をおこなう際に行為者が心の中に思い浮かべたことが構成要件に該当するかどうか。該当すれば、行為者には構成要件該当事実の認識があったということになる。

何かについて人間が心の中で思い浮かべたものを**表象**という。表象は英語ではリプレゼンテーション（representation）にあたる単語の翻訳語で、リプレゼンテーションは、「目の前に現れる（現前する）」という意味のpresentationに「再び」という意味のreがくっついたものだ。ヨーロッパ人の伝統的な認識論によれば、人間は何かを見るとき、目の前にある対象を直接見るのではなく、対象が心の中に思い浮かべられることで、再び目の前に現れて、心の中でそれをとらえるのだとされる。構成要件該当事実の認識は、表象のレベルでの情報処理である。

構成要件該当事実の認識があるだけでは故意はまだ成立しない。ＡがＢの首を絞める際に、Ａの心の中には「ＡがＢの首を絞めるうちにＢが死ぬ」ということが思い浮かべられている。首を絞めている時点ではＢはまだ死んでおらず、Ａは殺人構成要件が実現することを可能なものとして認識しているにすぎない。

「可能なものとして」とは「論理的には別様《べつよう》でもありうる」ということである。したがって、「ＡはＢの首を絞めたけれども、Ｂは死なない」ということも、心のどこかに思い浮かべられてはいる。構成要件実現を可能なものとして認識した上で、さらにどうする必要があるのだろうか。

この点、故意が成立することに争いがない場合を**確定的故意**という。確定的故意は、①構成要件実現を確実なものとして認識している場合（**確定的認識**）と、②構成要件実現を可能なものとして認識した上で、それを積極的に意欲している場合（**意図**）の二つに分かれる。殺意を例にとれば、「確実に死ぬだろう」と思っている場合が確定的認識、「死なせたい」と思っている場合が意図である。

未必の故意　では、確定的認識も意図もない場合には故意が成立しないのかというと、そうではない。確定的認識も意図もないけれども故意が認められる場合を**未必の故意**という。未必の故意は、そのように、「～でないもの」と消極的に定義することは可能であるけれども、これでは具体的に何が未必の故意なのかはわからない。そこで、未必の故意の積極的定義が問題になる。

テレビ・新聞の報道で未必の殺意が「死んでもかまわないと思っていた」と解説されることがあるが、これは、未必の故意を「構成要件実現を可能なものと認識した上で、さらに、これを積極的または消極的に認容すること」だとする一学説（**認容説**）に従ったものである。すなわち、構成要件実現を可能なものと認識した上で、「構成要件が実現しても仕方がない」（積極的認容）、あるいは「構成要件が実現しようとしまいとどうでもいい」（消極的認容）と思ったことが未必の故意だという。これは意図に満たない心的態度を故意に含めるアプローチである。

これに対して、確定的認識に満たない認識を故意に含めるのが**蓋然性説**だ。すなわち、「確実に構成要件が実現する」と認識していなくても、構成要件の実現を蓋然的なものとして認識していることで足りるとする。

認容説と似て非なる考え方が、**動機説**だ。それによれば、構成要件実現を可能なものとして認識し、かつ、それを積極的動機として問題の行為に出たのが確定的故意であるのに対して、消極的動機、すなわち、問題の行為をさしひかえることの動機となりえたのに、そうではなかった場合が未必の故意だとされる。

故意の認定　ここまで読んで、「なんだ。故意犯処罰の原則があるのだったら、未必の故意も含めて、『故意はなかった』と言い張りさえすれば、無罪になるのか」と思った人がいるかもしれない。だが、そうは問屋がおろさない。

判例に、次の事案で盗品有償譲受け罪（刑法二五六条二項）の故意が認められたものがある。戦後の混乱期、被告人のもとに、とある客が大量の古着を持ち込んだ。客はどうも朝鮮人らしく、また、処分を急いでいる。当時、敗戦までは日本臣民として戦時中の国内労働者の不足を補っていた朝鮮人、台湾系中国人による犯罪が横行している、との報道がなされていた。被告人も「もしかして盗品なのでは」とは思ったけれども、盗品だと聞かされたわけではないのでそのまま買い受けることにした。

最高裁は、盗品であるかも知れないと思いながら、「敢えて」これを買い受けたのであれば、未必の故意は認められると判示した。問題は、この「敢えて」が何を意味するかである。本件では、「普通の人だったら、『これは盗品だと考えたほうがいいだろう』と思うだろう」という事実が認定される。この事実認定にはどういう意味があるのだろうか。

蓋然性説と認容説からは、右の事実を間接事実として「被告人も、持ち込まれた衣類が盗品であることを蓋然的なものと認識していただろう」という事実が推認される。この事実は蓋然性説からは要証事実となる。認容説からは、この事実から、「にもかかわらず買い受けたということは、被告人は『盗品であってもかまわない』とか、『どうでもいい』と思って買ったのだ」という要証事実が推認される。同説からは、「敢えて」はそういう意味で受け止められる。

これに対して、動機説からは、「普通の人だったら、『これは盗品だと考えたほうがいいだろう』と思うだろう」という事実は間接事実ではなく要証事実にあたる。なぜなら、同説にとっては、「反対動機になりえた」ということは普通の、すなわち、遵法意識のある人だったら問題の行為をさしひかえただろうということを意味するからである。普通の人だったらしないのに、行為者はそうした。それが「敢えて」の意味だ、というわけである。

MEMO 20　未必の故意

故意　「罪を犯す意思」（刑 38 ①）

└► 認識対象に違法性を含むかに争いあり（故意説 vs 責任説）

少なくとも、

構成要件該当事実を認識していることが必要

故意犯処罰の原則　刑 38 ①本文

> 故意が成立することに争いがないのは
> a）**確定的認識**　「確実に死ぬ」
> b）**意図**　「死なせたい」
>
> **確定的故意**

未必の故意

：確定的認識も意図もないけれども故意が認められる場合

i）**蓋然性説**

確実に死ぬ

どちらかというと死ぬ

↑ 故意成立

どちらともいえない

どちらかというと死なない

絶対に死なない

ii）**認容説**

死なせることを意欲している

どうでもいい

仕方がない

↑ 故意成立

死なせたくない

iii）**動機説**

行為者において積極的動機となった場合だけでなく、**普通の人**（法的に誠実な人）**ならば反対動機が形成される**場合にも、故意成立

具体的事実の錯誤　**錯誤**とは勘違い、すなわち、客観的に存在する、ないしは実現した事実と認識内容とが一致しない場合をいう。

AがBをクマと間違えて撃ち殺した場合も、客観的事実としては行為客体は人なのに、そうでないとAは思っていたので、これも錯誤といえばそうであるが、この場合、殺人構成要件における行為客体としての人をAは認識していないので、殺人の故意は認められない。

それに、動物の殺傷は、それが他人の物にあたる場合に刑法二六一条で処罰される（動物殺傷罪。「他人の物を（中略）傷害した者は、三年以下の拘禁刑又は三十万円以下の罰金若しくは科料に処する。」）だけでなく、「動物の愛護及び管理に関する法律」（動物愛護法）や「鳥獣の保護及び管理並びに狩猟の適正化に関する法律」（鳥獣保護管理法）による処罰対象になるが、それらをひとまず脇におけば、行為者の心の中では何の罪も犯されていないので、行為者には「罪を犯す意思」がない。

問題は、行為者の心の中でも、問題の行為が何らかの構成要件に該当している場合である。例えば、AがBを狙って銃を撃ったところ、弾はBでなくCに当たり、Cが死亡したとする。Aの行為は殺人構成要件に該当する。他方で、Aの心の中には「AがBに銃を向けて発砲し、弾がBに当たって、Bが死亡する」ということが思い浮かべられている。この行為者の認識内容も殺人構成要件に該当している。

この例のように、同一の構成要件内で錯誤が生じている場合を**具体的事実の錯誤**というが、同一の構成要件内で、かつ、行為者が認識していたのとは異なる行為客体に構成要件的結果が発生したという場合を、**方法の錯誤**という。

具体的事実の錯誤で問題になるもう一つの場合が**因果関係の錯誤**である。例えば、「クロロホルム事件」とよばれる判例がある。被告人らは被害者にクロロホルムを嗅がせて意識を失わせた後、被害者を車に乗せ、車ごと海に沈めて溺死させることを計画し、これを実行に移した。被害者は水死体で発見されたが、肺にたまっていた水の量が少なく、クロロホルムを嗅がされたときに呼吸不全を起こすなどして死亡した疑いが残った。

最高裁は別のアプローチから解決したけれども、本件では、クロロホルムを嗅がせる行為から被害者が死亡する因果経過について、「クロロホルムの作用によって死亡した」という、「疑わしきは被告人の利益に」原則に従って認定された事実と、被告人らの認識内容（クロロホルムによって意識を失った状態で車ごと海に沈められて溺死する）が一致していない。このように、同一構成要件内で、行為者が具体的結果について錯誤している場合が因果関係の錯誤である。

故意要件の存在意義

未必の故意や事実の錯誤について考えるときには、問題の出発点に立ち返るとよいだろう。そもそも、どうして刑法は「罪を犯す意思がない行為は、罰しない」ことにしたのだろうか。故意は犯罪の成立にとって何の意味があるのだろうか。この問いに対しては、二とおりの解答が考えられる。

第一、故意は、行為者が問題の行為をさしひかえること、すなわち、適法行為の選択可能性に関わるという解答が考えられる。構成要件該当事実を認識しているということは、例えば、自分の行為によって人が死ぬだろうと思っているのだから、それは、自分がやろうとしている行為について「やってはいけない」と思うことにつながる。このように、構成要件の機能が、行為者を規範の名宛人とし、彼に一定の行為を禁止することにあるのだとすれば、構成要件該当事実の認識は、行為者が規範に直面していたことをあらわすというわけである。

この第一の解答を方法の錯誤の場合に適用すれば、故意は阻却されないという結論になる。Ｂに向けて銃を撃とうとしているときに、「ＡがＢに銃を向けて発砲し、弾がＢに当たって、Ｂが死亡するだろう」と思っている以上、Ａは「人を殺すな」という規範に直面しているのだから、問題の行為をさしひかえることはできたはずである。それにもかかわらず、殺人の実行行為をしているのだから、たとえ自分の意図していた客体に死の結果が発生しなかったとしても、発生した結果に対して刑責を負うべきだ、と。このように、事実の錯誤の場合に故意は阻却されないとする見解を、**法定的符合説**という。

判例はこの立場をとる。新宿区内の歩道上、被告人が警官Ｂから拳銃を強奪すべく、建設用鋲打ち銃を改造した手製銃でＢの背後を至近距離から撃ったところ、威力が想定外の強さだったため、三〇メートル先にいたＣにも当たった。この事件は「新宿鋲打ち銃事件」とよばれる。

最高裁は、Ｃに対する強盗殺人未遂罪の成立も認められるとの判断を示した。「人を殺す意思のもとに殺害行為に出た以上」は、犯人の認識しなかった人が死亡した場合にも、そのことにつき殺人の故意が認められるべきだから、被告人は強盗の機会にCに対しても殺人未遂を実現したというのである。

第二の解答は、故意とは、現実に起こった犯罪事実に対して責任を負うための要件だとするものである。人は自らが予見したことについてのみ刑責を負う。予見していないことについて刑責に問われるのは、過失犯処罰規定がある場合だけで、しかも、その場合の刑責は故意があるときよりも軽い。故意犯処罰の原則はこのことを宣言するものだ、というわけである。

この第二の解答を方法の錯誤に適用すれば、方法の錯誤の場合に故意は阻却される。Aが予見していたのは「Bが死ぬこと」であって、「Cが死ぬこと」ではないからである。現実に発生したCの死に対しては、それが予見可能だった場合に限って、重過失致死罪（刑法二一一条後段。五年以下の拘禁刑または一〇〇万円以下の罰金）によって処罰されるにとどまる。このように、行為者が未必的にも予見していない犯罪事実についての故意責任を否定する見解を**具体的符合説**という。

抽象的事実の錯誤　錯誤が同一の構成要件内ではなく異なる構成要件にまたがる場合もある。AがBをクマと間違えて撃ち殺した場合でも、Aの心の中に思い浮かべられているクマはCの飼いグマでもあったとすれば、行為者の心の中では動物傷害の罪が犯されている。

この点、刑法三八条一項本文は「罪を犯す意思がない行為は、罰しない」と定めているだけのところ、刑法三八条二項を反対解釈すれば、「軽い罪では処断することができる」ということになる。けれども、さっきの例で、動物傷害罪の限度で処罰できるのかというと、学説の多数はこれに反対する。軽い罪で処断されることに争いがないのは、例えば、次の場合である。

窃盗罪（刑法二三五条。一〇年以下の拘禁刑または五〇万円以下の罰金）は他人が占有する物を自己または第三者の支配下に移す行為を処罰するので、行為者が自己または第三者の支配下に移した他人の物が、すでに彼の占有を離れていたという場合には、問題の行為は窃盗構成要件に該当しない。この場合は、他人の占有を離れた物（占有離脱物）をほしいままにしたということで、占有離脱物横領構成要件に該当する。

さて、窃盗罪が成立するか、それとも、占有離脱物横領罪（刑法二五四条。一年以下の拘禁刑または一〇万円以下の罰金もしくは科料）が成立するかは、微妙な場合がある。例えば、公園のベンチに置き忘れたポシェットを「落とし物だ」と思って懐に入れたとする。ところが、置き忘れた物であっても、持ち主がすぐに取りに戻ることができる位置にいたら、持ち主の占有はまだ失われていないとされる。

したがって、持ち主が近くにいるのに、そのことを認識しないで懐に入れたのだとすれば、問題の行為は窃盗構成要件に該当し、かつ、行為者は占有離脱物横領の意思であったことになる。

この場合にも重い罪の故意は阻却されないとする見解は、**抽象的符合説**とよばれる。構成要件が異なっていても犯罪事実を認識していることに相違はない以上、抽象的事実の錯誤においても適法行為は期待可能だというのがその理由である。したがって、本説からは重い罪が成立する。なので、刑法三八条二項は、文言どおり、処断刑について定めたものだと解される。

　これに対して、多数説によれば、このような場合には軽い罪が成立する。殺人罪は他人の生命を侵害する犯罪であるのに対して、動物傷害罪は他人の財産を侵害する犯罪だから、二つはまったく別の犯罪である。これに対して、窃盗罪と占有離脱物横領罪は、「他人の物を自分のものにする」という点で実質的に重なり合っている。よって、占有離脱物横領罪が成立するというのだ。で、これをどう理論構成するかは見解が分かれている。

　一つは、抽象的符合説と違って、行為規範は構成要件ごとに個別化されるから、行為者は「他人の落とし物を自分のものにするな」という規範に直面しているところ、問題の行為は実質的にみて占有離脱物横領構成要件にも該当しているとする。

　もう一つの理論構成は、問題の行為が占有離脱物横領ではなく窃盗構成要件に該当するのは動かないけれども、「他人の物を自分のものにする」との認識はあった以上、客観的に実現した犯罪事実（窃盗）に対して行為者は占有離脱物横領の限度で責任を負うというものである。

MEMO 21 事実の錯誤

事実の錯誤　構成要件該当事実について、認識内容と客観的事実のあいだに不一致がある場合

1．具体的事実の錯誤　同一構成要件内での事実の錯誤

方法の錯誤

：行為者が認識していたのとは異なる行為客体に構成要件的結果が発生したという場合

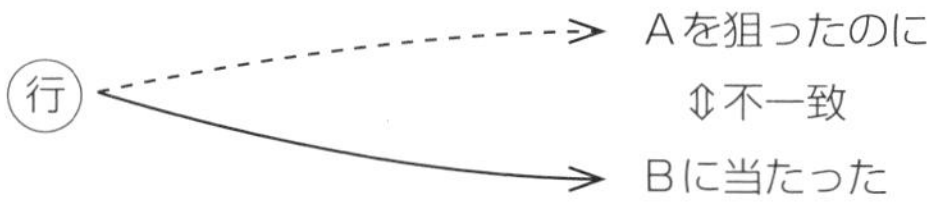

i）法定的符合説　方法の錯誤の場合にも故意は阻却されない

構成要件該当事実の認識は、**行為者が規範に直面していたこと**をあらわす

ii）具体的符合説　方法の錯誤の場合には故意が阻却される

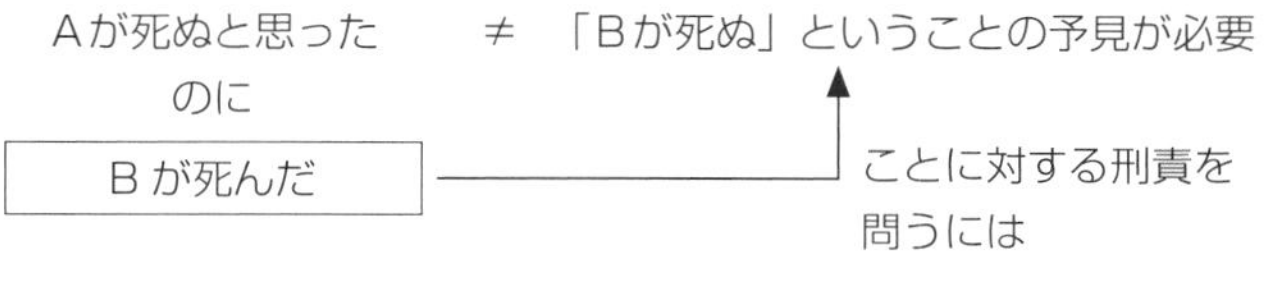

構成要件該当事実の認識は、**現に発生した犯罪事実に対して行為者が責任を負うこと**を基礎づける

2．抽象的事実の錯誤　　異なる構成要件にまたがる事実の錯誤

刑 38 ② 「重い罪によって処断することはできない」

└→ 軽い罪の限度では処断してよい（刑 38 ②の反対解釈）

重い罪　　行為者には構成要件該当事実の認識が欠ける

&

軽い罪　　問題の行為は構成要件に該当しないので、
軽い罪の限度で処断するための理論構成が必要

i）抽象的符合説　　刑 38 ②は処断刑についての規定

構成要件が異なっていても、犯罪であることに違いはない以上、重い罪の故意は否定されない

ii）構成要件論的アプローチ

1他人の落とし物を自分のものにするつもり　⇒　「他人の占有する物を自分のものにするな」という行為規範

で

他人の占有する物を自分のものにした　←　に違反して構成要件を実現

2けれど、**問題の行為は、実質的に、占有離脱物横領構成要件にも該当**

iii）故意論的アプローチ

2でも、**行為者は**

他人の落とし物を自分のものにするつもり　＝　「他人の物を自分のものにする」という認識で必要十分

だったので、

占有離脱物横領罪の限度で責任を負う

で

1他人の占有する物を自分のものにした　→　ことに対する刑責を問うには

たぬき・むじな事件

違法性の意識とは、自己の行為が全体的法秩序に反すると思っていることをいう。要するに、「やってはいけない」と思っていることだが、違法性の意識に関しては、「たぬき・むじな事件」という戦前の判例がある。

大正時代、鳥獣保護管理法よりもずっと昔の、「鳥獣保護及《および》狩猟ニ関スル法律」（狩猟法）だった時に、栃木県上都《かみつ》賀《が》郡の猟師であった被告人が、狩猟期間外の捕獲が禁じられている（禁猟獣）「狸」を捕獲したとして起訴された。

被告人は狩猟法に「狸」が禁猟獣に指定されていることは知っていたが、自分の捕獲した動物は「狸」ではないと思っていた。というのも、被告人の地元では、タヌキを「むじな」、イタチの仲間であるアナグマを「たぬき」とよびならわしていたからである。

この事件を整理するには、右に表記されている「タヌキ」と「狸」と「たぬき」が、読みは同じでも、異なる言葉だということを確認する必要がある。ここでいうタヌキは分類学上の言葉で、この言葉によって指し示されるのは、万国共通、あのタヌキだとする。アナグマも同様。他方、「狸」は、タヌキを禁猟獣に指定していた狩猟法施行規則上の言葉である。

被告人が捕獲した動物が「狸」に該当するかどうかを判断するには、「狸」という言葉が何を指し示しているか（外延）を考えなければならない。それがタヌキである以上、捕獲された動物がタヌキだったら、被告人は「『狸』を捕獲した」ことになる。ところが、被告人にとっては、まぎらわしくも、「狸」という字がたぬきと読むものだから、被告人は自分の捕獲した動物は狩猟法にいう「狸」にあたらないと勘違いしたのである。

つまり、こういうことだ。獲物を東京人が「たぬき」とよぼうが、アメリカ人がracoon dog（「アライグマみたいな犬」という意味）とよぼうが、上都賀郡内の一部地域の人が「むじな」とよぼうが、心の中で思い浮かべられるのはタヌキである。タヌキをどう表現するかは内包の問題だ。よって、捕獲した動物がタヌキなら構成要件該当事実の認識に欠けるところはない。

けれども、自分の行為が「狸」の捕獲にあたると思うには、「『狸』とは、東京の役人が『たぬき』とよんでいる動物のことであり、それは自分たちが『むじな』とよんでいるのと同じ動物である」という知識が必要である。この知識がなかったために、被告人は自分の行為が狩猟法にひっかからない（やっていい）と思ったのだ。このように、法律へのあてはめを間違えて違法性を意識しそこなった場合を**あてはめの錯誤**という。

大審院は、被告人には故意が欠けるとして無罪を言い渡した。タヌキを禁猟獣とするにあたっては、「むじな」がタヌキの俗称であり、これも狩猟法施行規則上の「狸」にあたるということを国民に周知させるべきだったというのが、その理由である。

違法性の意識の可能性

自分の行為が全体的法秩序に照らして「やってはいけない」と思っていない者には、法秩序による歯止めがかからない。自己の行為が違法であるのにそのことを意識していないことを**違法性の錯誤**というが、では、違法性の錯誤にある者には適法行為、したがって、問題の行為をさしひかえることは期待できないのだろうか。そうだとすれば、行為者は「適法行為の選択が期待可能であるにもかかわらず、問題の行為をした」とはいえないので、有責性が否定されて、犯罪は成立しないことになる。

この点、刑法三八条三項は、「法律を知らなかったとしても、そのことによって、罪を犯す意思がなかったとすることはできない」と定める。**「法の不知は害さない」**という原則だ。

違法性の意識に関しては、多くの学説では、次のように解されている。法律を知ろうとしなかったり、いい加減にあてはめたり、あるいは、**可罰的違法性の錯誤**といって、これくらいは大目にみてもらえるだろう（＝処罰される程度に重大な違法ではない）と高をくくったりして、手前勝手に自分の行為を「やっていい」と思いなした者は、たしかに違法性の意識は欠ける。でも、だからといって、有責性が否定されることはない。それらの者にも**違法性の意識の可能性**はあったのであり、故意犯として重い責任を問うにはそれで十分なのだ、と。

要するに、国民——だけでなく、この国で共同生活をいとなむ外国人も——には、法秩序に適応する責務があるのだ。たぬき・むじな事件では、大正時代に栃木の山奥で暮らし、東京からの情報が乏しいなか、それでもお上が「狸をとるな」と命じるのを守ろうとしたという被告人側の事情も考慮されたのだろう。では、そもそも、私たちはどうして法を守らなければならないのだろうか。**遵法《じゅんぽう》の責務**の基礎づけは、法哲学上の重要問題の一つである。

故意説と責任説

刑法学上の問題は、違法性の意識の可能性がない場合に犯罪の成立が否定されるとして、それをどのように理論構成するかである。たぬき・むじな事件をあてはめの錯誤に関する判例だと理解した場合、違法性の意識の可能性がなければ故意が阻却されるという理論を、この判例から読み取ることができる。では、故意と違法性の意識はどのように関係づけられるのだろうか。

少なくとも構成要件該当事実を認識していることを要するのが故意だったから、構成要件該当事実の認識に加えて違法性の意識も故意の要素と解するか否かで、立場が二つに分かれることになる。

第一は、違法性の意識も故意の要素だとする立場だ。これを**故意説**という。故意説の内部ではいくつかの説が唱えられているけれども、故意説から「違法性の意識が欠けても、故意は必ずしも否定されない」という結論を導くのには、少しアクロバティックな解釈が必要である。

刑法は人を殺した者を処罰すると規定しているのだから、人を殺すことは違法だが、人を殺してはいけないことは、刑法という法律を読んだことのない人にもわかることだ。そこで、「人を殺す」という事実の中には、それが違法であることの根拠が存在するものと解される。

このように、構成要件該当事実を認識していながら、うかつにも「やっていい」と勘違いした者は、違法性をハッキリと意識しそこなっただけで、潜在的には違法性を意識していたのだ、と。これが**制限故意説**である。

でも、例えば、夏場にタヌキを捕獲することが違法かどうかは、法律を知らなければ判断のしようがない。刑法で処罰される犯罪は、殺人や窃盗など、普通に生きていれば「やってはいけない」と思うものだが、犯罪はそういうものばかりではない。法律を調べ、正しくあてはめてはじめて、違法性を意識しうるような犯罪もあるのではないか。

これに対しては、次のように答えられる。法律を知ろうとしなかったり、いい加減にあてはめたりして違法性を意識しそこなったのは、そういう人格だからで、そもそも、そういう人格を形成したことが責められるべきである、と。制限故意説にいう「潜在的な違法性の意識」は、遵法的な人格になるべく自己を形成する責任、すなわち、**人格形成責任**を前提にしているのだ。

第二は、違法性の意識は故意とは別個の責任要素だとする立場だ。それによれば、違法性の意識の可能性の有無にかかわらず、構成要件該当事実の認識だけで故意は成立しうる。法律を知らなくても故意は阻却されないと刑法三八条三項本文に定められているのはそのためだ、というのである。これを**責任説**という。

さて、刑法三八条三項但書が刑の任意的減軽を定めているのは、違法性を意識しそこなったのが行為者の完全な落ち度だとまではいえない場合に、有責性が減少するからである。この趣旨を推し及ぼせば、違法性を意識しそこなったことに行為者にまったく落ち度がないときは有責性が否定されるべきだ。もっとも、条文にそう書いてはいないので、責任説からは違法性の意識の可能性の不存在は**超法規的責任阻却事由**に位置づけられる。

MEMO 22 故意と違法性の意識の関係

違法性の意識　自己の行為を違法と評価すること

「罪を犯す意思」（刑 38 ①本文）
：少なくとも、構成要件該当事実の認識が必要
他方で、
刑 38 ③　刑罰法規の存在を知らない者も処罰（**法の不知は害しない**）
ただし、任意的減軽

構成要件該当事実の認識があるのに違法性の意識が欠けるのは
1）刑罰法規の存在を知らなかった場合
2）知っていたけれど、あてはめを誤った場合（**あてはめの錯誤**）
3）処罰される程度に重大な違法でないと思っていた場合（**可罰的違法性の錯誤**）
これらの場合に
「適法行為の期待可能性が欠ける」として有責性を否定する余地あり

故意説

故意とは　構成要件該当事実の認識 & 違法性の意識

i）厳格故意説
違法性の意識がなければ故意を阻却

ii）制限故意説
違法性の意識の可能性あり
＝潜在的に違法性を意識
∴「罪を犯す意思がなかったとすることはできない」

iii）責任説

故意とは　構成要件該当事実の認識

違法性の意識
（故意とは別の責任要素）
∴「罪を犯す意思がなかったとすることはできない」

違法性の意識の可能性なし
⇒超法規的責任阻却

過失

過失とは、注意をしなかったことをいう。刑法三八条一項但書にいう「特別の規定」とは、例えば刑法二一〇条（過失致死罪）のように、「過失により」と条文に書いてある規定のことで、この場合は、故意がなくても処罰される。反対に、過失さえない行為はおよそ不可罰である。これを**過失責任原理**という。

「注意をする」とはどういうことだろうか。例えば、Aが車を運転中、脇見をしていたら、前で停止したBの車に追突して、Bが負傷したとする。「自動車の運転により人を死傷させる行為等の処罰に関する法律」（自動車運転死傷行為処罰法）五条本文には「自動車の運転上必要な注意を怠り、よって人を死傷させた者は、七年以下の拘禁刑又は百万円以下の罰金に処する。」と書いてある。Aは過失運転致傷罪で処罰されるが、「自動車の運転上必要な注意」とは何だろうか。

過失犯は、注意をしなかったというだけで処罰されるのではなく、「過失によって」法益侵害またはその危険を発生させる犯罪である。さっきの例は、「脇見をする→Bの車に衝突する→Bが負傷する」という経過をたどっている。過失犯にも構成要件該当性の判断のステップがあるとすれば、実行行為と構成要件的結果、そして両者のあいだの（相当）因果関係に分解される。次に、行為者の心の中はどうだろうか。脇見の時点では、Bが負傷することをAは可能なものとして認識していない。

さて、過失犯の構造を理解するためのアプローチは二とおりある。

第一、行為者の内心における不注意を過失ととらえるアプローチ。それによれば、「注意をすれば、事故が発生することを予見できたのに、予見をしなかった」ということが過失だとされる。刑法は、精神を緊張させて事故を予見するよう行為者を義務づける。この義務を**予見義務**という。過失を予見義務違反とするのが伝統的な過失理解で、これは**旧過失論**とよばれる。

第二、行為の客観面における不注意を過失ととらえるアプローチ。問題の行為から事故が発生することが客観的に予測可能なとき、刑法は、結果が発生しないように一定の行動をとる、あるいはとらないことを行為者を義務づける。これを**結果回避義務**という。過失犯処罰を結果回避義務違反によって基礎づける考え方は**新過失論**とよばれる。

新旧過失論争の対立点　過失の本質をめぐって、以上の新旧過失論争とよばれる論争がくり広げられたというだけでは、まだ何のための議論なのかはみえてこない。過失犯の構成要件要素として結果回避義務違反という要件を立てることに何の意味があるのだろうか。

例えば、Aが制限速度四〇キロメートルの車道を時速八〇キロメートルで走行していたところ、ハンドル操作を誤って歩行者Bをひいてしまったとする。前方にBが確認された時点で、このままだと事故が発生するだろうと予見できたとして、その場合に、Aにはどのような結果回避義務が課されるか。

新過失論からは次のように主張される。Ａに課せられる結果回避義務は「車を停止すること」ではない。たとえ事故を確実には回避できなくとも、「時速四〇キロメートル以下に減速すること」で足りる。

制限速度は事故が起こらないようにするために設定されはするけれども、それでも、ＡがＢをひかないともかぎらない。行為時に存する個別具体的な事情によっては、例えば急にＢが飛び出してきたら、Ａが制限速度内で運転しても事故が起こる可能性はある。それでもなお、そのような事故がＡにとってとくに予見可能でなければ、Ａは時速四〇キロメートルで走ってよい、と。

このように、新過失論のいう結果回避義務によって義務づけられる行為は、行為の時点では「一般的に、結果回避を見込むべき事情がある」というだけであって、それによって結果発生のリスクがゼロになるとはかぎらない。したがって、その意味での多少のリスクは許容されることもある。これが**許された危険**である。

新過失論のいう結果回避義務は一般的に人々によって遵守されている義務だから、これに違反することは「基準行為からの逸脱」を意味する。多くの場合、結果回避義務が行政取締上の事前規制と重なるのはこのためである。みんなが時速四〇キロメートル以下で運転しているのに、Ａは時速八〇キロメートルで運転した、と。それが新過失論のいう「過失犯の実行行為」なのだ。許された危険から結果が発生したとき、新過失論からは、「行為の時点ではそれが基準行為だった以上、行為者は間違ったことはしていない」とされる。なので、問題の行為は構成要件に該当しない。

　これに対して、旧過失論からは構成要件該当性が肯定される。たとえ行為の時点では基準行為だったにしても、それによって事故が発生した以上、「問題の行為は間違っていた」と宣言しなければ、同じ悲劇が繰り返されるからだ。でも、行為者は当時、道路交通法上適法とされる行為をしていたのだから、そんな彼を処罰するのは酷《こく》だといわなければならない。

　そこで、旧過失論は許された危険の問題を有責性の段階で解決する。すなわち、行為者にとって具体的結果が予見可能でなかったので過失が欠ける、とするのだ。過失の否定が難しければ、適法行為の期待可能性を否定する。行為時に他のみんなが「これでいい」と言っているのを一人異をとなえて正しい道を歩めるほど人間は強くない、というわけである。

結果の具体的予見可能性

個別具体的な状況に関係なく行為者に基準行為が義務づけられるのだとすれば、行為者にとって結果が具体的に、すなわち、構成要件的結果発生に至る因果経過を含めて予見可能である必要はあるか。


　新過失論は、具体的結果が予見可能でなければ基準行為を選択することは期待しえないとして、旧過失論と同様、具体的結果の予見可能性を「主観的過失」として要求する。

　ただし、新旧の両方とも、因果経過の詳細まで予見しうる必要はなく、因果経過の「基本部分」の予見可能性で足りるとされている。その一例が「北大電気メス事件」だ。なお、この事件では信頼の原則も問題になる。

電気メスは、電気が流れにくい物質を電気が流れようとするときに熱が生じるという原理を応用した医療機器で、本体からメス部分に高周波電流を流し、電気の流れにくい人体組織をはさんで、対極板によって本体に回収する、という電気回路をつくる。これによって高熱をおびたメス先で、人体組織を焼き切ったり、焼き固めたりするのである。

電気メス器を用いた外科手術の際に、ベテラン介助看護師Aがケーブル接続を間違えて、本体から対極板に高周波電流が流れた。これだけでは事故は起こらない。ところが、本件では患者が二歳の幼児で身体が小さかったため、対極板を装着した右下腿部の近くに心電計の電極があった。これでもまだ事故は起こらないけれど、本件では心電計、電気メス器がともにアースを床に接地させていた。このため、対極板から患者の右下腿をはさんで心電計を経て本体に回収されるという別個の電気回路ができた。こうして、対極板が異常発熱し、患者の右下腿に重度の火傷が生じる医療事故が起こったのである。

以上のような特異な経過をそのとおりに予見するのはまず不可能だけれども、「ケーブルを誤接続すれば、メス先が発熱するのとは逆に、対極板が発熱するだろう」という程度の予見ならば、Aにも可能だった。というのも、本件では、接続を間違えなかったときにメス先が発熱するのと同じ原理で対極板が発熱しているからである。

なお、結果の具体的予見可能性は必要ないとする見解もある。**危惧感説**だ。問題の行為が、

「車を運転する」というように、それ自体として一般的に危険である以上、「状況によっては何が起こるかわからない」という漠然とした危惧感は生じるのであって、主観的過失はそれで足りるというのである。同説によって過失犯の成立範囲を新過失論よりも広げるアプローチは、**新・新過失論**ともよばれる。

信頼の原則　以上をふまえて、過失犯をめぐる諸問題を二つ取り上げる。まず、**信頼の原則**は、被害者または第三者が適切な行動をとらなかったために事故が起こった場合に、過失犯の成立を否定するために持ち出される。この原則によれば、道路交通やチーム医療といった、複数人が共同で一つの危険を取り扱うという状況下では、他人が適切な行動をとることを信頼してよいものとされる。北大電気メス事件では、Aがケーブルを正しく接続したかどうかを確かめないで電気メスを使用した執刀医Bの過失は否定された。

信頼の原則が妥当する場合にどうなるのかは、旧過失論と新過失論で異なる。

旧過失論からは、「他人が不適切な行動をとるかもしれない」ということは予見しなくてもよくなる。なので、行為者の行為と他人の不適切な行動が複合的に作用して事故が発生したという具体的結果は行為者にとって予見不可能である。したがって、（主観的）過失が否定される。

これに対して、新過失論からは、他人が適切な行動をとることを前提に基準行為が決まることになる。他人が不適切な行動をとることで事故が発生する可能性が残っても、それは許された危険であり、行為者が上記基準行為から逸脱しないかぎり、彼の行為は構成要件に該当しない。したがって、（客観的）過失が否定される。

管理・監督過失　**管理・監督過失**とは、組織や施設を管理する者が設備や人的体制などの管理を怠ったり（**管理過失**）、従業者を監督する者が日々の指導教育を怠ったりして（**監督過失**）、事故が発生する場合をいう。

管理・監督過失の特徴は、行為者にとって予見不可能な、他人の故意行為や過失行為が介在して事故が発生する点にある。

例えば、「ホテルニュージャパン事件」は、深夜、宿泊客のたばこの不始末から発生した火災が拡大して、宿泊客ら多数人が死傷したというものであるが、本件では、ホテルのオーナーであった被告人は、消防法令上の基準に従い、スプリンクラーなどの防火設備を設置するとともに、防火管理者であるホテル支配人を指揮監督して消防計画の作成、および、これにもとづき従業員に消防訓練、防火用消防用設備等の点検・維持管理などをおこなわせるなどして、防火管理体制を確立しなければならなかったとされた。

これらは、「何かあったとき」に大惨事にならないよう、あらかじめ備えておくための措置である。数か月前にスプリンクラーの設置を検討したことがあったとして、その時点では、事件当夜に××号室の宿泊客がたばこの不始末で火を出すなんてことは、予見のしようがない。

管理・監督過失において過失犯の成立を認めることができる、というか、そのために主張されたといってよいのが、危惧感説だ。何かあったときに事故が起こるだろうという程度の予見こそが、「危惧感」なのである。

組織や施設の管理がずさんだったり、従業員教育をおろそかにしたりしたおかげで多くの人命が失われることは、あってはならないことだ。とくに、ホテルニュージャパン事件では、被告人が設備投資にかかる出費を惜しみ、消防当局の再三の指導を無視したという事実まであった。本件で業務上過失致死傷罪（刑法二一一条前段）が成立しえないとの結論は、およそ容認しがたい。でも、だからといって、「処罰できる」という理由だけで支持するのならば、危惧感説でなくても、処罰できさえすればどんな理論でもかまわないことになる。

そもそも、危惧感説は「漠然と不安をおぼえたら、とりあえず周りと同じように（あるいは、規制当局のいうとおりに）行動せよ」といっているようなものであり、個人主義を建前とする現行法秩序にふさわしくない。危惧感説の支持者が少ないことには、相応の理由があると思う。

だったら、どのように理論構成したらいいのだろうか。管理・監督過失は現代刑法学にとってまことに悩ましい問題の一つだ。

MEMO23 新旧過失論争

過失　　不注意

刑38①但　　過失犯を処罰するには「特別の規定」が必要
過失さえない場合は、およそ不可罰（**過失責任原理**）

ⅰ）旧過失論
過失とは、
予見義務を怠ったこと

ⅱ）新過失論
過失とは、
結果回避義務を怠ったこと

＊**許された危険**　　結果発生のリスクがゼロになるとはかぎらない
＝具体的状況によっては事故が発生する

制限速度を守って運転 ──▶ 死亡事故発生

ⅰ説からは、当該具体的状況においては危険が大きいとして、構成要件該当性を肯定
でも
結果の具体的予見可能性または適法行為の期待可能性が欠けるとして、**有責性を否定**

⤢

ⅱ説からは、一般的には危険が小さいので実行行為性が欠けるとして、**構成要件該当性を否定**

新過失論からも、結果の具体的予見可能性が欠ける場合には、結果回避義務違反があっても過失犯は成立しない
ただし、
旧過失論も新過失論も、**因果経過の基本部分の予見可能性**で足りる
⇕
ⅲ）新・新過失論　　漠然とした**危惧感**で足りる

第14講　未遂犯、複数の犯罪が成立するときの取扱い

❖未遂犯

構成要件の修正形式

未遂犯と共犯は**構成要件の修正形式**とよばれる。行為者がある行為をおこなったとして、未遂犯は、当該行為が基本の構成要件（**基本構成要件**）に該当しなかったり、違法性が阻却されたりして、（既遂）犯罪が成立しなかったという場合を捕捉する。そのためには、基本構成要件を修正する必要がある。そうすることで処罰範囲の拡張がなされるのだ。共犯も、問題の行為が単独では基本構成要件に該当しないという場合を、基本構成要件を修正することによって、教唆犯や幇助犯として処罰したり、共同正犯として処罰したりするものである。

未遂犯を考えるときの出発点として欠かせないのは、**処罰根拠論**だ。「処罰範囲を拡張する」ということは、「基本構成要件では処罰されなかったものが、構成要件の修正を経て、処罰されることになった」ということを意味する。では、どうして刑法はわざわざ処罰することにしたのだろうか。この問いが浮上してくるのである。

刑法には「処罰する」とすでに定められているのに、「そもそもなぜ処罰するのか」を問うこと

に何の意味があるのかと思うかもしれないけれども、制度趣旨に立ち返るのは、法解釈の基本である。なので、処罰根拠論をおろそかにすると、ふつうは、まっとうな解釈論にならない。これは共犯についてもいえることである。

未遂犯の処罰根拠

刑法には次のとおりに書いてある。

（未遂減免）
第四十三条　犯罪の実行に着手してこれを遂げなかった者は、その刑を減軽することができる。ただし、自己の意思により犯罪を中止したときは、その刑を減軽し、又は免除する。
（未遂罪）
第四十四条　未遂を罰する場合は、各本条で定める。

未遂とは、犯罪の実行に着手したけれども、（既遂）犯罪が成立しなかった場合をいう。この場合、刑法四三条本文は、刑の任意的減軽を定める。また、刑法四四条には、「未遂を罰する場合は、各本条で定める。」と書いてあるので、未遂処罰規定、すなわち、「〇〇条の罪の未遂は、罰する」という規定がなければ、未遂は処罰されない。例えば、第二七章の傷害の罪には、未遂処罰規定が置かれていないから、傷害未遂は不可罰である。ただし、暴行罪（刑法二〇八条）によって傷害未遂が一部捕捉されている。

未遂には、着手未遂と実行未遂の二つがある。**着手未遂**とは、実行行為を完了していない段階、例えば、AがBを絞め殺そうとして、Bの首に手をかけた、どころか、背後に忍び寄った段階で認められる未遂をいう。**実行未遂**とは、実行行為を完了したけれども、構成要件的結果が発生しなかったとか、因果関係が欠けるとかといったために犯罪が成立しなかった場合をいう。

未遂犯は、法益侵害または、危険犯の場合には法益侵害の危険を惹起していないにもかかわらず処罰するものだから、「未遂犯はなぜ処罰されるのか」が問題になる。

かつては、**主観的未遂論**という見解も有力だった。それによれば、犯罪の実行に着手したということは行為者が危険な性格の持ち主であることをあらわしており、たとえ法益侵害またはその危険を惹起していなくとも、刑務所に入れて改善・教育すべきだ。そうしないと、再び犯罪の実行に出て、次は成功してしまうかもしれない、と。

現在の通説は、**客観的未遂論**だ。結果的には法益侵害またはその危険を惹起しなかったとしても、問題の行為に既遂構成要件実現（＝法益侵害またはその危険の惹起）の危険が認められるのならば、これも処罰することで、より手厚く法益を保護することができる。だから、未遂犯は処罰されるというわけである。

未遂犯論の二つのアプローチ

客観的未遂論の下では、「既遂構成要件実現の危険」をどのようなものとしてとらえるのかが問題になる。未遂犯における危険のとらえ方には、次の二つのアプローチがある。

第一のアプローチは、既遂構成要件実現の一般的可能性を問題にする。例えば、「AがBさんの首を絞めた」と聞かされると、「それでBさんは大丈夫だったのですか？」と尋ねたくなる。このように問題の行為が具体的な状況に関係なく法益侵害またはその危険と結びつけられることを、伝統的見解は「行為の定型性」(実行行為性)とよんだ。

どうして私たちは人の首を絞めることと死を結びつける(＝殺人)のだろうか。人類の歴史において、これまで数多くの人殺しがおこなわれてきた。絞殺がくり返しおこなわれると、人の首を絞めることと人の死は、私たちの心の中で結びつきやすくなる。

首を絞めても死ななかったという例だって、もちろん人類は少なからず経験してきたけれども、**一般化**がなされることによって、私たちは「首を絞めたら人は死ぬものだ」と信じるようになる。これが**行為自体の危険性**とよばれるものの正体だ。

このアプローチからは、問題の行為がそれ自体として危険なのだから、たとえ既遂構成要件における構成要件的結果(＝法益侵害またはその危険)が発生していなくても、問題の行為を処罰する理由はある。そこで、既遂構成要件から「構成要件的結果の惹起」という要素を取り除くことで、構成要件の修正がおこなわれる。構成要件的結果を惹起しようとしたことを処罰するのが未遂犯だ、というわけである。

第二のアプローチは、行為時に存在する全事情を判断資料にして、既遂構成要件の実現が客観的に予測可能かどうかを判断する。「確実に実現する」という場合には、未遂犯はそもそも問題にならない。問題になるのは、実現することもあれば実現しないこともある場合で、「どちらかといえば実現するだろう」というときには未遂犯の成立が認められる。

このようにして個別具体的な事実関係に即して認められる危険は、修正された構成要件的結果としての危険であり、これは**未遂結果**とよばれる。つまり、このアプローチからは、未遂犯とは、既遂構成要件における構成要件的結果を未遂結果に置き換えたものだとされる。

実行の着手の判断方法・基準

問題の行為が実行の着手にあたるかどうかは、行為者が何をおこなうとしていたのかを確認することからスタートする。例えば、「AがBの背後に忍び寄った」というだけでは、殺人の危険があったとも何ともいえない。「首を絞めようと思っていた」ということは、被告人に否認されたら、裁判での立証が難しい。これに対して、致死毒が入った注射器を手にBの背後に忍び寄った場合、Bを殺害する意思であったことは容易に推認される。

行為者が実行行為として何をおこなうとしていたのかは、故意だけでなく**行為者計画**も顧慮して確定される。クロロホルム事件では、被告人らは「クロロホルムで意識を失わせて車に乗せ、車ごと海に沈めて溺死させる」という計画だった。実際の事実関係を改変して、ＡがＢにクロロホルムを嗅がせた時点で警察官が駆けつけ、かつ、Ｂは意識を失っただけですんだとする。「クロロホルムを嗅がせる行為」は「車ごと海に沈めて溺れさせる行為」の着手にあたるか。問題の行為をもって実行行為が開始したといえるかどうかは、これまであげた例によってもわかるように、実行行為の一部である必要はない。

例えば、不同意性交の目的で被害女性をダンプカーの助手席に引きずり込んだ後（第一行為）、約五・八キロメートル離れた工事現場に移動し、そこで暴行・脅迫により不同意性交におよんだ（第二行為）という事件がある。被害女性は第一行為の際に負傷しており、この時点で不同意性交未遂罪（刑法一八〇条）が成立すれば、不同意性交未遂致傷罪（同法一八一条二項）が成立する。最高裁は、第一行為が強姦（当時）の実行の着手にあたると判断している。

行為自体の危険性に着目するアプローチからは、着手未遂の場合に、それ自体として危険なのは、その後におこなわれる実行行為なので、着手未遂は、問題の行為の後に実行行為が自動的におこなわれるだろうといえるか、あるいは、実行行為に時間的に近接するかによって判断される（**直前行為基準説**）。

最高裁は、クロロホルムを嗅がせる行為が、被害者を車ごと海に沈める行為を「確実かつ容易に行うために必要不可欠のものであったといえること」とともに、クロロホルムを嗅がせた時点で「殺害計画を遂行する上で障害となるような特段の事情が存しなかったと認められること」

や、被害者を車ごと海に沈める行為とのあいだの「時間的場所的近接性」を取り上げて、既遂実現の「客観的危険性」が認められると判示している。なので、判例理論は直前行為基準説を採用したものといっていい。

これに対して、結果としての危険に着目するアプローチからは、行為自体の危険性に関係なく、したがって、実行行為にあたる行為をする前であっても、問題の行為から未遂結果が発生しさえすれば未遂犯の成立を認めてよいとされる（**実質的客観説**）。クロロホルムを嗅がせることにはそれ自体として死の物理的危険が認められるから、本件では未遂結果の発生が認められる。

では、死の危険がまったくない薬品を嗅がせた場合に、実質的客観説からは殺人未遂罪は成立しないのかというと、そうはならないだろう。既遂実現が客観的に予測可能かどうかを判断するにあたって、行為者計画が判断資料に取り入れられるからだ。

不能犯における危険判断

実行行為にあたる行為をしたけれども、あるいは、（着手未遂の場合に）仮に実行行為にあたる行為をしたとしても、それによっては既遂構成要件が実現しえない場合を**不能犯**という。

不能犯は不可罰だが、刑法にそんなことは書いていないので、この結論は解釈によって導き出される。客観的未遂論の下では、未遂犯の処罰根拠は既遂構成要件実現の危険にあるから、既遂構成要件実現の危険がなければ、未遂犯として処罰する理由はない。だから、不能犯は不可罰なのである。

既遂構成要件実現の危険をどのようにして判断するか。これは、要するに既遂構成要件実現が客観的に予測可能かどうかの問題である。そこで、因果関係の相当性や防衛行為の相当性と同様に、判断資料が問題になってくる。というだけでは足りないのが、不能犯だ。

未遂犯は、既遂構成要件が実現するものと行為者は思っていたけれども、現実には実現しなかったという場合だから、どうして行為者は失敗したのかを考える。これは次の二つの場合に分けられる。

第一、行為者に科学的知識が不足していた場合がそうである。例えば、丑《うし》の刻参りをしても、それで人は死にっこない。にもかかわらず、ＡはＢを呪い殺すべく、一生懸命わら人形に五寸釘を打ち込んだ。このように、行為者独自の理論により既遂構成要件が実現するものと思いなしていたという**迷信犯**の場合、不能犯が成立することには争いがない。

問題は、行為者を含む一般人の知識レベルでは危険だと信じられているけれども、専門家に聞いたら、それでは既遂構成要件は実現しえないとされる場合である。そこで、未遂犯においては、誰を基準に既遂構成要件実現を判断するのかという**判断基準**の問題が出てくるのだ。

第二、理論的には既遂構成要件実現の危険が認められるところ、危険の実現を阻止する事情が存在していたことを行為者が認識していなかった、という場合も考えられる。

例えば、Ａは自分の仲間に撃たれて路上に倒れているＢのとどめを刺そうと、日本刀をＢに突き立てたけれども、Bはすでに死んでいたとする。死人を日本刀で刺しても殺人にはならない。ところが、「Bがすでに死亡している」という事情をAは認識していなかったため、Aの頭の中では殺人構成要件が実現している。

ここで問題になるのは、既遂構成要件の実現を阻止する事情を行為者だけでなく一般人も認識できなかったという場合に、これを**判断資料**に加えるかどうかである。判断資料に加えなかったら、問題の行為によって既遂構成要件が実現することが客観的に予測されるので、不能犯ではなく、可罰的な未遂犯が成立する。

仮定的蓋然性説と具体的危険説

かつての判例は、理論上既遂構成要件実現は可能だけれども既遂構成要件実現を阻止する事情が存在したという場合（相対的不能）と理論的に既遂構成要件実現がおよそ不可能な場合（絶対的不能）に分け、前者の場合には不能犯は成立しないとしていた。これは危険判断の基準を専門家とするものであり、古い客観説ともよばれる。

結果としての危険に着目するアプローチからは、判例理論と同様、専門家を基準に危険判断がおこなわれるけれども、行為時に存在する全事情を判断資料にしたら、行為者が既遂実現に失敗する第二の場合には、判例とは反対に、ほぼ常に不能犯が成立することになる。

そこで、このアプローチを採用する人の多くは**仮定的蓋然性説**を支持する。本説は、既遂構成要件実現を阻止する事情が存在する確率（蓋然性）を問い、問題の事情がたまたま存在したために既遂構成要件が実現しなかったという場合には、これを判断資料から取り除く。

例えば、警察官Aからピストルを奪ってピストルの引き金を引いたけれども、弾が装填されていなかったためにAの殺害に失敗したという事件がある。仮定的蓋然性からは、Aがピストルに弾を装填しないことがよくあるのならば不能犯、弾を装填し忘れただとか、気まぐれで弾を装填しなかっただけの場合には未遂犯になる。

行為自体の危険性に着目するアプローチには、第一、第二の場合ともに一般人を基準とする**具体的危険説**がなじみやすい。ただし、理論的に既遂構成要件実現しえない行為を「それでも一般人は危険だと思うから」という理由で処罰するのだとすれば、もはや「未遂を処罰するのは、法益保護のためだ」とはいいがたい。そこで、「未遂を処罰するのは、人々がいだいている法益の安全感を保護するためだ」と説かれることがある。これを**印象説**という。

2．実行未遂　実行行為を完了したけれども犯罪不成立の場合

例）首を絞めたけれども死ななかった

＊不能犯

実行行為にあたる行為をしたけれども、あるいは、仮に実行行為にあたる行為を完了したとしても、既遂構成要件が実現しえない場合

未遂犯の処罰根拠　既遂実現の客観的危険（**客観的未遂論**）

ならば

既遂実現の客観的危険が存しなければ処罰すべきでない　∴不能犯は不可罰

（＝既遂構成要件実現の **客観的予測可能性**）

行為者は既遂実現の危険があると思っていたのに既遂実現しないのは

①行為者の（専門）知識が不足していた場合　**⇒判断基準**の問題

②既遂実現を阻止する事情の存在を認識していなかった場合　**⇒判断資料**の問題

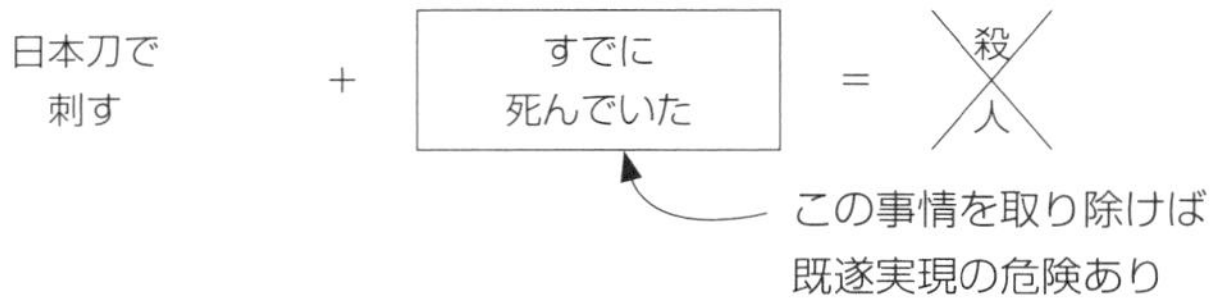

ｉ）仮定的蓋然性説

①**専門家**を判断基準にし、かつ、②の事情が**存在する確率が低い場合**は、これを判断資料から取り除く

ii）具体的危険説

①**一般人**を判断基準にし、かつ、②の事情が**一般人にも認識できなかった場合**は、これを判断資料から取り除く

MEMO 24 実行の着手時期、不能犯

未遂犯

：犯罪の実行に着手したけれども（既遂）犯罪が成立しなかった場合

刑 43 本文　　任意的減軽
　44　　　　ただし、未遂処罰規定がなければ不可罰

既遂犯の処罰根拠＝結果（法益侵害またはその危険）を惹起したこと
└► 未遂に終わった場合、行為者は
法益侵害またはその危険を惹起していない
にもかかわらず、
これを処罰するのが未遂犯（**処罰拡張事由**）

1．**着手未遂**　　実行行為を完了していない段階で認められる未遂

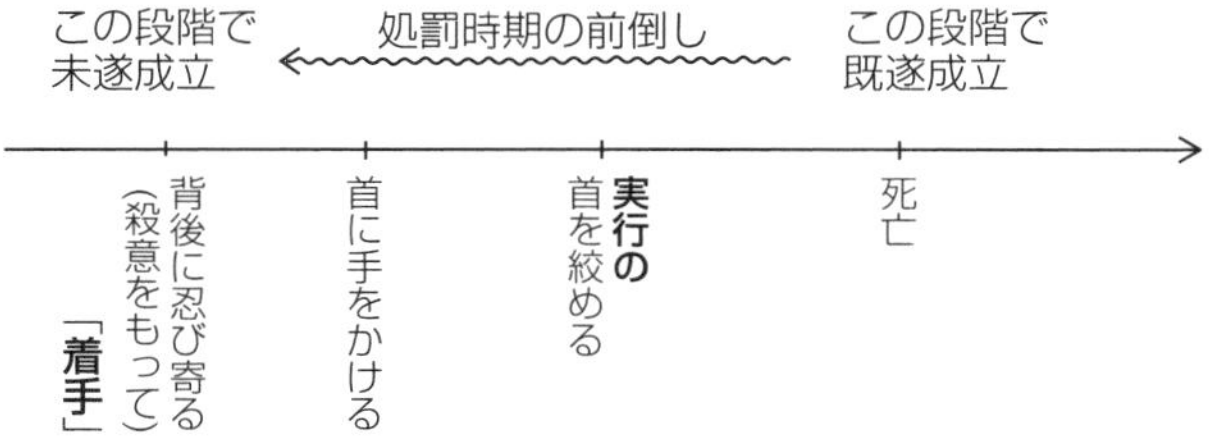

i）**直前行為基準説**

- 問題の行為の後に**実行行為が自動的におこなわれる**だろうといえる場合、または、
- 実行行為に**時間的に**近接する行為

ii）**実質的客観説**

行為時に存する全事情を判断材料にして、既遂実現が客観的に予測可能かどうかを判断する

中止犯

中止犯とは、既遂構成要件実現を自らの意思により阻止した場合である。例えば、Aが殺意をもってBを包丁で刺したものの、その後、Bを病院に連れて行き、救命治療の結果、Bは一命をとりとめたという場合がこれにあたる。

刑法四三条但書は、中止犯が成立する場合の刑の必要的減免を定める。この制度を**中止減免**という。中止減免は、いまの例でいえば、Bを包丁で刺した時点ですでに殺人未遂罪（刑法二〇三条）は成立しているところ、行為後の事情（Bを病院に連れて行って治療を受けさせた）にもとづき、殺人未遂罪の刑を減免するものである。だから、ふつうに考えて、中止犯は未遂罪の**客観的処罰減軽・阻却事由**だということになる。

中止犯の成立要件は既遂構成要件の実現を阻止すること（**広義の中止行為**）に加えて、中止行為が自らの意思でおこなわれること、すなわち、**任意性**の二つからなる。

前者の中止行為は、既遂構成要件を裏返したものだ。構成要件的結果の不発生が**中止結果**であり、**狭義の中止行為**とは中止結果の不発生、言い換えれば、構成要件的結果の発生を阻止する一般的可能性のある行為で、狭義の中止行為と中止結果とのあいだには因果関係がなければならない。

既遂構成要件と同様、狭義の中止行為と中止結果とのあいだの因果関係には相当性が要求されてしかるべきである。この点、判例理論は中止行為に**真摯性**を要求することがある。例えば、放火後に自ら消火して現住建造物放火構成要件の実現を阻止するのでなく、通りがかった人に「消しといてください」と頼んで立ち去った場合、「まじめに中止行為をしていない」から中止犯は成立しないというのである。

中止行為を人任せにしても、任された人が中止行為をしてくれるとはかぎらないのだとすれば、「真摯性が欠ける」とは、中止行為（消火を人に頼むこと）から中止結果（客体が焼損に至らなかったこと）が客観的に予測可能でないことだと言い換えられる。

問題は任意性の要件だ。既遂構成要件の実現を自ら阻止しても、任意性が欠ける場合には中止減免は認められない。ならば、次のように解することができる。既遂構成要件の実現を自ら阻止したにもかかわらず、中止減免を認めるべきでない場合があって、そういう場合には任意性が否定されるのだ、と。任意性の要件については解釈が分かれるが、これは「どういう場合に中止減免を認めるべきでないのか」についての見解が相違しているためである。

中止減免の制度趣旨

そもそも中止減免という制度はなぜ設けられたのだろうか。先ほど述べたとおり、中止犯とは、未遂罪が成立するにもかかわらず、刑を減軽または免除する制度なのだから、どうしてそのような特典を認めるのかが問題になる。中止減免の制度趣旨については、三とおりの理解がある。

第一は、法益侵害またはその危険の発生を行為者自身に阻止させるために中止減免があると理解する。Aが殺意をもってBを包丁で刺した。このままではBは死んでしまう。そのとき、誰が

Bの近くにいるだろうか。Aだ。AにBを病院に連れて行かせるために、刑法は中止減免という制度を設けた。いまBを助けてくれたら、刑を減免してあげますよ、と。

このように、刑法四三条但書は、刑の必要的減免という「**後戻りのための黄金の橋**」を架け、これを誘因（インセンティブ）にして、行為者を既遂構成要件実現の阻止に動員することにしたのだとされる。これは**報奨説**とよばれる。

この考え方によれば、行為者を動員しなくても既遂構成要件実現を阻止できる場合には中止減免を認める必要はないということになる。例えば、Aは殺意をもってナイフを手にBの背後に忍び寄ったところで、警察官が駆けつけたので犯行をとりやめたとする。この場合、Aはどのみち既遂構成要件を実現できなかったのだから、黄金の橋を架けてやる必要はない。このように、行為者が認識していた事情上、犯罪の続行を断念せざるをえなかった場合は、「既遂構成要件を実現しえたのに、あえて中止行為に出た」わけではないので、任意性が否定される。

第二は、犯罪行為に手を染めた行為者が改心して既遂実現の阻止に尽くしたことの美徳を称えるためだと理解する。これは**恩典説**とよばれる。「犯罪者に美徳を称えられる資格はない」と思うのは、自分は間違いをおかさないということによほどの自信がある人か、そうでなければ、自分のことは棚に上げて、間違いをおかした者を追い詰めるような人だろう。人間は誰でも間違いをおかす。間違いをおかしたときにそのことを後悔し、その後悔を行動にあらわすことができるのも、人間の良いところだ。

恩典説によれば、行為者が改心したといえるかどうか、すなわち、中止行為の動機の純粋さが問われる。とはいえ、罪を深く悔いて、罪滅ぼしをしようとするまでの必要はなく、**広義の後悔**、すなわち、事の重大さに驚いたからとか、被害者に同情したからとか、憐《あわ》れみをおぼえたからというのでもよいとされる。これに対して、逮捕されたくないからとか、助けたらお金がもらえるからとかといった低劣な動機から中止行為をした場合には、任意性が否定される。

恩典説と似た結論になるのが、第三の、**刑罰目的説**とよばれる考え方だ。恩典説が応報刑論的な立場から、行為者の善行に刑の必要的減免をもって報いるというものであるのに対して、刑罰目的説は抑止刑論的な立場をとる。

すなわち、犯罪行為に手を染めた者がそのことを改心して既遂構成要件実現を阻止したという事実に接しても、人々の規範意識は動揺しないだろうし、行為者自身も改心しているのだから、改善教育の必要にも乏しい。だから、刑法四三条但書は刑の必要的減免を定めたのだ、と。

MEMO25 中止犯

中止犯　　実行の着手後、自らの意思により既遂実現を阻止した場合

刑43但　　刑の必要的減免

：犯罪の実行に着手している以上、**未遂犯自体は成立している**

　　にもかかわらず

刑罰を科さない、または、刑を減軽（**客観的処罰阻却・減軽事由**）

中止犯の成立要件

既遂犯	中止犯
1）主体	1）主体
2）客体	2）客体
3）実行行為	3）（狭義の）中止行為
4）構成要件的結果	4）構成要件的結果の不発生
5）（相当）因果関係	5）（相当）因果関係←**真摯性**

⇔　**任意性**

i）報奨説

刑の必要的減免を誘因にして、
行為者を既遂実現阻止に動員

⇒ どのみち既遂構成要件を実現できない場合にまで中止減免を認める必要なし
∴その場合は任意性なし

ii）恩典説

行為者が改心して既遂実現の
阻止に尽くしたことの美徳を
称える

iii）刑罰目的説

行為者が改心して既遂実現の
阻止に尽くしたのならば、

- 人々の規範意識は動揺しない
- 行為者を改善教育する必要がない

⇒ 低劣な動機から中止行為に出た場合にまで中止減免を認めるべきではない
∴その場合は任意性なし

❖複数の犯罪が成立するときの取扱い

併合罪　行為者が複数の犯罪をすることがある。例えば、ＡがＢを殺害し、その何か月後かに最初の事件とは無関係にＣを殺害したとする。ＡはＢに対する殺人と、Ｃに対する殺人の二つの公訴事実で起訴される。なお、ＡはＢに対する殺人の公訴事実で起訴された後にＣ殺害の事実が発覚して、追起訴されることもある。

このような場合について、刑法四五条には、「確定裁判を経ていない二個以上の罪を併合罪とする。ある罪について禁錮以上の刑に処する確定裁判があったときは、その罪とその裁判が確定する前に犯した罪とに限り、併合罪とする。」と書いてある。**罪数論**とは、複数の犯罪が成立するときの取扱いに関する議論であるが、刑法四五条によって複数の犯罪が**併合罪**とされうるということが、罪数論の出発点だ。

併合罪の取扱いについてはいくつかの規定が置かれているが、ここでは刑法四七条を確認するにとどめる。

（有期の拘禁刑の加重）
第四十七条　併合罪のうちの二個以上の罪について有期の拘禁刑に処するときは、その最も重い罪について定めた刑の長期にその二分の一を加えたものを長期とする。ただし、それぞれの罪について定めた刑の長期の合計を超えることはできない。

これを**併合罪加重**という。さっきの例だったら、殺人の有期拘禁刑は五年以上二〇年以下なので、長期の二〇年にその二分の一（＝一〇年）を加えた三〇年に刑が加重される。したがって、五年以上三〇年以下の刑に処する。

なお、確定裁判を経た罪について、「やっぱり何年の拘禁刑にする」と判決しなおすことはできないので、確定裁判を経ていない罪についての有罪判決を言い渡すときに、**余罪**の処理というかたちで罪数処理がおこなわれる（刑法五〇条。「併合罪のうちに既に確定裁判を経た罪とまだ確定裁判を経ていない罪とがあるときは、確定裁判を経ていない罪について更に処断する。」）。併合罪について二個以上の裁判があったときは、刑法五一条一項本文に、「その刑を併せて執行する」と定めているが、有期拘禁刑を執行する場合は、やはり、「その最も重い罪について定めた刑の長期にその二分の一を加えたものを超えることはできない」。

併合罪加重の意味

したがって、わが国では、「被告人を二五〇年の拘禁刑に処する。」というような判決が言い渡されることはない。外国でそういう判決が言い渡されるのは、確定裁判を経ていない複数の罪の刑をそのまま積み上げていくという**併科主義**をとっているからである。併科主義に対して、確定裁判を経ていない複数の罪のうち、その最も重い罪について定めた刑で処断することを**吸収主義**という。わが国は、有期の拘禁刑については**加重主義**をとる。

判例によれば、併合罪加重は新たな刑罰枠を創設するものであり、新たな刑罰枠の中で、改めて刑の量定がおこなわれる。

これが問題になったのが、「新潟少女監禁事件」である。被告人は、当時九歳の女児を拉致して、きわめて悪質にも、九年二か月間余りの長期にわたって自室に監禁し続けた。当時の逮捕監禁致傷罪の法定刑は、傷害罪の刑の上限が当時懲役一〇年であったために、「傷害罪と比較して、重い刑により処断する」と一〇年以下の懲役であった。なお、被害女児について未成年者略取罪も成立するが、これらは刑法五四条前段の観念的競合にあたるので、重いほうの逮捕監禁致傷罪で処断される。観念的競合については後で述べる。

本件では、被告人が被害女性用のキャミソール二四〇〇円相当を万引きしており（ただし、被害弁償済み）、第一審は、この窃盗の事実を加えて併合罪加重した上で、懲役一四年の刑に処した。本件窃盗の事実はどうみても四年の懲役に値するものではなく、そのため、第二審は第一審判決を破棄して一一年の懲役に処するにとどめた。

これに対して、最高裁は、併合罪加重後の刑の量定に際しては、複数の犯罪（逮捕監禁致傷罪と窃盗罪）について個別に刑を量定して合算する必要はないとして、第一審の判断を支持した。

犯罪の数え方　併科主義にせよ、加重主義にせよ、複数犯罪が成立すれば刑が重くなるので、複数とカウントするかどうかが重要になる。例えば、殺人罪だったら、被害者の数だけ殺人罪が成立することに争いはない。

では、空き巣犯が指輪を一個、パソコンを一台盗んだとして、窃盗罪は二つ成立するのだろうか。刑法二三五条は、「他人の財物を窃取した者は（中略）、十年以下の拘禁刑又は五十万円以下の罰金に処する。」と定めているが、十年以下の拘禁刑で処断されるのは、物を一個だけ盗んだときに限られるのだろうか。これは変である。そこで、この場合は、侵害された占有は一個だということで、窃盗罪は一個成立するものとされる。

このように、問題になっている構成要件に照らして、複数の事実が「一個の犯罪」として評価されることもある。これを**評価上の一罪**という。その必要がなく一罪とカウントされる場合は、**単純一罪**とよばれる。

評価上の一罪の中には、一つの事実が別々の構成要件に重複して該当するかのようにみえるけれども、処罰規定（罰条）どうしの関係から、「一個の構成要件該当事実」と評価される場合がある。これを**法条競合**という。

例えば、傷害致死罪は、被害者が負傷したという事実につき傷害罪が成立し、その後死亡したという事実につき傷害致死罪が成立するといえなくもないけれども、傷害致死罪は傷害を重く処罰する規定なので（**特別関係**）、傷害致死罪だけが成立する。また、暴行罪と傷害罪は、刑法二〇八条に定められているように、「暴行を加えた者が人を傷害するに至らなかったときに」暴行罪が成立するという関係なので（**補充関係**）、傷害罪が成立する場合には暴行罪は成立しないと評価される。

観念的競合　刑法五四条一項には次のとおりに書いてある。

> **（一個の行為が二個以上の罪名に触れる場合等の処理）**
> **第五十四条**　一個の行為が二個以上の罪名に触れ、又は犯罪の手段若しくは結果である行為が他の罪名に触れるときは、その最も重い刑により処断する。
> 2　略

観念的競合とは、一個の行為につき複数の犯罪が成立する場合をいう。例えば、爆弾を投げて二人殺害した場合、二個の殺人罪が成立するけれども、爆弾を投げる行為は一個なので、殺人罪が二個成立するとした上で、刑法五四条一項前段を適用し、殺人罪一罪として処理する。

このように、単純一罪でも評価上の一罪でもなく、複数の犯罪が成立してはいるけれども、刑法が「その最も重い刑により処断する」と定めているため、併合罪として処理されない場合がある。これを**科刑上の一罪**という。

さて、「観念的競合」という言葉はドイツ語の「イデアルコンクレンツ」（Idealkonkurrenz）を訳したものである。もっとも、一個の行為に複数の犯罪が成立するのを一罪として扱う規定は旧刑法にもあった、どころか、それ以前からあった。なので、正確には、現行刑法制定後、従来からの取扱いがドイツの刑法学説によって説明されるようになったのである。

ドイツにおける観念的競合は、糺問主義的な刑事司法手続がとられていたことに由来する。糺問主義の下では、裁判所が審理するのは（社会的な事実としての）公訴事実であって、裁判所は積極的に事件の全容を解明し、そのようにして認定された事実に法令を適用していた。その後、ドイツの刑事司法は糺問主義から弾劾主義へと転換し、**不告不理の原則**が導入された。これにより、検察官が主張していないことまで裁判所がおせっかいにも積極的に事実認定して有罪を言い渡すことはなくなった。けれども、「公訴事実単位で刑事事件を処理する」という考え方自体は残った。

この考え方に従えば、科刑上の一罪とは、裁判所が公訴事実の単位で被告人を「最も重い刑」を上限として処断し、複数の犯罪が成立することは量刑の段階で考慮することにしたものだということになる。なお、一個の行為が重ねて処罰されることは、一事不再理によって阻止される。

他方で、「犯罪の数だけ処罰する」という併科主義から出発して、併合罪加重や科刑上の一罪はそれを修正するものだと考えることも可能である。それによれば、一個の行為に重ねて罰条を適用して処罰するのは一個の行為の違法性および有責性を重複して評価することになるから、

「最も重い刑」を上限として処断し、複数の犯罪が成立することは量刑の段階で考慮することにしたのが、科刑上の一罪だとされる。

牽連犯

もう一つの科刑上の一罪は牽連犯である。**牽連犯**《けんれんはん》とは、行為が二個以上存在するけれども、一方が他方と「犯罪の手段もしくは結果」の関係（牽連関係）に立つ場合をいう。例えば、空き巣は住居侵入と窃盗の二つの犯罪が成立しているけれども、住居侵入は窃盗の手段としておこなわれたものなので、刑法五四条一項後段を適用し、窃盗罪一罪として処理する。

ところで、Ａの家に侵入して、ＡだけでなくＢとＣも殺害したとする。この場合、三つの殺人罪が成立し、それぞれが住居侵入罪と牽連関係に立つ。判例によれば、この場合には、住居侵入罪と三つの殺人罪につき刑法五四条一項を適用して、科刑上一罪処理をする。したがって、路上でＡＢＣを次々と殺害すれば、併合罪加重されるのに対して、住居侵入罪を犯して家の中でＡＢＣを殺害すれば、そうならない。

このように、併合罪の関係に立つ複数の犯罪が、それらのいずれとも一罪処理される犯罪が一個存在することによって、一罪処理される現象を、**かすがい現象**という。

罪数論の根底にあるもの

罪数論とは、一つの事実が別々の構成要件に重複して該当したり、複数の事実がそれぞれ構成要件に該当したりする場合の取扱いなのだから、罪数論を考えるときには、「構成要件に該当するとはどういうことなのか」という問いに立ち返らないではいられない。オーソドックスな刑法の理論によれば、構成要件該当性によって国家刑罰権の発生が積極的に基礎づけられる。なので、罪数論の根底にも、あの問いが横たわっている。国家はなぜ、あるいは何のために刑罰を科すのか。そう、刑罰理論だ。

すでに述べたように、構成要件のとらえ方には、①行為者に規範をあたえるためのものだとする立場、②裁判の時点での人々に規範をあたえるためのものだとする立場、③義務に違反した者に結果責任を負わせるためのものだとする立場の三つがある。

これらを応報刑論と抑止刑論の対立に重ね合わせてみると、構成要件該当性を客観的に、したがって、行為者が問題の犯罪事実を予見しえたかどうかに関係なく判断する②と③の立場は、今後同様の加害行為がおこなわれないようにするための手段として刑罰をとらえているものと解される。

さらに、法益保護主義とも結びつけるならば、②と③の立場からは、侵害または危険にさらされた法益の数だけ刑罰が科せられるべきだということになる。よって、併科主義が導かれる。

ただし、抑止刑論の立場から、今後同様の加害行為がなされないようにするための手段として刑罰をとらえるのだとすれば、行為者を改善・教育するとともに、社会一般の人々の規範意識の動揺を鎮めるのに必要十分な刑を科せば足りる。そこで、併科主義を修正すべく設けられたのが、併合罪加重や科刑上の一罪といった制度だということになる。

応報刑論からは、行為者が規範に違反したことによって、国家刑罰権の発生が積極的に基礎づけられる。なので、①の立場がとられることになる。規範は、殺人だったら「人を殺すな」、窃盗だったら「他人の物を窃取するな」というように、構成要件ごとに個別化される。

個別の規範に違反するたびに罪が犯されるのだとすれば、規範に違反した回数だけ刑罰が科せられるべきだということになる。そこで、併科主義を修正すべく設けられたのが併合罪加重や科刑上の一罪といった制度だ、という理解も一方で可能である。

他方で、個別の規範が定立される基盤としての法そのものを否定したことによって国家刑罰権の発生が積極的に基礎づけられるとする考え方もある。刑が重かろうが軽かろうが、犯罪者が全体的法秩序に違反したことに変わりはない。このことが国家刑罰権を積極的に基礎づけるのであって、刑の軽重は全体的法秩序違反の程度をあらわすにすぎない。だから、刑法五四条一項は、「最も重い刑により処断する」と定めたのだ、と。この考え方からは、併合罪加重は吸収主義を修正すべく設けられた制度だとされる。

包括一罪　複数の犯罪が成立するものの、一個の罰条をもって包括的に評価されることがある。これを**包括一罪**という。包括一罪は、科刑上の一罪処理されるところを、主たる犯罪に従たる犯罪が吸収されて、前者の一罪のみで評価される場合（吸収一罪）と、併合罪になるところを一罪として処理される場合（**狭義の包括一罪**）の二つに分かれる。

吸収一罪は、数罪が観念的競合や牽連犯の関係に立つところ、あえて科刑上の一罪として、すなわち、罰条を適用した上で刑法五四条一項を適用する必要がない場合に、実務上は一罪として扱うというものである。

例えば、ナイフで心臓を刺し突して殺害したという場合、被害者が服を着ていれば服に穴があくので、器物損壊罪が成立し、観念的競合になるけれども、実務では、器物損壊罪の事実では起訴されない。

また、盗んだ物を売却するのは、他人の占有を離れた物をほしいままにしたのだから、占有離脱物横領にあたり、窃盗罪と牽連犯の関係に立つけれども、占有離脱物横領の事実では起訴されない。このような場合を**共罰的事後行為**という。

狭義の包括一罪として処理されるのが、**接続犯**とよばれる場合である。例えば、空き巣犯が指輪を一個、パソコンを一台持って家を出るのは、先に述べたとおり評価上の一罪だが、これに対して、倉庫から物を担いで出る行為を短時間のうちに何度もくり返した場合はどうだろうか。この場合、占有は何度も侵されているけれども、全体を包括して、一罪として扱われる。

さっきの場合は複数おこなわれる行為が同じ窃盗罪だったが、異なる犯罪でも、**混合的包括一罪**といって、一罪として処理されることがある。居直り強盗は、最初は窃盗で、家の人が帰ってきた後は強盗だけれども、強盗罪の一罪として処理される。また、物をだまし取った後、被害者から返還を請求されて、これを暴行脅迫によって免れたという場合、詐欺騙取罪と強盗利得罪の二罪が成立するところ、強盗利得罪の一罪として処理される。

集合犯も狭義の包括一罪の一種だ。例えば、刑法一八六条一項の常習賭博罪は、ばくち癖のある者が賭博をした場合を重く処罰する規定だが、これは、問題の行為が常習性の発現としておこなわれたことで成立する。なので、一回やっただけでも本条が適用されるけれども、複数回賭博をしたという事実があった場合には、それらをまとめて、常習賭博罪の一罪で処理される。

集合犯のもう一つの例は、営業犯の場合である。例えば、弁護士法七二条には、弁護士でない者が報酬を得る目的で他人の法律事務を取り扱うこと等を「業とすることができない」と定められており、違反すれば弁護士法七七条三号によって処罰される。これも、一回の行為であろうと、それが「業として」おこなわれていれば処罰されるところ、複数回おこなわれていた場合には、まとめて一罪として処理される。

MEMO 26 罪数論

刑 45　確定裁判を経ていない２個以上の罪を**併合罪**とする

47　有期の拘禁刑に処するときの**加重主義**

「その最も重い罪について定めた刑の長期にその１／２を加えたものを長期とする」

└► それにより**新たな刑罰枠が創設**される（判例）

１．科刑上の一罪

複数の犯罪が成立しているけれども、併合罪処理されずに、「その最も重い罪により処断」される場合

（1）観念的競合（刑 54 ①前）　１個の行為につき複数の犯罪が成立

（2）牽連犯（刑 54 ①後）　２個以上の行為のうち、一方が他方と、犯罪の手段または結果の関係（**牽連関係**）に立つ

＊かすがい現象

併合罪の関係に立つ複数の犯罪が、それらのいずれとも一罪処理される犯罪が１個存在することによって科刑上一罪処理される現象

例）住居侵入後、住人を３名殺害した場合　殺人罪１罪で処理

２．包括一罪

複数の犯罪が成立し、

科刑上の一罪になるところ、科刑上一罪処理する必要がないため、 または 併合罪になるところ、併合罪として処理する必要がないため、

１個の罰条をもって包括的に評価される場合

⇔ **法条競合**　問題になっている構成要件に照らして、複数の事実が「１個の犯罪」として評価される

〈た行〉

〈さ行〉

事項別索引

〈英字〉

〈あ行〉

〈か行〉

著　者

加藤　正明（かとう・まさあき）

1977年に生まれる、大阪府出身
2002年　京都大学法学部卒業
2009年　京都大学大学院法学研究科博士後期課程単位取得後退学
現在　　神奈川大学法学部教授、博士（法学）

はじめて学ぶ人のための刑法

令和6年3月20日　初　版第1刷発行
令和6年9月30日　初　版第2刷発行

著　者　加藤正明

発　行　株式会社ぎょうせい

〒136-8575　東京都江東区新木場1-18-11
URL：https://gyosei.jp

フリーコール　0120-953-431
ぎょうせい　お問い合わせ　検索　https://gyosei.jp/inquiry/

〈検印省略〉

印刷　ぎょうせいデジタル株式会社

ISBN978-4-324-11325-7
(5108900-00-000)
〔略号：はじめて刑法〕